인상파 로드,
빛이 그린 풍경 속을 걷다

인상파 로드,
빛이 그린 풍경 속을 걷다

김영주 글·사진

"하나의 미술품은 예술가의 기질을 통해서 본 자연의 귀퉁이다."

★ 에밀 졸라,
프랑스 일간지
《레벤망 L'événement》에 게재된
칼럼 「살롱전」중에서,
1866년 5월 11일.

표기에 관하여

1 인물, 지역, 장소명 표기는 해당 국가를 기준으로 하였다. 단, 독자들에게 친숙하지 않은 네덜란드어는 되도록 한국어로 풀어서 표기하였다. (예: '주이데르케르크' → '남(南) 교회')

2 본문에서 언급한 모든 그림의 제목은 영문 표기와 함께 뒷장에 목록을 따로 실었다.

3 인명의 원어는 인상파 화가들과 관련 인물들을 중심으로 표기하고, 인용한 도서의 원제는 원서를 참고한 도서에만 표기하였다.

차례

9	작가의 글
14	인상주의 Impressionism
16	주요 인상파 화가들

18	1부 네덜란드
88	2부 프랑스 파리
282	3부 프랑스 노르망디

414	그림 목록
419	참고 문헌

개정판 작가의 글

『인상파 로드』가 처음 발간된 때는 2014년 여름이었습니다. 그리고 많은 책의 운명이 그러하듯 이 책도 시간이 흐르며 더 이상 서점에서 볼 수가 없게 되었습니다. 2022년 저의 열 번째 책인『생애 한 번쯤은, 아트 로드』를 발간한 출판사 더쿱디스트리뷰션에서는 '아트와 여행'이라는 주제 속에서 이 두 책이 서로 연계될 수 있다는 이유로,『인상파 로드』의 복간 의지를 밝혔습니다. 제게는 무척 고마운 일이었습니다. 오래전에 잊힐 뻔했던 저의 소중한 책이 다시 세상 밖으로 나올 수 있는 기회가 되었기 때문입니다. 저자의 염려에도 불구하고 선뜻 개정판 출판을 결정해주신 더쿱디스트리뷰션의 서정원 대표님께 진심으로 감사드립니다. 이제〈인상파 로드〉는 다시 한번 독자들과 만날 수 있는 행운을 갖게 되었습니다.

작가의 글

어찌 보면 인상파 화가들은 아주 오래전부터 공기처럼 내 주변을 떠다니고 있었다. 마네와 모네는 미술 교과서의 단골 등장인물이었고, 반 고흐와 고갱의 이름은 굳이 애쓰지 않아도 자연스럽게 외어질 만큼 사방팔방에서 들려왔다. 르누아르의 화사한 그림은 늘 친숙하게 맴돌았고 드가의 무용수들은 뾰족한 미술적 견해가 없이도 쉽게 다가왔다. 그러나 거기까지였다. 살면서 갖춰야 할 깨알 같은 상식의 선상에서 한 발짝도 나아가지 못한 채 나는 이들을 호기심 뒤편에 묻어두었다. 누군가 심도 있는 질문을 한다면 겨우 한두 마디 얼버무릴 정도로 아는 것이 없었지만 무심코 쌓여온 익숙함의 무게는 새로운 관심 또한 밀어내고 있었다. 그런 내게 작은 사건이 생겼다.

이탈리아 여행을 끝내고 처음으로 1년을 건너뛰기로 결정했을 때, 그러니까 여행 작가로 살아온 지 7년 만에 매년 떠났던 여행을 멈추고 집에서 휴식을 취하기로 했을 때, 나는 20여 년간 미뤄온 숙제 하나를 해결하기로 했다. 서양미술사 강좌를 듣는 것이었다. 배움의 기회는 갖고 싶으나 강도 높은 전문 커리큘럼이 왠지 부담스러운, 바로 나 같은 일반인을 위해 마련된 홍익대학교 미술디자인교육원의 교양과정은 나의 굳어진 뇌를 끈질기게 흔들어놓았다. 책에 빨갛고 파란 밑줄

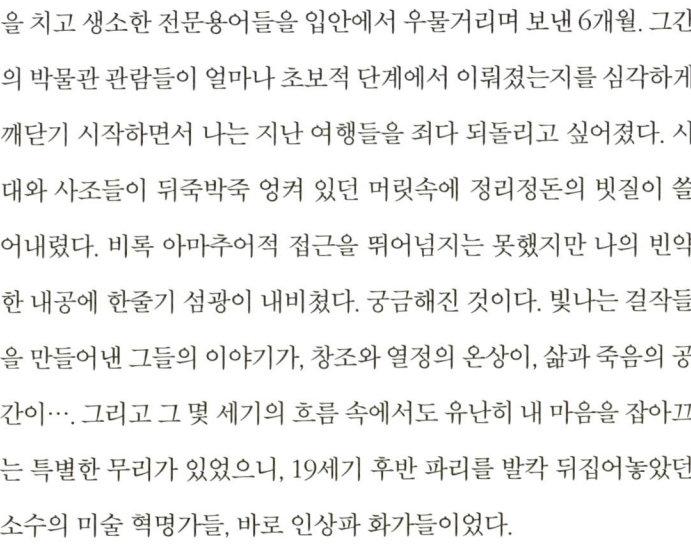

을 치고 생소한 전문용어들을 입안에서 우물거리며 보낸 6개월. 그간의 박물관 관람들이 얼마나 초보적 단계에서 이뤄졌는지를 심각하게 깨닫기 시작하면서 나는 지난 여행들을 죄다 되돌리고 싶어졌다. 시대와 사조들이 뒤죽박죽 엉켜 있던 머릿속에 정리정돈의 빗질이 쓸어내렸다. 비록 아마추어적 접근을 뛰어넘지는 못했지만 나의 빈약한 내공에 한줄기 섬광이 내비쳤다. 궁금해진 것이다. 빛나는 걸작들을 만들어낸 그들의 이야기가, 창조와 열정의 온상이, 삶과 죽음의 공간이…. 그리고 그 몇 세기의 흐름 속에서도 유난히 내 마음을 잡아끄는 특별한 무리가 있었으니, 19세기 후반 파리를 발칵 뒤집어놓았던 소수의 미술 혁명가들, 바로 인상파 화가들이었다.

여행을 하는 방법은 셀 수 없이 많다. 인생이 그러하듯 길을 떠나는 일에 옳고 그름의 답안이 있을 수 없다. 무엇을 어떻게 선택할 것인지는 순전히 개인의 몫이다. 여행의 끄트머리에서 그간 스쳐온 순간들을 가슴에 담는 이는 그 누구도 아닌, 자신이기 때문이다. 나의 이번 여행은 목적이 분명했다. 가야 할 장소와 찾고 싶은 흔적들이 너무나 명쾌해 하마터면 여행의 특권인 '우연성'의 묘미와 감성의 자유를 잃어버리는 게 아닌가, 염려될 정도였다. 발길 닿는 대로 마음 내키는 대로 머물고 떠나는, 그래서 내 마음을 다독이고 나를 되돌아보던 시간들이 꽤 쌓여갔다고 믿을 즈음, 이 여행은 시작되었다. 다른 이의 삶으로 들어가 보기에 적절한 순간이 온 것이다. 일관된 주제를 갖고, 이왕이면 길 위에 뚜렷한 목표지점을 정하고, 하나하나 양파껍질을 벗기듯 몰랐던 사실들에 조금씩 접근해가는 여정에 특별한 가치를 부여하게 된 시간들. 고맙게도 150년 전의 그들은 이국만리에서 찾아온 여행자에게 잊지 못할 선물을 안겨줬다. 용기와 소신이었다.

반 고흐의 뿌리와도 같은 땅, 네덜란드. 마네의 꼿꼿한 의지가 미술사의 새로운 씨앗이 되고, 또 여러 후배 화가들이 그 터전 위에 줄기를 뻗친 도시, 파리. 모네가 자연의 빛을 벗 삼아 평생 인상파 미술의 꽃을 피웠던 노르망디 해안마을과 지베르니. 나는 그 발걸음을 따라갔다. 젊은 날의 체취 앞에서는 심장이 두근거렸고, 실패와 좌절의 기록 앞에서는 안타까움이 밀려왔다. 그림의 배경들은 긴 세월 끝에서도 생생하게 다가왔고, 화가들이 태어나고 살고 작업하고 죽어간 과거의 자취는 나의 하루하루를 요동치게 했다. 19세기의 환영은 길을 가는 내내 곁에서 떠나지 않았다.

만일 누군가, 마네와 모네의 이름이 낯익고 고흐의 그림들이 가슴에 와 닿은 적이 있다면, 그러나 미처 빠져들 새도 없이 호기심의 바다를 훌쩍 건너가 버렸다면, 한번쯤 뒤돌아서서 그들의 오래전 숨결에 귀 기울여보기 바란다. 만일 누군가, 그 숨소리에 젖어 짐을 챙겨 길 위로 나서고 싶다면 이 책 한 권이 작은 지침서가 될 수 있기 바란다. 만일 어느 골목 모퉁이에서, 혹은 들판과 언덕 그리고 바다와 숲길 끝에서, 한 시대를 뜨겁게 달궜던 화가들의 꿈과 열정이 새삼 내 인생 속으로 쑥 들어온다면 이보다 더 멋진 경험이 어디 있겠는가.

이번 여행의 처음부터 끝까지 완벽한 동행자 역할을 해준 김창유 님, 여정의 일부를 함께 느끼고 누려준 박헌주 님과 왕숙영 님, 이 책의 제작을 맡아준 에디터 박현주 님과 디자이너 이정민 님, 책과 어울리는 아름다운 표제를 써주신 이정주 님께 깊은 감사를 드린다.

인상주의

Impressionism

19세기 중후반 프랑스, 특히 파리를 기반으로 일어난 미술 운동. 오랫동안 프랑스 미술에 막대한 영향을 끼쳤던 '미술 아카데미Académie des Beaux-Arts'의 전통적 회화 방식에 대항하는 새로운 화풍으로, 역사적이고 종교적인 주제 대신 화가의 주관성과 시각적 효과에 비중을 두었다. 특히 나폴레옹 3세가 추진했던 파리 근대화 도시계획과 맞물리면서 인상주의 운동은 현대인의 변화된 삶과 밀접한 관계를 가졌다.

첫 발발은 1863년, 미술 아카데미가 주관해 온 '파리 살롱전Salon de Paris'에 출품된 에두아르 마네의 〈풀밭 위의 점심식사〉가 온갖 화제를 뿌리며 낙선하면서부터였다. 보수파 평론가들과 기성 화가들, 고전적 양식에 길들여진 일반 대중들이 쏟아 낸 잔인한 조롱 속에서도 마네의 급진적인 도전은 계속되었고, 클로드 모네를 비롯한 여러 신인 화가들이 그 뒤를 따랐다. 이들은 주로 야외 작업을 통해 회화 본연의 가치에 충실했다. 자연의 빛이 남긴 순간의 현상들을 포착했고, 그 속에서 시시각각 움직이는 색채의 변화를 화가의 감성과 느낌으로 표현하는 데 주력했다.

1874년에 열린 첫 독립 전시회에서 비평가들은 모네가 출품한 〈인상, 해돋이〉를 보며 '본질은 없고 인상만 있을 뿐'이라는 혹평과 함께 그의 작품 제목을 빌려 이 '신기류 화가들'을 '인상파'라고 부르기 시작했다. 세간의 부정적 견해에도 불구하고 인상파 화가들

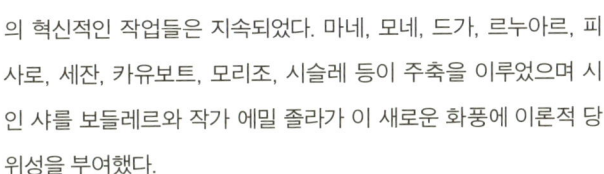

의 혁신적인 작업들은 지속되었다. 마네, 모네, 드가, 르누아르, 피사로, 세잔, 카유보트, 모리조, 시슬레 등이 주축을 이루었으며 시인 샤를 보들레르와 작가 에밀 졸라가 이 새로운 화풍에 이론적 당위성을 부여했다.

이후 인상파 미술을 보완 혹은 다르게 해석한 '후기 인상파' 화가들이 등장하게 되었다. 고갱, 반 고흐, 쇠라, 시냐크 등이 이에 속하며 초창기부터 활동했던 세잔은 후기에 더 빛을 발하게 된다.

인상파 화가들은 오랫동안 주류에서 인정받지 못한 채 가난과 악평에 시달려야 했다. 20세기를 전후해 몇몇 진보적인 평론가들과 혜안을 지닌 화상畵商들에 힘입어 인상파에 대한 재평가가 이루어졌지만, 가장 장수한 모네를 제외하고는 대부분의 화가들이 성공의 문턱에서 세상을 떠났다.

1970년대 이후, 인상파 작품들은 프랑스를 넘어 전 세계인들의 사랑을 받게 되었으며 미술시장에서 가장 가치 있는 그림들로 자리매김하게 되었다.

주요 인상파 화가들

카미유 피사로
Camille Pissaro, 1830-1903

에두아르 마네
Edouard Manet, 1832-1883

에드가 드가
Edgar Degas, 1834-1917

폴 세잔
Paul Cezanne, 1839-1906

알프레드 시슬레
Alfred Sisley, 1839-1899

클로드 모네
Claude Monet, 1840-1926

프레데릭 바지유
Frédéric Bazille, 1841-1870

베르트 모리조
Berthes Morisot, 1841-1895

오귀스트 르누아르
August Renoir, 1841-1919

아르망 기요맹
Arman Guillaumin, 1841-1927

메리 카사트
Mary Cassatt, 1845-1926

귀스타브 카유보트
Gustave Caillebotte, 1848-1894

폴 고갱
Paul Gauguin, 1848-1903

빈센트 반 고흐
Vincent Van Gogh, 1853-1890

조르주 쇠라
Georges Seurat, 1859-1891

폴 시냐크
Paul Signac, 1863-1935

툴루즈 로트레크
Toulouse Lautrec, 1864-1901

1부

네덜란드

Netherlands

1863년 즈음
준데르트

★ 네덜란드 브라반트 지방의 한 외딴 마을. 불그스름한 머리카락에 푸른 눈을 한 소년이 들판을 바라보며 서 있다. 희뿌연 안개가 지평선을 감싸고 언덕을 누빈다. 집과 논밭, 나무와 풀들이 잿빛 속에 묻힌다. 멀리 농장으로 향하는 오솔길 위에도 침침한 그늘이 내려앉았다. 맑은 햇살을 본 지도 꽤 오래 되었다. 말이 적고 사색적인 열 살 소년의 눈에는 이 고요한 세상이 신비롭기만 하다. 숲 사이를 헤집고 다니는 작은 동물들, 나뭇가지에 둥지를 튼 새와 그 곁을 맴도는 곤충들, 봄이면 진분홍색을 나풀거리며 산야를 물들이는 진달래꽃, 모두가 소년의 친구들이다. 언젠가, 지금 보고 있는 풍경들을 제대로 그릴 날이 오게 될까. 어느새 하늘에서는 보슬비가 내린다. 그때 등 뒤에서 자신을 부르는 소리가 들렸다.

"빈센트 형! 빈센트 형! 기도할 시간이야."

6남매 중 맏이인 소년에게 세상 무엇과도 바꿀 수 없는 소중한 동생 테오가 두 팔을 휘저으며 달려오고 있었다. 잠시 후, 쌍둥이처럼 닮은 반 고흐 형제는 동네 교회를 지나고 공동묘지를 돌아 그들의 보금자리인 목사관으로 향했다.

1

예상은 적중했다. 암스테르담에서의 첫 아침, 하늘은 잿빛과 탁한 푸른빛을 오가며 기괴한 광채를 뿜어냈다. 나는 아파트 밖으로 나오면서 웃옷의 깃을 최대한 추켜올렸다. 칙칙한 건물들이 금세라도 고꾸라질 듯 비스듬히 서 있다. 인기척 하나 없는 골목 어귀에서는 늦가을을 연상시키는 스산한 바람이 투박한 벽을 뚫고 쭉 팔을 뻗친다. 여행이란 게 꼭 아이들 웃음소리처럼 밝고 들썩이는 분위기에서 시작하란 법은 없지만, 생애 첫발을 내디딘 네덜란드 땅의 환영인사는 왠지 어색하다. 그런데 이 음울한 기운이 싫지만은 않다. 1년의 절반 가까이 되는 날들이 수증기와 빗물에 휩싸인다는 이 도시에서 여행자는 무엇을 기대할 수 있을까. 축축한 회색 감성에 순응할 뿐이다. 알베르 카뮈의 소설『전락』의 성공한 변호사 주인공이 고향 파리를 떠나 암스테르담의 한 선술집에 머물며 참회의 삶을 살았듯이, 일단 분주했던 정신세계를 가라앉히고 볼 일이다.

이제 보란 듯이 가랑비까지 내린다. 쥐 죽은 듯 한산한 주택가 골목을 빠져나오자 운하를 사이에 둔 거리에 무표정한 사람들이 지나간다. 들쭉날쭉한 감정들을 적당히 여과시킨 안정감 있는 얼굴이다. 그들의 두툼하고 거무죽죽한 옷이 색을 밀어낸다. 만일 혼자였다면 이유도 없이 횅해지는 가슴속을 쓸어내리며 첫날부터 인생에 대한 자기연민과 번뇌에 시달렸을 것이다. 그러나 내 곁에는 동행자가 있다. 처음으로 아내의 책 여행에 등 떠밀리듯 따라나선 남자. 여름보다는 겨울의 냉랭함을 좋아하는 그가 암스테르담의 이상한 6월 날씨, 관광지 반대편의 묵직함을 반긴다. 다행이다.

"저 운하 앞에 가게들이 있는 것 같아. 그쪽으로 건너가 보자." T는 연신 주변을 기웃거리며 내게 말했다. 아침 8시. 잠에서 깨어난 지 이미 세 시간이 넘었다. 빵집과 슈퍼마켓이 문을 열기만을 기다리다 지쳐 무작정 뛰쳐나온 우리는 새로운 장소에서, 비록 힘차게 눈을 돌릴 만큼 번듯한 구경거리는 없지만, 호기심의 물꼬를 주저 없이 터뜨렸다. 집을 떠나온 것 자체가 '사건'이니까.

"건물들이 서로 담벼락을 바싹 대고 있네. 꼭 강력 접착제로 붙여 놓은 성냥갑들처럼." 나는 아까부터 이 말을 반복해서 중얼거리고 있었다. 피렌체의 대성당을 처음 봤을 때처럼 내 어리둥절한 시선은 비슷비슷한 벽돌 구조물에 한참을 머물렀다. 생경함에 등급은 없다. 휘황찬란한 내력을 지니지 않았어도 익숙함에 무뎌진 내 감각을 자극하는 대상이라면 눈길을 받을 만한 충분한 자격이 있다. 나는 확실한 이방인이다. 평범한 빵집의 호밀빵 한 덩이와 슈퍼마켓에 진열된 새빨간 사과 하나를 진득이 관찰하는 낯선 이웃이다. 운하 한두 개를 건넜을 뿐인데, 장을 보고 다시 숙소로 돌아오는 길에 잠시 골목을 헷갈려하는 어설픈 관광객이다.

여러 개의 운하로 둘러싸인 부채꼴 도시 암스테르담의 건축은 바로크와 고딕 양식을 거친 후 19세기 말부터는 아르누보Art Nouveau의 영향을 많이 받았다. 운하를 중심으로 촘촘히 늘어선 집들과 그 앞에 정박해 있는 수상보트들이 이 도시만의 독특한 풍경을 만들고 있다.

1900년대 초반의 건물 내부를 개조해 만든 민박집 '킨 B&B 스튜디오Kien Bed and Breakfast Studio's'의 내부. 주방시설이 갖춰져 있다.

20세기 초에 지어졌다는 좁고 긴 아파트 실내에 다시 들어섰을 때 우리는 집 안의 커튼을 활짝 열어젖혔다. 빈약한 햇살이 그나마 어둠을 중화시킨다. 방 안 곳곳에 놓인 부분 전등들도 다 켰다. 천장 중앙에 큼직한 형광등 하나 있으면 참으로 편하련만, 서양 사람들의 은은한 불빛 사랑은 때때로 나의 인내심을 테스트한다. 특히 식사 시간에. 나는 책과 잡동사니들이 뒤엉킨 탁자 한편을 치우고 아침상을 차렸다. 아른거리는 등불을 벗 삼아 버터와 크림치즈와 빵 두 조각, 우유와 요구르트, 사과와 바나나를 천천히 다 먹고 나자 시계의 분침이 신나게 한 바퀴 반을 돌았다. 반나절을 훌쩍 보낸 것 같지만 실은 (남들에게는) 이제야 본격적인 활동이 시작되는 활기찬 시간이다. 우리는 머그에 남아 있던 커피를 보약 먹듯 단숨에 들이켠 후 첫 일정에 나섰다. 운하를 따라 이 도시를 개괄적으로 살펴보는 보트 크루즈. 비가 그친, 혹은 잠시 멈춘 하늘에서는 묵직하게 엉켜 있는 구름들 사이로 파란색이 감질나게 고개를 내밀고 있다.

암스테르담의 대표적인 보트 투어 회사인 '블루 보트 컴퍼니Blue Boat Company'의 운하 투어 장면.

암스테르담의 운하는 분명 베네치아의 그것과 다르다. 요동치는 물살이나 그 속에 첨벙 발을 담근 기이한 자세의 건물도 없다. 수상버스의 법석대는 장면도 이 안정된 도시에서는 제공되지 않는다. 여기서는 육지가 주인공이다. 그 강한 존재감 앞에서 수로水路는 얌전하기만 하다. 여행자는 안타깝게도 이 부분에서 심심해진다. 도시를 감싸는 네 개의 반구형 운하 중 '왕자의 운하'로 불리는 '프린슨그라흐트Prinsengracht'의 남서쪽에서 시작된 보트 관광 역시 특별 야외수업처럼 진행되었다.

나는 출발한 지 20분 만에 커피의 무한 흡입이 무색하게 졸음의 세계로 빠져들었다. 손에 쥔 구깃구깃한 종이 한 장이 스르르 빠져나가려고 한다. 형광펜으로 자세하게 위치 표시를 해둔 메모지가 보물지도라도 되는 양 나는 다시 손가락에 불끈 힘을 주었다. 이것은 앞으로 펼쳐질 긴 여정을 예고하는 첫 단추와도 같다. 바로 오래전 이 땅을 찾아왔던 프랑스 화가의 발자취가 그 안에 담겨 있기 때문이다.

　1871년 봄, 31세의 클로드 모네는 네덜란드로 여행을 왔다. 프랑스를 대혼란에 빠트린 '보불전쟁프로이센-프랑스 전쟁, 1870년 7월 통일독일로 가는 마지막 걸림돌인 프랑스를 제거하기 위해 프로이센의 비스마르크가 책략적으로 벌인 사건이 계기가 되어 발발하였다. 여섯 달 후 파리가 함락됐지만 국민들의 헌신적인 기부로 전쟁배상금 50억 프랑을 모은 프랑스 정부는 석 달 만에 프로이센군을 철수시켰다'을 피하기 위해 아내와 함께 영국에서 외유 중이던 그는 파리로 돌아가기 전 암스테르담 근처의 잔담Zaandam에 석 달간 머물렀다. 그러나 여기에서 무엇을 하며 지냈는지 구체적인 상황은 거의 밝혀진 것이 없다. 그리고 3년 후 다시 네덜란드를 찾았다. 모네는 이 두 차례의 여행을 통해 20여 점의 풍경화를 남겼지만 대부분 그의 '알려지지 않은 작품'으로 알려져 있다. 〈암스테르담의 항구〉도 그중 하나다.

　도시의 북쪽, 모든 운하들의 집결지인 에이셀 호수IJsselmeer가 시원스레 모습을 드러냈다. 그와 함께 멀리 보이는 암스테르담 중앙역의 길고 납작한 뒤태에 모두의 시선이 쏠렸다. 나는 살짝 몸을 비틀어 주변을 둘러보았다. 물 한가운데에 떠 있는 보트 위에서 방향감각은 일찌감치 사라진 상태였다. 지도에 표시된 빨간색 동그라미가 물살에 맞춰 흔들린다. 천창으로 하늘의 열기가 고스란히 들어온다. 순간 현기증이 났다. 보트는 잠시 기우뚱하더니 중앙역을 끼고 오른쪽으로 방향을 틀었다. 그리고 다시 도심 운하로 들어가려는 찰나, 모네의 그림 배경이 신기루처럼 나타났다. 나는 풀려 가던 눈자위에 힘을 주며 얼굴을 창문에 바싹 들이댔다.

　초대형 함대를 연상시키는 초록색 건물이 넓적하게 자리 잡은 선착장. 140년의 간극은 돛단배의 운치 대신 현대식 선박의 위상을 높여 놓았지만 단 몇 초라도 모네가 되고 싶은 나의 간절함을 꺾지는 못했다. 해리포터가 마법을 부리

위 도시 남쪽에서 출발해 에이셀 호수가 있는 북쪽의 암스테르담 중앙역 근처를 통과하는 운하 크루즈.
아래 모네의 그림 〈암스테르담의 항구〉의 배경이 된 장소에는 현재 초록색 배 모양의 암스테르담 과학기술박물관NEMO이 들어서 있다.

듯 탁한 수면에 오렌지 빛을 얹고 시커먼 먹구름 위에 새털 날개를 덮었다. 살아 보지 않은 시대를 상상하고 만나 본 적 없는 화가의 오묘한 심리를 헤아려 보려 애썼다.

"저기야 저기!" 나는 T의 팔을 치며 모네와의 역사적인 첫 만남을 알렸다.

"어디, 어디?" T의 질문이 반사적으로 튀어나왔지만 나는 대답을 잇지 못했다. 허겁지겁 카메라를 들어 셔터를 한 번 누르자 보트는 야속하게도 그곳을 지나쳐 다른 풍경 속으로 들어가 버렸다. 예상치 않은 두 번째 기회는 10분 후에 다시 찾아왔다. 모네의 〈몬텔반스 탑과 피퍼 다리〉 중 일부가 창밖으로 얼른거렸다. 그러나 잠시 넋을 놓고 있던 바람에 이번에는 감정 대입의 실마리도 갖지 못했다. 모네는 잔잔하던 내 가슴에 작은 파문을 일으킨 채 단체 투어의 취약점을 여실히 드러내며 그렇게 사라졌다.

우리는 보트에서 내려 정처 없이 거리를 어슬렁거리다 약속이나 한 듯이 아파트로 향했다. 그리고 허겁지겁 점심식사를 마친 뒤 커튼 치는 것도 잊은 채 밀린 잠을 청했다. 눈을 떴을 때는 여전히 창밖으로 희미한 햇살이 고개를 내밀고 있었다. 저녁 산책이라도 나갈까 했지만 시계는 놀랍게도 밤 11시까지 10분만을 남겨 두고 있었다. 백야白夜였다. 1년 중 해가 가장 길다는 암스테르담의 여름. 태양은 쉽게 기울지 않는다. 가늘고 길게 갈 작정인가 보다. 나는 부엌 찬장에서 컵 두 개를 꺼내 와인을 따르며 T에게 말했다. "이거라도 마셔야 이 허연 밤을 견딜 거 같은데."

와인보다는 소주를 좋아하는 그가 덥석 잔을 받는다. 다시 상식적인 취침 시간에 돌입하기 위해서라면 주류의 개인 취향쯤은 내려놓겠다는 자세다. 그렇게 한 잔이 두 잔이 되고 창밖으로 귀한 어둠이 찾아올 때까지 우리는 이야기를 나눴다. 이 화가의 삶은 어땠을까, 그림의 배경은 어디일까, 작품의 메시지는 무엇일까 등등.

아, 때때로 여행은 긴 세월을 함께 살아온 부부의 일상적인 대화에 놀라운 주제들을 던져 주곤 한다. T의 눈꺼풀이 서서히 내려오며 알코올의 효능에 빠져들 즈음에는 막 날씨로 화두가 넘어가고 있었다. "묘한 나라야. 여름에 패딩을 입고, 한밤에 햇살을 보고…." 그는 결국 말끝을 흐리며 침대로 갔다.

묘한 나라. 하늘의 색깔 하나로 완벽하게 정체성을 드러낸 이곳. 을씨년스런 바람 뒤에 절제된 정감을 담고 있는 도시. 조용한 목소리와 간결한 제스처의 사람들. 회색 공기 속에 보일 듯 말 듯 감춰진 따뜻한 기운. 나는 네덜란드에 도착한 지 서른 시간 만에 해답을 찾았다. 파리에서 시작할 수도 있었던 여행이 북쪽으로 방향을 틀게 된 단 하나의 이유가 투명한 유리같이 명쾌해졌다. 풀다 만

퍼즐처럼 몇 달 동안 집요하게 내 신경을 건드려 왔던 궁금증. 나를 주저 없이 이 땅에 데려다 놓은 그것은 바로 123년 전 어느 여름날 저녁, 황량한 들판에 서서 37세의 나이에 리볼버 권총으로 자신의 흉부를 관통시킨(그렇다고 추정되는) 한 남자의 어린 시절이었다. 네덜란드는 빈센트 반 고흐와 딱 닮아 있었다.

2

 암스테르담에 와서 결코 피해 갈 수 없는 화가가 있다. 나의 관심사인 반 고흐보다 2세기 먼저 활동했지만 그 존재는 너무 절대적이어서 반드시 거쳐야 할 통과의례처럼 여겨진다. 이탈리아와 프랑스가 미술계를 점령하던 시절에 북유럽의 힘을 보여 준 그는 풍족한 제분소집 아홉째 아들로 태어나 수백 년간 네덜란드 미술사를 지배해 온 바로크미술의 거장 렘브란트 Rembrandt Harmensz van Rijn 다. 우리는 구舊 게토 Ghetto, 15세기 무렵부터 독일과 동유럽에서 이주해 온 유대인들이 나치 침략 이전까지 모여 살았던 거주지에 있는 '렘브란트 집과 박물관 Museum Het Rembrandthuis'부터 가보기로 했다. 해외여행은커녕 암스테르담 문밖으로도 거의 나간 적이 없는 그가 63년의 생애 중 20년을 살았던 거처다.

 6월 말이라는 계절적 선입관만 없애면 산책하기 딱 좋은 약간 쌀쌀한 날씨다. 아파트를 나설 때만 해도 손끝이 시리고 겹겹이 껴입은 옷 사이로 찬기가 스며들었지만 구름이 걷히면서 햇살이 구원의 손길을 뻗쳤다. 어느 골목을 돌아도 운하가 있다. 고요한 수면에 담백한 건물과 나무들이 반사된다. 운하를 잇는 다리 위에는 수문 역할을 하는 도르래가 매달려 있고, 그 너머로는 삐죽한 교회 탑들이 보인다. 과장되거나 화려하지 않은 차분한 무채색 풍경이다. 뭐라도 끄집어내 사색을 해야 할 것 같은 분위기다. 영국 작가 이언 매큐언의 소설『암스테르담』에 등장하는 바로 그 모습. 삶의 나락으로 떨어진 두 남자가 인생의 종착역처럼 이 도시를 찾아왔을 때 처음 맞닥뜨렸던 그 장면이다.

"거리 한가운데를 흐르는 운하가 있다는 것은 얼마나 위안이 되는 일인가. 이토록 포근하고 성숙한, 열린 마음을 지닌 장소가 있다니…. 반 고흐가 즐겨 그린 수수한 다리들, 겸손해 보이는 시설물들, 예의바른 아이들을 뒤에 태우고 자전거를 타는 지적이고 산뜻한 외모의 네덜란드인들…. 상점 주인들조차 교수처럼 보이고, 거리의 청소부들조차도 재즈 음악가처럼 보였다. 이보다 더 질서정연한 도시는 없었다."

이언 매큐언, 소설『암스테르담』중에서, 1998년.

지도 보는 것도 잊은 채 묵묵히, 학구적인 도시에 걸맞게 생각에 잠겨 걸어가던 나는 집과 나무와 운하와 다리 그리고 시계탑이 직사각형 구도 안에 들어오는 지점에서 본연의 자세로 돌아왔다.

"교회들이 다 비슷비슷해서 도무지 감을 못 잡겠네. 여기가 틀림없긴 한데."
나는 어제에 이어 모네의 그림 배경들을 찾고 있다. 두 번째 암스테르담 여행에서 그렸던 교회와, 그 장면을 비슷한 앵글에서 찍은 사진들을 비교하며 T에게

1874년 모네는 렘브란트 집 근처인 도시 동남쪽 신 시장 거리Nieuwmarkt에 위치한 '남 교회'를 캔버스에 담았다. 암스테르담에서 가장 오래된 개신교 교회로 렘브란트의 삶에도 많은 영향을 끼쳤던 이 건물은 1611년에 세워진 후 여러 차례의 개축을 거쳐 현재는 예배당이 아닌 문화센터로 운영되고 있다.

Netherlands

말했다. 얼핏 다 같아 보이지만 탑을 구성하는 요소들은 미세하게 달랐다.

"어디 보자, 렘브란트 집 직전 운하에서 아래쪽으로 가다 다리가 있는데…, 양옆에 포플러나무가 있고 그 사이로 탑이 보여야 되는데. 아, 여기 맞는 거 같아." 그의 확신에 반대할 까닭이 없다. 우리는 모네의 자리에 서 있다. 17세기 초에 세워진 암스테르담 최초의 개신교 교회인 '남南 교회Zuiderkerk'는 주변 건물들의 변화에 아랑곳하지 않고 꼿꼿이 예전 모습을 간직하고 있었다.

그런데 1874년 가을, 파리 근교에 보금자리까지 마련했던 모네는 왜 이곳으로 여행을 왔을까. 첫 '인상파전'이 막을 내린 얼마 후 돌연 프랑스를 떠난 이유가 무엇일까. 휴식이 필요했을까. 다리 위에서 어정거리며 자문해 봤지만 속 시원한 답이 나올 리 없다. 운하 옆을 걸을 때는 이 동네를 좋아했다는 또 다른 화가의 모습이 그려졌다. 종교적 소명을 안고 암스테르담 대학의 신학과정을 택했던 청년은 학교생활이 불편해질 때면 두 손에 책과 아네모네 꽃을 들고 이 길을 산책했을 텐데. 나의 상상은 렘브란트 집에 다다를 때까지 멈추지 않았다.

고전과 현대의 행복한 동거를 입증하듯 투박한 벽돌집과 매끈한 콘크리트 건물이 현격한 나이 차를 극복하며 바짝 붙어 있다. 그러나 1998년에 세워진 '어린 집'은 옆집이 겪어 온 4세기의 세월을 쉽게 공유하지 못할 것이다. 평범하게 살아갈 수 있었던 이 집에 암울한 역사가 시작된 것은 1639년, 한 야심찬 남자가 1만 3천 길더Guilder, 옛 네덜란드 화폐 단위라는 엄청난 돈을 주고 새 집주인이 된 순간부터였다.

당시 화가로서는 최고의 명성과 부를 누리던 렘브란트는 명문가의 딸인 아내 사스키아Saskia를 데리고 이사를 왔다. 비싼 가구를 들여놓고 실내를 화려하게 치장했지만, 실은 이 번듯한 주택이 저당까지 잡히며 빚으로 사들인 애물단 지였음을 누가 알았겠는가. 렘브란트가※에 드리워진 비극의 그림자는 조금씩 짙어져 갔다. 수입은 꽤 됐지만 지출은 더 많았고, 빚은 눈덩이처럼 쌓여 갔다. 이미 두 아이를 돌잔치도 못해 주고 땅 속에 묻어야 했던 렘브란트 부부는 이사 1년 만에 가진 셋째마저 하늘나라로 보냈다. 넷째는 이 저주에서 겨우 벗어났으나 이번에는 아이 엄마가 결핵으로 세상을 떠났다. 돈은 그림의 모델을 구할 수도 없을 만큼 바닥났다. 결국 1656년 공식적인 파산을 맞게 되면서 그림 등 모든 소유물이 채권자들 손에 들어갔고 집은 경매에 붙여졌다. 2년 후 빈손으로 쫓겨나 초라한 전셋집으로 옮겨 간 렘브란트는 명예와 돈을 모두 잃어버린 채 쓸쓸한 말년을 보내게 되었다.

 나는 어두침침한 계단 쪽으로 첫 걸음을 떼었다. 부엌과 식당, 작업실과 침실, 서재와 응접실 등 렘브란트가 생활하고 작업했던 공간들이 그때의 분위기를 온전히 살리고 있었다. 견고한 나무 찬장과 허옇게 닳은 가죽의자, 옷장 형태로 만들어진 박스베드Box-bed와 투박한 벽난로, 높은 천장과 반지르르한 대리석 바닥. 17세기라는 주어진 과제 속에서 각 방들은 소품 하나하나까지 치밀하고 정교하게 꾸며졌다. 그것을 렘브란트의 그림과 소장품들이 거들었다. 한쪽에서는 그의 전설적인 에칭Etching 기법 과정이, 아틀리에에서는 그 시대의 안료 혼합 과정이 시연되었다. 건물 전체가 렘브란트의 흔적들로 가득하다. 비록 무일푼이 된 그를 내쫓고 이후 다가구들이 마구잡이로 입주하면서 철거 직전까지 내몰렸지만, 이 집은 옛 주인의 흔적을 멋지게 되살려 냈다. 폐가를 사들인 암스테르담 시와 건물 복원 작업에 혼신을 다했던 역사학자 및 건축가들이 펼친 끈질긴 노력의 대가다.

400년의 간극을 두고 세워진 두 채의 건물은
현재 '렘브란트 집과 박물관'으로 운영되고 있다.
건물 내부에는 렘브란트가 살던 당시의 방 구조와
가구들이 그대로 재현되어 있다.

박물관은 렘브란트의 그림들로 채워진 전시실을 비롯해
17세기 당시의 에칭 작업과 안료 혼합 과정을 직접 시연하는
특별 이벤트 공간들이 다양하게 준비되어 있다.

건물 곳곳에서 렘브란트가 불쑥불쑥 튀어나온다. 모델료가 없어 자화상을 숱하게 그려 댔던 시절, 그는 자신의 얼굴에서 무엇을 보았을까. 나는 방들을 들락거리며 무심코 천장을 올려다보았다. 순간 그의 드센 기운이 느껴졌다. 다시 태어난 자신의 옛집이 마음에 쏙 든다면, 그래서 지난날의 상처가 말끔히 씻겼다면, 그는 분명 저 위에서 흡족한 미소를 지으며 세계 각지에서 온 손님들을 내려다보고 있을 것이다. 가끔 이런 말도 던지면서 말이다. "내 침대에 걸터앉지 마시고요. 이런, 그림에 손대지 말라니까요. 제발 조심들 좀 하세요!"

렘브란트의 환영이 집 밖에까지 따라 나올 것만 같다. 뚜렷한 목적 없이 걸었건만 우리는 자연스럽게 렘브란트 광장Rembrandtplein까지 왔다. 어차피 오늘은 그의 날이다. 광장 중앙에서는 거뭇한 청동 주물 조각상들이 사람들의 관심을 끌고 있다. 한 떼의 군인들이 소총과 칼을 들고 파죽지세로 진격하고 있다. 렘브란트의 그림 〈야경〉을 패러디한 현대조각이다. 나는 그 앞을 서성대며 원작의 이미지와 비교해 보려 했지만 불행히도 그림의 디테일이 잘 떠오르지 않았다.

 그때 한 관광객이 다가와 말을 걸었다.

 "제가 혼자라서…, 셔터 좀 눌러 주시겠어요?"

 그는 내 대답이 떨어지자마자 카메라를 건네주고는 민병대들 사이에서 포즈를 취했다. 그리고 임무를 완수한 나에게 말했다.

 "동상이 참 멋지죠? 반 고흐잖아요!" 그의 표정이 상기돼 있다.

 "네? 반 고흐가 아니라 렘브란트로 아는데요." 나는 웃으면서 대답했다.

 "잘못 아셨군요. 제 네덜란드 친구가 얘기해 줬어요. 앞의 조각은 〈야경〉이지만 뒤의 동상은 반 고흐라고." 나는 동상 단에 또렷이 새겨진 화가의 이름을

렘브란트 동상 앞에 있는 그림 〈야경〉의 청동 조각상.
2006년 렘브란트 탄생 400주년을 맞아 두 명의 러시아 조각가가 만들었다.

손으로 가리키려다 말았다. (반 고흐가 태어나기 1년 전인) 1852년 조각가 로이어 Louis Royer가 렘브란트를 기리며 만든, 암스테르담 공공장소에 존재하는 가장 오래된 동상의 주인공이 반 고흐로 둔갑하긴 했지만 내 의견을 더 주장하고 싶지 않았다. 남자의 얼굴에는 한 번에 두 대가를 접하게 된 기쁨이 너무나 역력했다. 암스테르담 여행이라면 어떻게 해도 마주칠 그들인데, 얼굴과 이름이 좀 뒤죽박죽이면 어떠랴. 그런데 나야말로 반 고흐가 그리워지기 시작했다.

3

나는 네덜란드인 빈센트 반 고흐가 정작 자신의 고향에서는 어떻게 살았는지 별로 아는 게 없다. 프랑스 남부의 아를Arles에서 시작된, 그의 짧지만 드라마틱한 후반 인생이 워낙 강렬했던 탓도 있을 것이다. 심각한 정신분열과 병고에 시달리면서도 2년간 300여 점의 그림을 그려 댄 것만 봐도, 화가로서의 황금시기(한 인간의 가장 고통스러웠던 시간을 100여 년 후의 우리는 이렇게 부르기도 한다)는 분명 이때임에 틀림없다. 강렬한 색감과 역동적인 붓놀림을 보며 우리는 기꺼이 슬프지만 아름다운 감정에 빠진다.

 나는 5년 전 아를과 생레미Saint-Rémy에 다녀온 이후 반 고흐에 대한 호기심을 그 후반 작업에 편중시켰다. 더 솔직히 말하면 〈감자 먹는 사람들〉 외에는 그의 초기작들을 잘 알지 못했다. 그런 내게 거무칙칙하고 음울한 이미지들이 나타났다. 농부의 주름진 얼굴과 오롯한 길과 삭막한 하늘이 다가왔다. 종교와 그림과 사랑에 가슴앓이를 해온 한 외로운 청년의 독백과도 같았다.

"반 고흐부터 보고 싶은데." 나는 달려드는 자전거들을 이리저리 피해 가며 T에게 말했다. 아파트 앞 골목을 나서자마자 거리에서는 두 바퀴 운송수단들의 경이로운 움직임이 펼쳐졌다. 박물관들이 모여 있는 광장 앞 사거리에 이르자 그들은 집회라도 여는지 한꺼번에 들이닥쳤다. 잠시 정신 줄을 놓으면 코가 베일 것만 같다. 날렵하고 유연한 모양새는 도시의 맵시를 새로 만들고 어마어마한 물량공세와 위력은 타의 추종을 불허한다. 번화가에서는 택시보다 빠르고 굽은 길에서는 보행자보다 날렵하다. 좌회전 우회전의 수신호도 있고 도로 위의 규율도 있다. 그들만의 교통체증이 있는가 하면, 도심 정글을 헤쳐 나가는 숙달된 운전자의 묘기 대행진도 있다. 나는 맞은편에 있는 웅장한 르네상스-고딕 건물을 바라보면서도 이 진풍경에서 눈을 떼지 못했다.

"벌써 입장객들이 줄을 서고 있어. 부지런들도 하네." T는 이미 네덜란드 국립박물관인 라이크스 박물관Rijksmuseum 쪽으로 성큼성큼 걸어가고 있다. 나는 아쉽지만 자전거들의 무대를 뒤로 하고 그를 따라 건물 중앙 통로로 들어갔다. 반 고흐 미술관부터 가보고 싶었던 마음은 동선의 편리성 앞에서 일보 후퇴했다. 하긴 10년에 걸쳐 약 3억 7천만 유로약 5,200억 원의 비용을 들인 복구공사를 끝내고 두 달 전에 다시 문을 연 국립박물관 앞에서 무엇을 더 주저하랴. 오랜 피난생활을 청산하고 새로이 단장한 독방에서 기다리고 있을 바로크미술의 최대 걸작이 내 걸음을 재촉하고 있다.

촘촘한 벽돌로 에워싸인 로비를 지나 2층으로 오르자 둥근 천장과 정갈한 대리석 바닥으로 치장된 홀이 나왔다. 높게 뚫린 창문들이 화려한 스테인드글라스를 뽐내며 자연 채광 역할을 하고 있다. 마치 네덜란드 최고의 부흥기로 꼽

1885년에 완성된 네덜란드 국립박물관의 전경과 내부 모습. 2013년 오랜 복구공사를 끝내고 새로이 문을 열었다.

위 17세기 네덜란드 초상화의 대가 프란스 할스의 전시실.
인물의 특징과 표정을 생생하게 표현하는 예술가로 불린다.
아래 할스와 더불어 네덜란드의 황금시대를 대표하는
요하네스 베르메르의 그림 〈우유 따르는 하녀〉.
일상의 모습을 부드러운 색감과 빛을 통해 따뜻하게
표현한 작품이다.

히는 17세기의 문화 산물들을 감상하기 전에 일단 숨 한 번 고르라고 내어 주는 예고편 같다. 그러나 본편을 이기는 예고편은 없다. 나는 잠깐 주변을 휘둘러본 후에 곧바로 전시장 안으로 들어갔다. 동시에 복도 저편, 내 시선과 일직선으로 맞닿은 지점에 벽을 꽉 채운 대작 하나가 가물거렸다. 렘브란트의 그림이 분명했다. 또 길목에는 초상화의 마술사 할스Frans Hals와 장르화Genre Painting, 보통 사람들의 일상을 그린 그림의 선구자 베르메르Johannes Vermeer가 기다리고 있었다. 이들은 바로 200년 후의 후배 화가 반 고흐에게 전설적 화법의 교과서가 되어 준 네덜란드 황금시대의 3인방이다.

얼마나 오래 살았는가, 얼마나 많은 작품을 남겼는가, 얼마나 크게 그림을 그렸는가, 얼마나 대단한 평가를 받았는가. 할스와 베르메르를 물리적으로 비교하는 데 이보다 적절한 요소는 없을 것이다. 그러나 나는 절대적 우위를 차지하는 할스의 전시장 옆, 40대에 세상을 떠났으며 30여 점의 작품을 남겼고 소품 크기로 그렸으며 사후 200년이 지나서야 재평가를 받게 된 베르메르의 방에서 더 감격했다. 안타깝게도 헤이그의 마우리츠하이스Mauritshuis 미술관에 소장돼 있는 〈진주 귀걸이를 한 소녀〉는 볼 수 없었지만, 〈우유 따르는 하녀〉의 신비한 흡입력 앞에서 발을 뗄 수가 없었다. 그저 평범한 일과를 담은 자그마하고 따뜻한 그림일 뿐인데 말이다.

"저 끝에 있는 거겠지? 〈야경〉 말이야." 이렇게 불쑥 말을 던지며 베르메르 방을 먼저 떠난 건 T였다. 나는 그가 무엇에 더 관심이 있는지 알고 있다. 루브르 박물관에는 모나리자가 있고, 아카데미아 미술관에는 다비드가 있듯이 이곳에는 야경꾼들이 있다. 북유럽 미술사를 통틀어 가장 뛰어난 작품으로 꼽히는 렘브란트의 〈야경〉이 극적인 명암을 보이며 주위를 압도했다. 그림에서 빛이

암스테르담 민병대 대장인 프란스 반닝 코크 대위와 대원들이 직접 작품 제작비를 모금한 후 렘브란트에게 그들의 초상화를 의뢰해서 만들어진 작품 〈야경〉. 획기적인 크기와 양식, 파격적인 색감으로 바로크 최고의 걸작으로 꼽힌다.

Netherlands

난다. 거대한 크기437×363센티미터가 전시장을 흔들고, 원제原題이기도 한 '프란스 반 닝 코크 대위와 빌럼 반 루이텐부르크 중위의 민병대들'이 당장이라도 총칼을 들고 박물관을 휘저을 것 같다. 남자가 그린 남자들의 모습은 그 자체가 힘이다. 제작연도는 1642년. 이미 세 아이를 떠나보낸 렘브란트가 아내마저 잃었던 그 해다. 개인적인 불운마저도 화가로서의 집념을 막지 못했나 보다. 그러나 이 그림 역시 렘브란트의 집만큼이나 수난을 겪어 왔다.

1715년 기존 전시장에서 암스테르담 시청으로 옮겨 가게 된 〈야경〉은 새 벽면보다 몸집이 크다는 이유로 세 면의 일부가 무참히 잘려 나갔다. 또 그림의 광택이 먼지와 때를 뒤집어쓰면서 어둡게 변하자 대낮의 배경은 한밤으로 오인되어 '야경'이라는 엉뚱한 이름까지 갖게 되었다(이 광택은 1940년대에 제거되었다). 20세기에 들어와서는 요상한 인격을 가진 사람들에 의해 칼에 찢기고 뜯기고 염산까지 뒤집어썼다. 그러나 상처투성이의 몸뚱이는 그때마다 살뜰히 치유되어 박물관을 찾은 팬들에게 의젓한 모습을 선보였다. 나는 어두침침한 민병대들 사이에서 후광을 받으며 서 있는 소녀에게 눈이 갔다. 저 작품을 지켜 준 마스코트 같다는 생각이 들 즈음, 정신이 번쩍 들었다. 이제 정말 렘브란트를 떠나보낼 시간이다.

네덜란드의 현대건축과 가구 디자인 분야에서 대표적 진보주의자였던 리트벨트Gerrit Rietveld는 눈을 감기 직전, 암스테르담 남쪽에 세워질 박물관 설계에 몰두했다. 청년시절에 수평과 수직선의 명확한 결정체인 '레드 블루 의자The Red & Blue Chair'를 만들어 낸 바 있는 노장의 작업은 그가 죽은 지 9년 후인 1973년, 반 고흐와 만나면서 진정한 완성품으로 거듭났다. 그리고 현재 연간 150만 명의 방

건축가 리트벨트가 설계한 반 고흐 박물관은 1973년에 개관했으며,
이후 1999년 일본 건축가 구로카와의 디자인으로 부속 전시관이 새로이 증축되었다.

문객을 맞아들이는 반 고흐 미술관Van Gogh Museum은 시대적 상황에 맞춰 여러 건축가들에 의해 재조정되었지만 리트벨트의 기본 틀은 바뀌지 않았다.

군더더기 없는 직육면체 공간이 바닥에서 4층 높이의 천장까지 훤하게 드러났다. 1층 홀이 유난히 밝아 보이는 이유는 안뜰에서 흘러들어 오는 일광 때문이다. 그 빛이 층층이 방마다 부드럽게 퍼져 자연 조명이 되어 준다. 4단식 사다리처럼 반듯하게 이어진 계단들은 난간으로 통하고 전시장과 연결된다. 걸음을 옮길 때마다 3차원 속의 직선들이 간결한 면 분할을 보여 준다. 화려한 장식이나 특별한 설치물조차 없는 공간이 오히려 당당해 보인다. 리트벨트의 의도였는지는 알 수 없으나 한 가지는 분명하다. 반 고흐의 수수한 작품들과 잘 어울린다는 것. 이곳 어디에도 작품 감상을 흐트러뜨리는 성가신 요소는 없었다.

나는 반 고흐의 37년 인생을 연대순으로 집약한 대형 도표 앞에서 첫 관람을 시작했다. 그런데 이 비운의 화가, 참 많이도 옮겨 다녔다. 21세기의 우리도 겪기 힘든 게 타향살이건만 교통과 통신수단이 훨씬 더 열악했던 시절에, 어릴 적 고향을 떠난 반 고흐는 이후 죽는 날까지 짐을 싸고 풀었다. 네덜란드 헤이 그, 영국 런던, 프랑스 파리, 네덜란드 암스테르담, 벨기에 보리나주·브뤼셀, 네덜란드 에텐·헤이그·드렌테·누에넨, 벨기에 안트베르펜, 프랑스 파리·아를·생레미·오베르쉬르우아즈. 어느 곳에서도 2년 이상 머물지 못했던 그는 늘 상처받은 외톨이였다. 신학대학에서는 공부에 재미를 붙이지 못해 중도하차했고, 임시 전도사로 가 있던 탄광촌에서는 주민들의 비참한 삶에 광기를 보일 만큼 동화되었다는 이유로 6개월 만에 쫓겨났다. 이제 그에게 남은 것은 그림뿐이었다. 화가의 꿈은 종교적 열망이 나간 자리에 단단히 들어앉았다. 본격적인 초기 작업들은 그렇게 갓 서른을 넘기며 시작되었고, 당연히 그의 캔버스는 어둠으로 채워질 수밖에 없었다.

나는 한 화가의 인생이 담긴 그림들과 지그시 눈을 맞췄다. 그가 짊어졌을 삶의 무게에 가슴이 내려앉고 그가 바라봤을 어느 고적한 농가에 몸이 이끌렸다. 검붉은 저녁노을을 등지고 선 황량한 벌판의 오두막집 두 채, 이파리를 다 떨어뜨린 앙상한 자작나무, 얼굴에 두 손을 파묻은 남루한 노인과 다 낡아빠진 신발 한 켤레, 식탁 앞에 둘러앉아 감자를 먹는 여인들이 전시장 벽을 타고 내게 다가왔다. 푸르스름하고 누르스름한 파리의 풍경도, 아를의 별이 빛나는 밤과 노란 집도, 그리고 까마귀가 우는 밀밭도 반 고흐가 감당해 온 세월이었다.

그는 연필과 목탄, 여러 종류의 물감들로 캔버스를 메워 갔다. 다양한 붓놀림을 연구하고 렘브란트의 에칭 기법에 골몰했다. 온종일 이젤 앞에 앉아 가는 붓으로 일일이 점을 찍어 나무 이파리를 만들고, 입체적인 효과를 위해서는 수십만 번의 붓질도 마다하지 않았다. 폭풍이 몰아치는 언덕에 이젤을 펴고 축축해진 캔버스 위에 모래를 덧입혀 질감을 살리기도 했다. 돈이 궁할 때면 포장지 뒷면에도 그렸고 이미 사용한 캔버스를 재활용하기도 했다. 완성된 결과물이

반 고흐의 회화 200여 점과 소묘 400여 점, 700통이 넘는 편지 등을 소유한 반 고흐 박물관에서는 화가의 시대별 작품 특징을 한눈에 볼 수 있다. 사진 속 작품은 1882년 작 연필 소묘 〈쇠약한 노인〉과 1886년 작 〈신발〉이다.

싫으면 켜켜이 홈을 내 그 위에 똑같은 대상을 다시 그렸다. 실험과 시행착오는 이어졌다. 새로운 장소로 옮길 때마다 새 화법에 대한 고민을 멈추지 않았다. 그는 계속해서 방황을 하고 방랑을 했다. 결과물들은 어둠에서 밝음으로, 농촌에서 거리로, 회색에서 노란색으로, 구름에서 태양으로, 앙상함에서 풍부함으로 변해 갔지만, 그는 여전히 혼자였다.

박물관 담장 밖에서는 1890년에 죽은 한 남자의 인생과 무관한 삶들이 펼쳐지고 있다. 오늘따라 회색 도시의 햇빛이 절정을 이룬다. 나는 컴컴한 극장에서 세 시간짜리 대서사극 한 편을 보고 나온 것처럼 거리의 화사함에 얼떨떨해졌다. 그러나 도시 어딘가에 자신을 책망하며 소외된 채 살아가는 사람도 있을 것이다. 내 편일 수도 내 적일 수도 있는 세상, 그 갈림길의 지표는 무엇일까. 독서광이었던 반 고흐에게 문학적 즐거움과 인생의 조언을 들려준 소설가 찰스 디킨스는 "이 세상에 쓸모 없는 사람은 단 한 명도 없다. 모든 인간은 다른 이들에게 빛이 될 수 있다"고 했다. 반 고흐는 상상도 못했을 것이다. 자신의 그림 한 점이 얼마나 많은 사람들에게 위안과 안식을 주게 될 줄을. 미리 알았더라면 더 오래 살아남아 더 많은 그림을 남겼을 텐데.

 암스테르담에 와서 처음으로 정상적인 밤을 맞는다. 우리는 멀쩡히 두 눈을 뜨고 해가 저물어 가는 과정을 제대로 지켜봤다. 드디어 커튼 발치에 남아 있던 한 가닥의 부유스름한 빛이 사라졌다. T는 아직도 렘브란트를 얘기하고 나는 반 고흐의 자료들을 들척였다. 우리 앞에는 네덜란드 지도가 펼쳐져 있다. 공통의 관심사가 하나로 집약됐다. 내일 운전대를 잡게 될 T가 200킬로미터의 자동차 루트를 정리하고 있다. 나는 일정표의 다음 장을 넘기며 숙소 주소를 확인했다. 딱히 더 할 일이 없어졌을 때에도 우리는 지도를 치우지 않았다.

내게 여행은 두 단어의 연속이다. 긴장과 설렘. 지난 8년간 내 손에 여행가방을 쥐어 준 소중한 감성들이다. T는 어떨까. 그가 노트북을 켜고 구글에서 검색을 시작한다. 모니터 화면에는 풍차가 있는 아름다운 들판 사진들이 올라온다. 탁자 위에는 우리의 여정을 편하고 안전하게 책임질 자동차 내비게이션이 놓여 있다.

"잘 찾아갈 수 있을까?"

"네덜란드의 시골은 어떤 모습일까?"

"정말 풍차가 있을까?"

"반 고흐가 살았던 집은 그대로 있을까?"

"날씨는 괜찮을까? 비가 올까?"

"감자 먹는 사람들의 오두막집은 볼 수 있을까?"

"길은 아름다울까?"

우리는 서로에게 질문했지만 대답은 가정과 상상으로 일관되었다. 이 모든 궁금증은 열두 시간 후, 브라반트Brabant 지방에 도착하면 풀릴 것이다.

1 그루트 가족의 오두막집 터
2 호스돈크 풍차
3 반 고흐 기념비
4 네덜란드 개신교 예배당
5 안내센터 빈센트레
6 반 고흐 부모의 집
7 반 고흐 부모의 집 정원 터
8 반 고흐 동상
9 성 클레멘스 교회

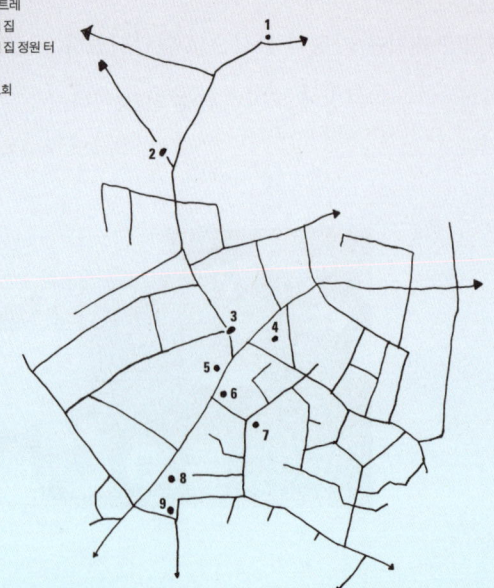

4

우리는 암스테르담 외곽에서 빌린 차를 타고 누에넨Nuenen을 향해 달렸다. 고속도로를 따라 먹구름이 이동했다. 뾰죽한 송신탑과 늘어진 전선줄이 앞서거니 뒤서거니 지나갔다. 벌판에는 가축들이 어슬렁거리고 언덕 위의 농가들은 아침잠에서 깨어나 하루를 열고 있다. 햇살이 이들을 비껴간다. 한낮의 빛을 거무스름한 장막이 휘감는다. 하늘에서는 기다렸다는 듯이 빗방울이 떨어지고 나뭇잎은 힘없이 바람에 날린다. 고속도로에서 빠져나와 시골길로 들어섰을 때는 짙은 안개가 초원을 감쌌다. 듬성듬성 들어선 집들이 뿌연 수증기를 뒤집어썼다.

 나는 창문을 내리고 숨을 들이쉬었다. 찬 공기가 폐 깊숙이 들어왔다. 달력은 한여름에 다가서고 있지만 우리는 초겨울 문턱을 넘어서고 있었다. 그러나 마을 표지판을 지나자 으스스한 기운을 덮고도 남을 온기가 찾아왔다. 운전대를 잡은 T가 입을 열었다. "동화 마을이 따로 없네. 참 이상하게 아름답다."

길가에는 흰색과 갈색의 나지막하고 간소한 건물들이 들어서 있고, 차도와 인도 바닥에는 매끄러운 벽돌이 깔렸다. 자전거들이 간간히 지나갈 뿐 거리는 쥐죽은 듯 조용하다. 그런데 이해할 수 없는 일이다. 휘휘한 이 마을이 편안해지는 이유가 무엇일까.

하룻밤 묵어갈 숙소는 교회가 보이는 공원 옆에 있었다. 호텔 정면에 흘려 쓴 글씨가 보인다. '빈센트 여인숙Auberge Vincent'. 체크인을 하고 짐을 풀기도 전에 밖으로 나왔다. 마을 지도부터 구해야 한다. 그것도 아주 특별한 지도를. 나는 안내센터를 찾기 위해 공원을 가로질러 길가로 향했다. 그때 앞 건물 벽에 세로로 매달린 현수막이 눈에 띄었다. 그 위에는 이런 단어가 적혀 있었다. '빈센트레Vincentre'. 타향살이를 접고 부모의 품으로 돌아온 한 남자가 2년간 머물렀던 이곳에서는 지금도 그를 '반 고흐'가 아닌 이름 '빈센트'로 불러 주고 있었다. 괴팍한 이방인이 아닌 우리 마을 목사님의 맏아들일 뿐인 것이다. 화실에 처박혀 그림을 그리고, 들판에 나가 농부들을 관찰하고, 홀로 산책을 하고, 풀밭에 앉아 책을 읽던, 내성적이지만 온화한 이웃 청년 말이다.

나는 안내센터의 입구로 들어섰다. 직원으로 일하는 자원봉사자 할머니들이 반갑게 맞아 준다. "저, 반 고흐 흔적이 표시된 지도를 구하고 싶은데요."

그들 중 선임자로 보이는 할머니 A가 얇은 책자 한 권을 꺼내더니 설명을 곁들인다. 나는 이리저리 뒤적이며 물었다. "모두 이 타운 안에 있나요?"

"대부분 걸어서 다닐 수 있죠. 참, 여기는 '타운Town'이 아니고 '마을Village'이에요. 작은 마을!" 이 동네에서는 작은 것을 크게 부풀려도 문제가 되겠다.

"그런데 혹시 〈감자 먹는 사람들〉에 나오는 오두막집도 남아 있나요?" 내 말이 떨어지자마자 모든 할머니들이 의미심장하게 웃는다.

왼쪽 누에넨에 2년간 살았던 반 고흐의 흔적을 모아 놓은 빈센트레 안내센터 건물. 2층에는 박물관이 있다.
아래 한때 반 고흐에게 화실 공간을 제공하기도 했던 성 클레멘스 교회.

아래 중앙 누에넨 마을의 대표적인 숙박업소인 빈센트 여인숙.
아래 오른쪽 빈센트레 안내센터에서 일하고 있는 티니 드 그루트Tinie de Groot 씨. 그림 〈감자 먹는 사람들〉에 등장하는 그루트가家의 후손이다.

"그 그림에 관심이 많구려. 내가 귀한 정보 하나 주리다. (할머니 A는 빨간색 니트를 입은 할머니 B를 가리켰다.) 바로 당신 옆에 있는 이 분이 그림에 있던 그루트Groot 여사 직계 후손이라오." 저쪽에서 기념품을 구경하던 T가 놀란 표정으로 휙 돌아선다. 나는 두 눈을 크게 뜨고 잠시 말을 잃었다. 할머니 A가 호탕한 목소리로 덧붙인다. "편안히 즐기다 가시구려. 구경도 하고 커피도 마시고. 2층 박물관에 올라가는 것도 잊지 마시구려. 반 고흐의 원화는 한 점도 없지만 우리한테는 특별한 기록들이 아주 많거든." 나는 21세기의 그루트 여사 사진을 찍느라 정신이 없었지만 이미 한쪽 눈은 계단을 향하고 있었다.

빈센트의 메마른 얼굴이 나를 바라본다. 귀에서 턱까지 성글게 수염이 났지만 눈빛만큼은 또렷하다. 오래된 사진들이 시작을 알린다. 베틀과 직공織工, 농부와 시골 아낙들. 바르비종파Barbizon派, 1835-1870년경 파리 근교에 있는 작은 마을 바르비종에 머물며 활동했던 풍경화가들 화가 밀레Jean-François Millet를 존경하던 시절 빈센트가 좋아했던 모델들이다. 반 고흐가의 가족 구성도가 걸려 있다. 아버지의 눈매를 닮은 빈센트, 밑으로 줄줄이 동생들이 많았구나. 바닥에 새겨진 발자국 무늬에 신발을 대고 따라간다. 누에넨의 뿌연 지도 위에 풍차와 교회 사진이 겹쳐지고 그림들이 투영된다. 분위기는 오늘처럼 을씨년스럽다. 발밑에 편지지가 나타난다. 내 동작을 알아차린 센서가 프로젝트로 글을 써내려 간다. 테오에게 보내는 편지다. 커다란 캔버스도 촌부의 얼굴로 변한다. 벽장 속에는 옷가지와 책이, 이젤 옆에는 물감이, 선반 위에는 그릇들이 놓여 있다. 그리고 아늑한 전시장이 이내 하나의 이미지로 가득 찬다. 〈감자 먹는 사람들〉. 1885년 누에넨에서 탄생한 반 고흐의 첫 대표작이 이 방의 주인공이다.

박물관 공간에 마련된 반 고흐의 개인적인 기록들과 당시의 분위기를 보여 주는 소품들.

반 고흐, 〈감자 먹는 사람들〉, 1885년,
암스테르담 반 고흐 미술관 소장.
완성된 이 유화 외에도 스케치와 석판 등 여러 버전이 있다.

"작은 등잔 아래에서 감자를 먹고 있는 사람들이 자신의 접시로 내밀고 있는 손, 바로 그 손으로 직접 땅을 팠다는 점을 상기시키고 싶었다. 그것은 손으로 하는 노동, 정직하게 일해서 얻어 낸 한 끼의 식사임을 증명하는 것이기도 하겠지. 우리처럼 문명화된 사람들과는 완전히 다른 삶의 방식이 제대로 표현되기를 바랄 뿐이란다."

반 고흐, 파리에 있는 테오에게 보낸 편지 중에서, 1885년 4월 30일.

씨를 뿌리고 모를 심고 쟁기로 밭을 갈고 땅을 경작하고 감자를 캐고 소쿠리에 담는다. 농민들의 일상이 벽을 채운다. 오두막집의 여인들이 대형 캔버스의 주인공이 된다. 구석구석에 놓인 베틀과 일용품들이 과거 속으로 이끈다. 나는 연극무대 같은 이 공간에서 시간을 정지시켰다. 저 바깥세상이 궁금하지 않았다면 흰색 천 모자를 쓴 농촌 여인들 옆에 더 오래 머물렀을 것이다.

안내책자를 들춰 보니 반 고흐의 흔적에 매겨진 숫자가 열일곱 개나 된다. 시간은 이미 2시를 넘기고 있다. 우리는 근처 식당에서 허겁지겁 파스타를 먹은 후 다시 시작지점으로 돌아왔다. 길 건너편 회색 기와지붕이 수굿이 얹힌 2층짜리 벽돌집 때문이다. 팻말에 '11'번이라는 숫자가 적혀 있다. 빈센트의 부모 집이다.

헤이그를 거쳐 드렌테Drenthe에 머물던 빈센트는 외로움에 지쳐 그곳을 떠날 결심을 한다. 다섯 살짜리 딸을 가진 임신한 창녀 시엔Sien Hoornik과 막 헤어진 후였다. 아버지를 비롯한 주위 사람들의 맹렬한 반대로 결국 사랑하는 여인을 지키지 못하고 떠나야 했던 빈센트는 깊은 자괴감에 빠졌다. 무기력한 자신이 원망스러웠다. 세찬 바람이 몰아치는 한겨울, 빈센트는 20킬로미터 떨어진 기차역을 향해 무작정 걸어갔다. 너덜너덜한 누더기 옷을 입고 모진 추위에 떨며, 동네사람들에게 야유를 들어가며, 진눈깨비와 폭우를 뚫고, 혼자 중얼거리고 내내 울며 여섯 시간 동안 황량한 길에 자신을 내버려 뒀다. 스스로에게 화가 치밀어 오르다가도 곧 죄의식과 후회에 비틀거렸다.

그는 집으로 향하고 있었다. 혼자 살아갈 돈도 달리 갈 곳도 없었다. 자식이 진정 원하는 행복 따위는 안중에도 없는 것 같은 아버지에게 분노가 가시지 않았지만 이것만이 최선이었다. 그는 스스로를 감옥에 수감되기 위해 돌아가는 체념한 죄수라 여겼다. 그러나 빈센트는 다시 일어설 수 있는 미래를 포기하지 않았다. 오래된 사과나무는 울퉁불퉁하지만 해를 받으면 아름다운 꽃을 피운다

반 고흐가 1883년 12월부터 1885년 11월까지 머물던 부모의 집.

마을 뒤편 작은 공원에 위치한 네덜란드 개신교 예배당. 외관이 아담하지만 운치가 있으며, 반 고흐 그림의 배경이 되면서 누에넨의 명소가 되었다.

반 고흐, 〈개신교 교회를 떠나는 신도들〉, 1884년. 암스테르담 반 고흐 미술관에 소장되었다가 2002년 도난 당했다.

고 믿었다. 그가 짊어진 화구 속에는 또 다른 내일이 있었다. 1883년 12월, 서른 살의 빈센트는 초췌한 몰골로 누에넨의 목사관 문을 두드렸다. 성탄절이 다가오고 있었다.

나는 창문마다 흰색 커튼이 드리워진 집 앞으로 살그머니 다가갔다. '누군가 살고 있으니 그냥 바라만 보세요'라고 했던 안내센터의 주의사항이 떠올랐다. 몇 미터 건너 옆집은 목사관보다 방 두 칸만큼 더 커 보였다. 커튼은 반쯤 올라가 있고 인기척도 느껴졌다. 누에넨에서 빈센트의 마음을 사로잡았던 여인이 거처했던 집이다. 엄격한 기독교 집안의 딸로 태어난 마르고트 Margot Begeman는 평생 집 안에서만 교육을 받으며 삶의 유일한 낙으로 자비와 봉사를 택한 43세의 독신녀였다. 세상과 등지며 살아온 두 사람은 비밀리에 서로의 마음을 주고받았고, 빈센트는 결혼까지 결심한다. 그러나 이번에는 여자 집안의 극렬한 반대에 부딪쳤다. 결국 마르고트는 자살기도를 했다가 겨우 목숨을 건진 후 다른 지방으로 내쫓겼다.

  우리는 그들의 비극적인 사연이 담긴 집을 물끄러미 쳐다보다가 발길을 돌려 공원으로 향했다. 입구에 빈센트의 거무죽죽한 동상이 서 있다. 그 뒤로 성 클레멘스 교회 Sint-Clemenskerk가 보인다. 그런데 내가 정말 보고 싶은 교회는 따로 있다. 주택가 골목을 몇 겹 돌고 나자 멀리 길 모퉁이에서 청정한 기운이 새어 나온다. 나무들이 우거진 숲속 중앙에 육면체 모양의 다갈색 건물이 서 있다. 개조와 증축의 세월을 거치면서 그림 속 형상과 조금 달라졌지만 여전히 단단하고 진중하다.

  빈센트는 누에넨에 돌아온 지 한 달 후 병상에 누운 어머니를 위로하기 위해 아이디어를 냈다. 아버지가 목사로 있는 네덜란드 개신교 예배당 Nederlands Hervormde Kerk을 그리기로 한 것이다. 이렇게 탄생된 그림 〈개신교 교회를 떠나는 신도들〉은 그의 누에넨 시절을 대표하는 작품 중 하나가 되었다. 그런데 현대의 전문가들은 여기에 또 다른 의견을 내놓았으니, 엑스레이 투과 결과 상복을 입은 여인들이 나중에 덧그려졌다는 것이다. 그 시점은 1년 후, 반 고흐 목사가 세상을 떠난 1885년 봄으로 추정되고 있다. 냉랭했던 부자지간이 겨우 회복되어 가던 중이었다. 아들의 그림을 칭찬하고 열심히 기도를 해주던 아버지에게 빈센트의 마음이 돌아서던 중이었다.

나는 이 단순한 작품이 그냥 좋았다. 예배당 지붕에 뾰족이 솟아난 탑과 듬성듬성 이파리를 매단 나뭇가지, 갈색 톤의 차분한 어울림이 긴 여운을 남겼다. 그러나 암스테르담의 반 고흐 미술관에서 육안으로 볼 수 있을 거라는 기대는 무산되었다. 부모에게 바치는 선물과도 같았던 이 그림은 2002년 12월 7일 박물관에서 도난당한 후 지금까지도 행방이 묘연하다.

숲에서 빠져나오자 머리카락 위로 빗방울 몇 개가 떨어졌다. 긴 하루였다. 안내책자에는 끝내지 못한 숫자들이 넘실대지만 의무감은 갖기 싫었다. 하늘은 희뿌연 담요를 뒤집어쓴 듯 구름 속에 갇혀 버렸다. 거리에는 지나다니는 사람이 없다. 대부분의 가게들도 굳게 문을 닫았다. 우리는 호텔로 돌아가기 위해 텅 빈 마을을 에둘러 걸었다.

그런데 지도를 접고 동네를 기웃거린 지 얼마 안 돼 탐스러운 담쟁이덩굴로 에워싸인 호젓한 오솔길을 발견했다. 나는 얼떨결에 그 속으로 걸음을 옮겼다. 몇 발자국 걷다 보니 나도 모르게 뒷짐을 지고 있었다. 고개를 반쯤 떨어뜨리고 보폭을 줄였다. 몸에 눌어붙었던 고단함이 스르르 빠져나갔다. 뒤를 돌아보니

T의 자세도 나와 비슷하다. 우리는 천천히, 두 번씩이나 그 길을 오갔다. 산보를 시작한 곳으로 되돌아 나오고 나서야 길 건너편에 박혀 있는 팻말 안내문에 눈이 갔다. 오래전 반 고흐 목사관의 정원이 있던 자리로, 빈센트가 자주 머물며 주변 경치를 그렸다는 이곳. 나는 다시 담쟁이덩굴 속으로 들어갔다. 이번에는 먼 곳에 눈을 맞추며 더 느릿하게 걸었다. 뒷짐을 진 빈센트의 뒷모습이 저 앞에서 어른거렸음은 말할 것도 없다.

5

잠이 들락날락한다. 커튼 뒤에서 어스레한 빛이 흘러들어 온다. 몸을 뒤척이며 꿈과 현실 사이에서 오락가락하고 있을 때 창가에서 인기척이 났다. 대충 옷을 갈아입은 T가 살금살금 뭔가를 챙기다 말고 내게 말을 건넨다. "일어났어? 혹시 나머지 장소들 가려면 이른 시간이 낫지 않을까. 자동차로 다녀야 한다면서. 이왕이면 한적할 때 헤매는 게 낫겠지."

5시 15분. 시계를 보니 한숨이 나왔지만 지도의 번호들이 한꺼번에 밀어닥칠 것을 생각하니 잠이 달아났다. 어제 저녁 한 차례 더 나갈 생각이었지만 굵어진 빗방울보다 더 가혹한 졸음 앞에서 그만 주저앉았었다. 나는 이불을 젖히고 일어났다. 시차의 끄트머리에서 허덕이고 있는 우리에게 이보다 더 좋은 새벽 일감은 없었다.

　1년 중 해가 가장 길다는 네덜란드의 여름 앞에서 동녘의 태양이 주춤거리고 있다. 우중충한 하늘에 물안개가 자욱하다. 자동차에 시동을 걸고 마을 중심을 빠져나오자 그나마 낮은 건물들이 지탱해 온 현대적인 모양새가 순식간에 사라졌다. 농가의 지붕들만이 드문드문 보일 뿐 세찬 빗줄기를 받아 내는 건 들판과 숲이다. 그리고 돌연 풍차가 나타났다. 나는 헉, 하고 숨을 멈췄다. 큰 탑에 매달린 네 개의 날개들이 비바람을 맞으며 곧게 뻗어 있다.

　"저거야 저거! 반 고흐의 풍차." 내 말이 떨어지기가 무섭게 T가 차를 왼쪽으로 틀어 건너편 농로에 세웠다. 빗줄기가 거세졌다. 그러나 자동차 안에서 멀리 감상만 하기에는 날개들의 자태가 너무 매혹적이다. 카메라를 두 손으로 움켜쥐고 후드를 뒤집어쓴 나는 진흙탕을 건너 그 앞까지 달려갔다. 260년 동안 한곳을 지켜 온 호스돈크Roosdonck 풍차는 캔버스를 뛰쳐나와 황량한 벌판을 휘어잡고 있었다.

　자동차로 돌아온 후에도 나는 풍차에서 눈을 뗄 수가 없었다. T가 숲길로 차

를 몰았다. 풍차의 날개들이 점점 사라진다. 시커먼 구름무리가 하늘을 가린다. 들녘 저편이 여명으로 물들고 굵은 빗방울이 창문을 두드린다. 우리는 길 한편에 차를 세우고 밖으로 나왔다. 그러고는 허벅지가 다 젖도록 뛰어다닌 끝에 포플러나무에 에워싸인 흙길을 발견했다. 안내문에는 '빈센트의 단골 산책로로, 중요한 영감을 주었던 장소'라는 설명이 적혀 있다. 화가가 아니어도 이 시간 이곳에서 가슴이 출렁거리지 않을 사람은 없다. 다시 차에 올라탔지만 숲길에 대한 미련 때문에 더 중요한 곳을 놓칠 뻔했다. 빨간색 팻말 하나가 어른거리며 자동차 옆을 스칠 때야 깨달았다. 감자 먹는 사람들의 오두막집이 분명했다.

껍질을 벗겨 내지 않은 자연 그대로의 감자, 그 빛깔을 닮은 농촌 사람들의 얼굴과 손, 종교적 엄숙함을 연상시키는 천장 램프, 탄광 생활의 기억을 담은 컴컴한 실내. 진정한 '전원화가'이고 싶었던 이 시절의 빈센트가 누에넨을 떠나기 6개월 전에 그린 〈감자 먹는 사람들〉은 여러 습작과 석판화 그리고 완성된 유화 한 점을 남겼지만, 더 놀라운 일은 실제 모델이었던 그루트 가족의 집터가 남

누에넨에서 완성된 반 고흐의 들판 그림들 배경으로 자주 등장하곤 했던 호스돈크 풍차.

아 있다는 것이다. 빈센트는 수시로 이곳을 들락거리며 그들과 대화를 나누고 스케치를 했다. 평범한 농가에서 이뤄진 한 끼의 단출한 식사는 어느덧 세상에서 가장 유명한 감자 식탁이 되었고, 후대의 평가를 예감이라도 한 듯이 2년 후 파리에 있던 빈센트는 여동생에게 쓴 편지에서 이런 말을 했다. 〈감자 먹는 사람들〉은 내가 지금까지 해온 작업들 중 가장 성공적인 것이었다고.

단순한 시멘트 담벼락에 빗물이 젖어들면서 짙은 얼룩이 졌다. 비스듬한 기와지붕이 예전 오두막의 형태를 말해 주듯 집의 절반을 덮었다. 허름한 현관문과 창문 두 개, 봉긋이 튀어나온 굴뚝이 이 집 외관에 드러난 장식의 전부다. 그러나 싱그러운 초원이 주변을 감싸면서 오롯이 서 있는 집 한 채에 생기를 준다. 나는 집 쪽으로 다가가기 위해 길을 건넜지만 앞마당을 가로막은 창살문 때문에 더 나아가지 못했다. 안뜰을 사이에 두고 집과 마주한 나는 캔버스에는 드러나지 않았던 초가집의 바깥 풍경을 떠올렸다.

1885년 3월 한기가 가시지 않은 어느 저녁, 하루 일과를 마친 그루트 부인은 살며시 나무문을 열고 목사관에서 온 손님을 맞았을 것이다. 그의 등 뒤로 불그스름한 석양빛이 내려앉고 나무에서는 사각사각 바람 소리가 들렸을 것이다. 화구를 들고 마을에서부터 걸어왔을 남자는 생애 첫 문제작이 된 오두막집의 감자 정찬에 매료되었을 것이다. 아, 그리도 원했던 화가의 길로 들어선, 열정이 넘쳐흐르던 32세의 빈센트. 불과 5년 후 자신이 그림을 그릴 수 없게 된다는 사실을 예상이나 했을까.

"이제 차에 타는 게 좋겠어. 비가 많이 오네." 흠뻑 빗물을 뒤집어쓴 나는 T의 말에 동의하듯 지도를 덮었다. 그의 머리카락에서도 빗물이 뚝뚝 떨어진다. 그러나 누에넨의 애잔한 풍경에서 비는 장애물이 아니라 축복이었다. 여행을 하다 보면 자연스럽게 알아차리는 것이 있다. 30년 후까지도 내 인생 한편에 버젓이 자리를 차지하고 있을 기억은 과연 어떤 것인지. 그래서일까. 우리는 돌아가자는 말을 꺼낸 후에도 길옆에 차를 세워 놓은 채 오래도록 어슬렁거렸다.

호텔로 돌아온 우리는 부리나케 옷을 갈아입고 신발을 말린 후 식당에서 커피와 빵으로 아침식사를 끝냈다. 자동차에 짐을 싣고 누에넨을 출발할 때도 비는 약해지지 않았다. 에인트호번Eindhoven 길목에 있는 11세기에 만들어진 오프웨텐Opwetten 물레방아 앞에 서서 그 밑으로 세찬 물줄기가 흰 거품을 쏟아내는 것까지 보고 나서야 내비게이션에 다음 목적지를 입력했다. 준데르트Zundert 마을의 마르크트Markt 길 27번지. 1853년 3월 30일, 빈센트 반 고흐가 첫 울음을 터뜨린 집이다. 우리는 마침내 그의 '처음'으로 가고 있다.

6

 서쪽으로 100킬로미터쯤 달렸다. 드넓은 초원은 고속도로 옆으로도 펼쳐졌다. 브라반트의 대표 도시 브레다Breda의 남쪽을 빙 둘러 출구로 빠져나가자 길은 숲으로 덮였다. 벨기에와의 국경을 5킬로미터 남겨 둔 네덜란드 남단의 외딴 마을은 폭우 속 시골길을 30분이나 더 달려간 후에 나타났다. 아담한 집들이 등장하고 자전거를 탄 주민들이 지나갔다. 내비게이션의 주소를 확인하기도 전에 나는 알아차렸다. 시청과 교회와 광장이 모여 있는 거리 한편에 사진으로 수없이 봐온 적갈색 벽돌집 두 채가 나란히 들어서 있었다.
 "짐작하셨겠지만 이곳에는 원화는 물론 드로잉이나 습작도 없어요. 이 시절에 남긴 편지나 그림의 배경이 된 장소도 없지요. 빈센트는 준데르트에 사는 동안 제대로 그림을 그린 적이 없거든요. 그래도 아주 사랑스럽고 의미 있는 곳이랍니다. 그가 태어나고 자랐다는 것만으로 충분하지 않겠어요?" 최근에 '빈센

Netherlands

왼쪽 준데르트 마을의 거리 풍경.
오른쪽 위 반 고흐의 생가가 있던 자리에 새로이 올라간 '빈센트 반 고흐 집' 건물 전경.

트 반 고흐 집Vincent Van GoghHuis'에서 일하기 시작했다는 미히을슨 씨는 우리밖에 없는 한가한 건물 입구에서 친절히 설명을 이어 갔다. 나는 이 마을에 온 가장 큰 목적을 재차 확인하고 싶었다.

"그러니까 지금 제가 서 있는 이곳이 빈센트가 태어난 집인 게 맞는 거죠?"

"정확히 말하면 복도 맞은편에 있는 건물이죠. 1903년에 예전 집을 해체하고 이렇게 두 건물이 올라선 거랍니다. 그러니까 뭐, 빈센트 생가에 발을 딛고 있는 거나 마찬가지죠. 하하."

암스테르담과 누에넨을 거쳐 준데르트까지 오면서 점점 그의 그림이 아닌, 그의 삶에 가까워지고 있다. 한 사람의 인생을 역순으로 따라온 탓일 게다.

"위층에는 뭐가 있나요?" 나는 '박물관'이라고 지칭한 그녀의 말이 생각나 이렇게 물었다.

"가보시면 알 거예요. 이어폰 끼고 천천히 둘러보세요. 다 끝나면 저와 같이 뒤뜰에 나가 보시죠."

우리는 천천히 계단을 올랐다. 얼마 후 나는 소담한 방 앞에서 저절로 가슴이 싸해졌다. 두 평 남짓한 공간에는 곱슬머리 빈센트의 어린 시절 얼굴이 벽 하나를 메우고 있다. 방 한가운데에 긴 식탁 하나와 의자 여섯 개가 있을 뿐 아무런 오브제도 없다. 나무액자 서너 개와 스트라이프 벽지, 창가에 하늘거리는 노란색 리넨 커튼이 단조로움을 깰 뿐이다. 열세 살 빈센트의 얼굴 앞에 천으로 감싸인 빈 의자가 놓여 있다. 방 안으로 들어서자 식탁 위로 흐릿한 사진들이 나타나고 이어폰에서는 남자의 목소리가 들린다. 이른 아침 언덕 너머 해 뜨기를 기다렸던 아이가 어른이 되어 회상하는 빈센트 자신의 이야기다.

"나는 몸이 아픈 중에도 준데르트 집에 있는 우리의 방들을 떠올리곤 했단다. 작은 길들, 마당을 메운 온갖 식물들, 들판에서 바라보던 풍경들, 이웃들, 묘지와 교회들, 그리고 키 큰 아카시아나무에 매달린 까치둥지와 부엌 뒤뜰까지…. 나는 아직도 그때의 추억들을 지니며 살아가는 모양이다."

반 고흐, 아를에서 고갱과의 격렬한 다툼 끝에 스스로 한쪽 귀를 잘라 낸 지 한 달 후, 파리에 있는 동생 테오에게 보낸 편지 중에서, 1889년 1월 23일경.

탁자 위의 사진들이 하나둘 바뀌어 간다. 옛 지도에서 벽돌집으로, 반 고흐 가족에서 빈센트의 총명한 눈동자로. 아무것도 없다는 박물관에는 정말 이게

반 고흐의 어린 시절 사진과 가족들의 기록이 전시되어 있는 2층 박물관과 건물 뒤편의 정원.

전부인 모양이다. 그런데 나는 왜 계속 머뭇하고 있을까. 그저 빛바랜 흑백사진 한 장과 마주할 뿐인데.

한참 후에야 2층에서 내려온 우리는 미히을슨 씨를 따라 뒤뜰로 나갔다. 비가 주룩주룩 내린다. 야외탁자와 의자 위에 빗방울이 스며든다. 제철 맞은 식물들이 마당을 푸릇하게 감싼다. 그 곁에는 보라와 핑크색 꽃들이 만발했다.

"그 당시 대부분의 마을 주부들은 과일과 채소 위주의 텃밭을 가꿨는데 빈센트의 어머니는 달랐죠. 계절별로 다양한 꽃과 나무를 심었답니다. 지금 이곳처럼 말이죠." 그림 속에 자주 등장하던 화려한 꽃들의 원천을 알 것만 같다. 반 고흐 가족의 신선한 식수를 담당했다는 (그러나 유리덮개가 빗물로 얼룩지면서 안이 보이지 않는) 우물까지 둘러보고 나서야 이 집을 떠날 수 있었다.

"참, 길 건너에 있는 교회에 꼭 들렀다 가세요. 반 고흐 목사가 일하던 곳이죠. 마당에는 빈센트 형의 무덤이 있답니다."

"그 사산되었다는?"

"네, 맞아요. 또 다른 빈센트죠."

우리는 그녀와 인사를 나눈 뒤 단단히 우산을 받쳐 들고 교회로 향했다. 비바람이 몰아치면서 여행용 우산의 허약한 날개가 푸드덕거린다. 손이 시릴 만큼 오싹하다. 몸을 웅크리며 길을 건너자 벽돌건물 한 채가 거뭇한 안개를 뒤집어쓰고 음산하게 서 있다. 그곳에 다가서려는 순간 서로의 손을 맞잡은 두 남자의 전신상이 나를 막아섰다.

"빈센트와 테오야!" 나도 모르게 중얼거렸다. 6개월 간격으로 타향에서 죽음을 맞이한 형제는 이렇게 동상이 되어 아버지의 교회 앞을 지키고 있었다. 그리고 빈센트에게 평생 '내가 태어나기 위해 형이 대신 죽었다'는 죄의식을 심어

...par mon intermédiaire tu as ta part à
la production même de certaines toiles
même dans la débâcle...

준, 반 고흐가※의 첫 아들 빈센트는 교회 앞마당 공동묘지에서 여전히 가족의 일원으로 남아 있었다. 나는 비가 몰아치는 동상과 무덤가에서 한동안 떠나지 못했다. 마을 사람이면 누구나 하루에 한 번쯤 지나치게 될 교회 앞. 비록 저 유명하고도 비극적인 형제의 시신은 이국땅에 묻혀 있지만 이곳 주민들은 알 것이다. 그들의 영혼만큼은 영원히 고향 준데르트 마을의 몫이라는 것을.

우리는 오늘 밤 묵을 브레다 기차역 근처의 호텔로 가기 위해 다시 길을 나섰다. 먹구름이 집요하게 햇살을 밀어내고 있다. 네덜란드 여행 내내 따라다녔던 회색 하늘과도 헤어질 시간이다. 1886년 3월 본격적인 화가의 꿈을 이루기 위해 유럽 제1의 예술도시로 향했던 빈센트 반 고흐처럼 내일이면 우리도 남행 기차에 몸을 싣는다. 인상파가 태동하고 꽃을 피웠던 그곳, 마네의 혁신과 모네의 낭만과 드가의 진지함과 르누아르의 섬세함이 이뤄 낸 빛과 색의 세계. 나는 19세기의 파리로 들어갈 채비를 끝냈다. 눈이 부시도록 파란 하늘만 있어 주면 더 바랄 게 없겠다.

2부
프랑스
파리

Paris, France

1863년
파리

★

화가들에게 성공과 부를 보장하는 최고의 등용문인 파리 살롱전Salon de Paris. 심사위원들이 한 점의 그림 앞에서 인상을 찌푸렸다. 아카데미 미술의 정통파인 카바넬Alexandre Cabanel의 〈비너스의 탄생〉을 경이롭게 음미한 후 막 몸을 돌린 찰나였다. 그들은 콧수염을 파르르 떨고 입가에 조롱 섞인 미소를 띠며 이렇게 내뱉었다.

"저건 대체 뭐야? 이런 비문명적이고 미개한 그림이 다 있다니!"

"세상에, 저 여자는 풀밭 위에서 뭐 하고 있는 거야? 신사들 틈에서 혼자 벌거벗고 있잖아."

"낙~선!"

오랜 전통과 권위로 가득 찬 그들의 심사는 순식간에 끝났다. 31세의 패기 넘치는 화가가 출품한 이 '외설적인' 그림은 차가운 외면과 비아냥거림 속에서 슬픈 운명을 맞이했다. 캔버스 한구석에 적힌 'manet마네'라는 서명은 유화로 채색된 짙은 나무 그늘 속에 파묻혀 거의 알아볼 수조차 없었다.

★

 선거를 몇 달 앞두고 프랑스 황제 나폴레옹 3세는 자신의 예술적 입지를 명분 있게 포장하기 위해 과감한 결단을 내렸다. 요즘 들어 젊은 예술가들 사이에서 살롱전의 비합리적인 심사규정과 부정 당선에 대한 볼멘소리가 자주 들려왔다. 이러다간 고지식한 보수주의자라는 낙인이 찍힐 수도 있고, 선거에도 분명 영향을 끼칠 것이다.

 "낙선작 전부를 별도로 전시하시오!"

 그의 한마디에 파리가 들썩였다. 살롱전이 열리는 산업전시장 옆에서 개최된 '낙선전Salon des Refusés'. 일명 '황제의 전시회'라는 별칭이 붙은 이곳에 연일 관중이 몰려들었고, 그 반응은 비록 극단적인 호불호를 일으켰지만 폭발적이었다. 나폴레옹 3세는 관용을 베푸는 황제의 이미지로 거듭났다. 그 덕분에 영영 묻힐 뻔했던 작품 하나가 급부상했으니, 에두아르 마네의 〈풀밭 위의 점심식사〉가 그 주인공이었다.

★

파리 남쪽 몽파르나스 노트르담데샹 거리. 한 청년이 떠들썩한 장사치들을 뚫고 골목 안 건물로 들어섰다. 이젤과 캔버스가 뒤엉킨 화실에서는 학생들이 누드모델을 뚫어지게 바라보며 데생에 한창이다. 엄격한 글레르Charles Gleyre 선생 밑에서 그림을 배운 지도 1년. 그러나 노르망디에서 온 이 젊은이는 인물보다는 풍경을 더 사랑했다. 실내보다는 하늘을 볼 수 있는 자연이 더 친숙했다. 만물이 기지개를 펴는 어느 봄날, 전통적 화풍을 주장하던 스승에게 불만이 생긴 그는 화구를 챙겨 밖으로 뛰쳐나갔다. 그의 뒤를 친구들이 따랐다.

"이봐, 잠깐만 기다려. 어디로 가려고?"

"난 더 이상 이런 답답한 곳에서 견뎌 낼 자신이 없어. 나를 감동시키는 진짜 세상을 봐야겠어. 자연 속에 진실이 있을 걸세!"

그로부터 얼마 후, 세 초년병 화가들은 이젤과 물감을 챙겨 파리에서 50킬로미터 남쪽에 있는 퐁텐블로Fontainebleau 숲으로 갔다. 그들을 반긴 것은 초록빛 나뭇잎 사이로 흘러들어 오는 다이아몬드처럼 빛나는 햇살이었다. 그곳에는 청년이 그토록 찾고 싶었던 '빛'이 있었다.

"좋았어! 난 바로 여기서 그림을 그릴 거야. 이보게들, 저 숲속을 보게나. 엊그제 낙선전에 걸렸던 마네 씨의 〈풀밭 위의 점심식사〉가 연상되지 않는가? 하하."

숲 한가운데에 이젤을 펼치며 흥분을 가라앉히지 못하는 그의 이름은 클로드 모네. 그리고 곁에는 둘도 없는 화실 동지, 오귀스트 르누아르와 프레데릭 바지유가 있었다.

마네, 〈풀밭 위의 점심식사〉, 1863년, 오르세 박물관 소장.
제1회 파리 '낙선전'에 출품되었다.

당시 파리의 부르주아 신사들을 상징하는 점잖은
두 남자와 그 옆에 당당하게 앉아 있는 나체의 여인은
그 이상한 조화만으로도 파리 미술계를 충격에
빠뜨렸다. 한마디로 파리 부유층 남자들의 위선을 유화
한 점으로 드러낸 것이다. 지금껏 여성의 누드가 그림에
등장하지 않았던 것은 아니지만, 전통적 누드화는
신성하고 아름다운 여신이나 요정이었지 마네처럼 바로
눈앞에서, 현실적으로, 보통 사람처럼 보이는 여성의
적나라한 모습을 대놓고 표현하지 않았다. 더구나
비평가들은 이 선정적인 그림에서 고전의 걸작들이
연상되었다는 사실에 마네의 도전을 더 괘씸히 여겼다.
루브르에서 원로 화가들의 그림을 수없이 연구하고
모사해 온 31세의 마네는 자신의 캔버스에 베네치아
르네상스의 대표 화가인 티치아노의 〈전원 음악회〉,
판화가 라이몬디가 모사한 라파엘로의 〈파리스의
심판〉을 교묘하게 모티프로 삼았다. 그러나 결과물은
판이하게 달랐다.

마네는 회화의 통념을 벗어던졌다. 색채의 강렬한
콘트라스트와 빛의 흐름, 등장인물들의 생생한 표정과
현실감, 원근법을 무시한 평면적 공간감, 간결하면서도
힘찬 화면구성은 작품의 주제만큼이나 센세이션을
불러일으켰다. 마네는 회화 자체의 시각적 효과와
특성을 중요시했고, 1863년의 파리에서 그의 이런
개념들은 '완전히 잘못된 생각'으로 치부되었다.
그러나 이후 〈풀밭 위의 점심식사〉는 인상파
화가들에게 희망의 등불이 되었다. 모더니즘의
시작이었다.

Paris, France

7

"파리가 어떻게 변했을까?"

나는 기차 창가에 얼굴을 바싹 대고 말했다. 네덜란드 국경을 넘고 벨기에의 안트베르펜과 브뤼셀 표지판을 지나 프랑스 영토로 들어온 지 한 시간쯤 됐다. 광활한 들판과 언덕들이 지평선을 따라 펼쳐졌다. 파란 하늘에는 뭉게구름이 두둥실 떠다닌다. 가축들이 한가로이 노니는 풀밭은 온통 초록색이다. 출발 직전 패딩까지 껴입으며 오들오들 떨던 나는 하나둘 겉옷을 벗어 이제는 반팔 셔츠 하나에 만족하고 있다. 햇살이 기차 안까지 그윽하게 흘러들어 온다. 비로소 여름을 체감한다. 파리의 날씨는 어떨까. 거리와 사람들은? 건물은? 지난 9년간 공항만 수없이 들락날락거렸던 파리. 오랜만에 찾는 공항 밖 그곳은 궁금한 것투성이다.

"그대로겠지. 유럽 도시들은 잘 안 변하잖아." T 역시 6년 만의 방문이다.

Paris, France

"요즘 많이 위험해졌다는데. 정말 그럴까? 기차역은 더 심하다던데."

"다 사람 사는 동네야. 파리가 험해 봐야 얼마나 험하겠어?"

그의 관심은 내내 바깥 풍경에 가 있다. 프랑스 북부의 자연은 숨 막힐 듯 아름다웠다. 우리의 대화는 여기서 일단락되었다. 나는 창가에 머리를 기대고 반가운 햇살을 맞았다. 여행을 준비하면서 수없이 훑어봤던 파리 지도와 거리 사진들이 두서없이 머릿속을 오갔다. 마치 이 도시를 생전 처음 와보는 사람처럼 그 전에 무시로 다녔던 출장의 기억이 말끔히 삭제되었다. 그때는 늘 안내자가 있었고, 여정 대부분이 업무로 채워졌으며, 내 손에는 지도 한 장 들린 적이 없었기 때문이다. 아마 파리가 변했다 하더라도 나는 눈치 채지 못할 것이다. 그래서 지금 이렇게 설레는 걸까?

북부 역Gare de Nord을 출발한 택시가 남쪽으로 향했다. 아직 네덜란드의 잿빛 잔상이 머릿속에 남아 있던 우리는 긴 터널에서 빠져나온 사람들처럼 두 눈을 껌뻑이며 거리 풍경을 바라보았다. 현기증이 날 만큼 번쩍이는 파리의 토요일 오후. 고딕에서 아르누보까지 시대를 망라한 건축물들이 시내 곳곳에서 튀어나온다. 카페마다 문전성시를 이루고 길거리에는 관광객들이 뒤엉켜 있다. 하늘은 새파랗고 뭉게구름은 새하얗다. "역시 파리야!" T가 내뱉은 짧은 한마디가 그대로 내 마음을 읽어 낸다. 꽉 막힌 교통체증이 하나도 짜증나지 않는다. 신나는 구경거리들이 이들을 감내할 만큼 넘쳐난다.

잠시 후 고딕 건축의 정수인 노트르담Notre-Dame de Paris 대성당이 두 개의 탑을 번득이며 나타났다. 동시에 초대형 유람선들을 등에 얹은 센Seine 강이 주변을 평정했다. 자연스럽게 육로로 이어져 얼핏 지리적 차이를 체감하기 힘들지

센 강 유람선 크루즈를 가득 메운 관광객들. 파리를 상징하는 최고의 건축물인 노트르담 대성당의 화려한 전경.

만 우리는 분명, 아주 오래전부터 이 도시의 정중앙 위치에서 강과 육지를 보듬고 살아온 시테 섬Île de la Cité을 통과하고 있다. 목적지가 가까워졌다는 증거다. 택시 기사가 일방통행을 피해 골목을 요리조리 들락거리더니 강 건너편 남쪽에 차를 세웠다. 파리의 20개 행정구역들 중 중심부에 속하는 6구區의 북쪽 경계선이자, 19세기 예술가들이 숱하게 거쳐 간 생제르맹데프레Saint-Germain-des-Prés 지역의 관문 같은 곳이다. 새벽부터 일어나 반나절 만에 3개국을 거쳐 온 이동의 끝에서 웃음이 나왔다. 파리는 활기에 넘쳤고 기분 좋은 엔도르핀을 사정없이 뿜어내고 있었다.

나는 당분간 묵게 될 아파트에 들어서기 전에 잠시 멈춰 섰다. 길고 좁은 강줄기 위로 옆구리가 볼록 튀어나온 다리가 있다. 위에는 사람들이 바글바글하다. 꿈속에서나 봤음직한 흐릿한 장면이 빠르게 스쳐갔다. 1992년 12월 말, 열흘의 휴가를 받아 난생 처음 파리에 온 T와 나는 매서운 강바람에 목도리를 칭칭 감고 저 다리 위를 숱하게 건넜다. 낯선 땅에서 성탄절을 보내고 새해를 맞은 우리의 30대 한편에 파리가 각인되는 순간이었다. 그런데 오래도록 잊고 있었다. 세월의 무게가 이 모두를 희석시킨 채 기억의 질서를 제멋대로 흩뜨려 놓고 있었다. 나는 T의 얼굴이 잠깐 다리 쪽으로 향하는 것을 보았다. 퐁네프Pont Neuf와의 인연이 21년 만에 이어지고 있었다.

밤 8시, 아직 파리의 태양은 잠잘 시간이 아니다. 우리는 강둑을 따라 내키는 대로 걸었다. 노트르담 대성당이 저녁 햇살을 받아 황금빛과 검정색의 명암을 또렷이 만든다. 학생들의 거리였던 생미셸Saint-Michel에서는 서점들을 밀쳐 낸 카페와 옷가게들이 전성기를 맞고 있다. 길거리 악사와 아마추어 화가들, 행인의 발치에 치이면서도 야외 카페를 고수하는 손님들, 유람선 갑판을 피난민처럼 메운 승객들, 강변에서 맥주 파티를 여는 젊은이들, 다리 난간에서 기념사진을 찍는 연인들. 파리는 지금 축제 중이다. 타지로 바캉스를 떠난 파리지앵의 빈자리를 외국인들이 혼신을 다해 메워 주고 있다.

긴 산책을 끝내고 아파트로 돌아올 즈음에야 비로소 강 위에 석양의 그늘이 한 줌 내려앉았다. 이 도시에서도 밤을 실감하기란 쉽지 않겠다. 나는 퐁네프가 대각선으로 보이는 건널목에서 주춤했다. 발길이 뜸해진 다리에 이제야 여백이 보인다. 바로 이 자리, 길모퉁이에 카페가 있던 시절 2층 창가에서 완성되었을 그림들이 연상되었다. 만일 비가 온다면 모네일 것이고, 맑은 하늘에 솜털구름

이 떠 있다면 르누아르가 될 것이다. 흰 눈에 덮이거나 노을이 진다면 피사로의 연작 중 하나가 될 것이다. 오늘까지도 저곳에 그대로 버티고 있는 퐁네프 덕분에 그들의 그림은, 최소한 내게 있어서만큼은, 현재진행형이다.

Paris, France

8

루브르 박물관Musée du Louvre부터 가주는 게 왠지 이 도시에 대한 예의라 믿었던 나는 그곳에 들어선 지 30분 만에 후회했다. 발에 채이고 등에 떠밀리며 가로 53, 세로 77센티미터 액자 속에 있는 〈모나리자〉의 뿌연 실루엣을 어깨 너머로 바라본 후 전시장을 되돌아 나왔다. 19세기 이전의 작품들이 눈에 들어오지 않았다. 이탈리아 여행을 하면서 분에 넘치게 그림 호강을 한 탓인지 미켈란젤로의 조각 앞에서도 무덤덤했다. 어쨌든 다행한 일이었다. 관심을 가졌다 한들 무슨 수로 시장바닥 같은 루브르에서 감상을 할 수 있겠는가. 지루한 줄 서기 끝에 구입한 말라빠진 바게트 샌드위치를 한 조각씩 들고 복도 구석에 쭈그리고 앉은 우리는 비슷한 생각을 하고 있을 것 같았다. 내가 먼저 운을 뗐다.

"그만 나가면 어떨까? 입장료가 좀 아깝긴 하지만."

"인상파 그림들은 없는 건가?"

12세기에 루브르 궁전으로 세워져 현재는
세계 3대 박물관 중의 하나가 된 루브르
박물관. 유리로 덮인 현대식 피라미드
구조물은 중국계 미국 건축가
아이 엠 페이I. M. Pei가 설계했다.

들라크루아의 1824년 작 〈키오스 섬의
학살〉. 1822년에 일어난 그리스
독립전쟁 때 터키인들이 키오스 섬
주민들을 학살한 사건에서 영감을 얻었다.

"몇 점 있긴 할 텐데, 너무 번잡하네. 어차피 오르세 Musée d'Orsay에 갈 거니까."

"그럼 당장 나가자!"

T의 얼굴에 화색이 돌았다. 그의 반응에 힘을 얻은 나는 미련 없이 출구로 향하다 걸음을 멈췄다.

"잠깐만, 하마터면 잊을 뻔했네. 꼭 봐야 할 작품이 있어요."

우리는 지도를 펴고 전시장 위치를 파악한 후 곧바로 목적지를 향해 걸었다. 단 한 걸음도 허비하고 싶지 않았다. 이렇게 해서 나는 낭만파 미술의 거장 들라크루아 Eugène Delacroix와 간신히 만날 수 있었고, 드가와 르누아르에게 심미적 색감의 교과서 역할을 해준 그의 걸출한 작품들을 감상할 수 있었다. 단, 발걸음을 되돌리면서까지 보고 싶었던 〈민중을 이끄는 자유의 여신〉은 벽에 붙은 안내문 하나로 만족해야 했다. 2013년 12월 3일까지 루브르-랑스 Lens, 프랑스 북부의 도시 박물관에서 대여 전시 중. 이런!

나는 루브르를 통해 중요한 교훈을 얻었다. 관광의 모범답안을 꼭 수행할 필요는 없다는 것, 다수의 선택이 곧 나의 선택이 될 수는 없으며, 가능하다면 휴가철을 피해 여행하는 게 좋겠다는 것이었다. 마지막 사항은 당장 수정 불가능한 일이니 앞의 두 가지라도 실천에 옮길 필요가 있겠다.

루브르를 탈출한 후 태양이 작열하는 시간을 피해 숙소에 돌아왔던 우리는 새 마음가짐으로 외출에 나섰다. 저녁 7시. 햇살은 따갑지만 살갗이 익을 정도는 아니다. 일명 '자물쇠 다리'로 유명한 '퐁데자르 Pont des Art'에서는 서로의 사랑을 무기한 묶어 놓으려고 아우성치는 연인들 때문에 난간 옆에 서 있기도 힘들었지만 굳이 심술 낼 일은 아니었다.

결혼서약을 맺은 지 21년째로 접어든 우리 부부는 주렁주렁 매달린 자물쇠

들을 시큰둥하게 바라보며 남쪽으로 길을 건넜다. 그리고 불과 100여 미터 떨어진 생제르맹 뒷골목에 들어서면서 안도의 숨을 내쉬었다. 건너편의 소음이 무색하게 이곳에는 고적함이 감돈다. 나는 오늘의 첫 숙제를 하기 위해 지도와 주소를 번갈아 보며 주변을 탐색했다. 보나파르트Bonaparte 길 5번지. 드디어 찾았다. 지극히 평범한 4층짜리 집 앞에서 나는 베르사유 궁전을 발견한 것만큼이나 두근거렸다. "이 건물이야?" T가 걸음을 멈추고 물었다. 나는 입구에 붙은 명판을 가리켰다. '여기, 프티 오귀스탱Petit Augustins 거리라 불리던 시절, 에두아르 마네가 태어나다'

일반 대중과 보수적 평론가들에게는 '과격하고 저속하며 소묘의 기본조차 모르는 미친 화가'로, 그러나 시인 샤를 보들레르Charles Baudelaire에게는 '훌륭한 재능을 가진 진중한 인물'로, 작가 에밀 졸라Émile Zola에게는 '인류 역사에 오래도록 남을 독창적인 천재 화가'로 불렸던 에두아르 마네의 생가. 나의 파리 여행도 여기서부터 시작이다.

만일 마네가 판사 출신의 아버지에게 순종적인 아들이었다면 19세기 미술사는 어떻게 변했을까. 만일 명문가 자제답게 고분고분 법조인의 길을 걸었다면 과연 우리의 미술 교과서는 '사실주의' 다음에 어떤 장章으로 넘어가게 되었을까. 고맙게도 마네는 자신에게 발견한 그림의 소질을 움켜잡았고, 거기에 관습 타파라는 용기까지 거머쥐었다. 이미 중학교 시절 그의 노트는 자유로운 터치의 소묘들로 가득했다. 소년의 머릿속에는 '유행은 필요 없다. 내가 본 것을 그려야 한다'는 당돌한 소신이 아지랑이처럼 피어올랐다. 하지만 아버지만큼은 넘어가기 힘든 큰 산이었다.

보나파르트 길에서 서로 엇비슷하게 마주보고 있는 두 건물. 왼쪽은 에콜 데 보자르, 오른쪽은 마네의 생가.

　16세가 되던 해, 부자지간에 이상한 타협안이 나왔다. 화가도 법조인도 아닌 해군이었다. 다행인지 불행인지 마네는 해군학교 시험에 두 번이나 낙방했으며 그 좌절의 기간 중 수습 선원이 되어 브라질 리우데자네이루행 선박에 무작정 올랐다. 유복하게 자란 파리 토박이 소년은 거친 바다와 뱃사람들 틈에서 삶의 강건함을 배웠고, 넓은 세상에서 다양한 인생을 경험했다.

　1년 후 완고하던 아버지는 아들의 진정성을 인정했는지 당사자에게 진로를 맡겼다. 드디어 그림 수업을 제대로 받기 시작한 마네는 19세기 최대 최악의 '미술 스캔들'로 불리는 그의 충격적인 데뷔 때까지 무섭게 실력을 쌓아 갔다. 아틀리에, 미술관, 여행지 그리고 원로 화가들의 그림에서 닥치는 대로 영감을 얻고 기법을 습득하며 자신만의 스타일을 찾아 갔다. 고전을 배우되 그것을 깨는 것. 주제보다는 시각적 흐름에 따르는 것. 머리는 지식으로 무장하되 감성은 자연에서 터득하는 것. 역사와 종교적 대상보다는 현대의 일상을 그리는 것. 인상파 정신의 씨앗은 바로 한 사람의 주관적 생각에서 서서히 싹트고 있었다.

　마네의 집 맞은편에는 오랜 역사와 권위를 자랑하는 프랑스 국립미술학교 '에콜 데 보자르École Nationale Supérieure des Beaux-Arts'가 있다. 나는 굳게 닫힌 쇠창살

문 틈에 얼굴을 댔다. 대문 기둥에는 17세기 프랑스 회화와 조각 분야의 쌍두마차 푸생Nicolas Poussin과 퓌제Pierre Puget의 흉상이 새겨져 있다. 그 뒤로 간결하지만 엄숙한 건물들이 안마당을 에워싸고 있다. 저곳을 드나들었을 예술가들의 청년시절이 그려졌다. 앵그르, 들라크루아, 드가, 르누아르, 마티스까지. 그러나 그림세계에 막 입문했던 마네가 집에서 서너 발자국만 걸어도 다다랐을 이 미술 명문은 결국 앞집 소년의 이름만큼은 졸업생 명부에 올리지 못했다. 그는 이 '고리타분한' 학교에 입학하는 대신 진보적인 역사 화가였던 쿠튀르Thomas Couture의 화실을 택한 것이다. 고전 위주의 교육방식에 대한 나름의 저항이었지만 이곳 역시 마네를 만족시키기에는 역부족이었다.

"내가 지금 왜 여기쿠튀르 화실 있는지 모르겠네. 모든 것이 다 엉터리야. 빛도 잘못됐고 그림자도 이상해. 스튜디오로 들어오는 순간 나는 마치 무덤 속으로 기어들어오는 것 같았지. 거리에서는 모델의 옷을 벗길 수 없다는 걸 잘 알고 있네. 그러나 만일 들판이라면, 최소한 여름이라면, 우리는 시골에서 누드를 연구할 수 있을 걸세. 누드는 예술의 처음이자 마지막이니까."

『마네 자신에 의한 마네의 초상과 그의 동시대 인물들Portrait of Manet by Himself and His Contemporaries』에 수록된 「앙토냉 프루스트Antonin Proust, 저널리스트이자 정치인이며 마네의 어릴 적 친구의 회고록」 중에서, 1953년.

보나파르트 길에서 한 블록 내려가다 왼편 골목으로 접어들면, 아버지의 뜻을 거스른 또 다른 청년의 스튜디오가 있다. 남프랑스의 부유한 집안 아들로 사느니 파리의 보헤미안을 선택하겠다던 프레데릭 바지유는 아버지와의 거래 조건이기도 했던 의대 시험에 보란 듯이 떨어진 후 전업 화가의 길로 들어섰다. 1867년 내가 지금 마주한 비스콘티Visconti 길의 5층짜리 건물에 작업실을 마련했던 바지유는 글레르 스튜디오에서 동문수학한 모네와 르누아르의 친구이자 궁핍한 동료 화가들의 경제적 후원자이며, 첫 대작 〈가족 모임〉을 막 끝낸 파리 생활 5년차의 꿈 많은 젊은이였다. 그는 경제적 여력이 없는 르누아르와 기꺼이 공간을 나눠 썼고, 이 시기에 두 사람은 서로의 초상화를 그려 주며 우정을 굳혀 갔다. 3년 후 그의 스물아홉 꽃다운 인생이 전쟁터에서 막을 내릴지 아무도 몰랐던 때, 순수하고 관대하며 멋있기까지 했던 바지유는 친구들과 생제르맹을 거닐며 파리의 시간들을 만끽했을 것이다.

나는 바지유의 발걸음을 떠올리며 보나파르트 길을 여유롭게 걸었다. 그러나 주변은 무정하게도 금세 나를 현재로 되돌려 놓았다. 내 걸음 수가 늘어날수록 인구밀도가 높아졌다. 헤밍웨이가 자주 드나들었다는 클레르 카페Le Pre aux Clercs를 지나칠 즈음에는 단체 숨바꼭질 놀이가 끝난 것처럼 사방에서 사람들이 튀어나왔고, 생제르맹 대로 사거리에 도착했을 때는 온 동네가 난리법석이었

왼쪽 바지유의 화실이 있던 비스콘티 길 20번지.
오른쪽 보나파르트와 자콥 길이 만나는 모퉁이에 위치한 클레르 카페.

다. 모퉁이에는 에펠탑만큼 관광명소가 된 (그래서 단골 예술가들의 낭만이 전혀 연상되지 않는) 마고 카페Les Deux Magots와 플로르 카페Café de Flore가, 맞은편에는 파리에서 가장 오래된 성당이자 마네가 유아영세를 받았던 생제르맹데프레 성당 Abbaye de Saint-Germain-des-Prés이 있었다.

"오늘은 이쯤 할까 봐." 성당 구경을 마친 내가 지도를 접으며 말했다. 마네의 첫 번째 옹호자였던 보들레르의 생가가 근처 어딘가에 있을 것 같은데 골목들을 뒤적일 여력이 없다. 열한 살 차이인 마네와 보들레르는 불과 서너 블록 떨어진 곳에서 태어났으나 어린 시절의 인연은 없었다. 어린이 에두아르와 소년 샤를은 후에 성인이 되어 모임에서 알게 된 후 보들레르의 임종 직전까지 서로의 극진한 지지자로 지냈다. 나는 입 안에서 오물거리던 주소를 속으로 삼켰다. 아직 날은 많다.

거리 곳곳에서 저녁식사가 무르익은 시간, 우리도 적당한 장소를 찾아 기웃거렸다. 풍요 속의 빈곤이라더니, 식당은 많지만 다 비슷한 분위기들 때문에 선뜻 결정이 안 내려진다. 관광 대목을 노리는 식당들은 아예 인도 중간까지 식탁을 끌어내 놓고 손님과 행인의 경계선을 무너뜨린다. 먼지와 소음을 뒤집어쓰며 입 안에 음식을 넣고 싶지는 않다고 생각하고 있을 때, 우리 앞에 달랑 식탁 두 개로 승부수를 던진 간이식당이 나타났다. 배우 제라르 드파르디유를 닮은 주인이 생굴 접시를 번쩍 들어 올리며 큰 소리로 외친다. "싸고 신선하고 맛있답니다!" 게다가 손님들도 없다. 생굴에 레몬을 듬뿍 뿌려 바게트와 함께 한 접시를 다 비울 때까지도 호탕한 주인의 서비스는 모두 우리 차지였다.

다시 아파트로 향하던 우리는 어디선가 들리는 성당 종소리에 무심코 발길

18세기 중반에 세워진 바로크 양식의 생쉴피스 성당 전경.
내부에는 세계에서 가장 거대한 파이프오르간이 있다.

을 돌렸다. 결코 수그러들지 않는 햇살 때문이기도 했다. 보나파르트 길에서 더 남쪽으로 내려갔다. 자동차와 인파를 지나고 골목과 샛길을 통과하자 눈앞에서 장애물들이 사라졌다. 파리의 숨통을 트이게 하는 도심 속 광장이다. 그 한편에 노트르담 대성당에 이어 파리에서 두 번째로 큰 성당 생쉴피스Saint-Sulpice가 있다. 나는 웅장한 정문을 시야에 담기 위해 뒤로 물러섰지만 무리였다. 그러나 월등한 크기만이 이 성당의 무기는 아니다.

나는 본당 안으로 들어가 들라크루아의 프레스코 벽화부터 찾았다. 대가의 그림을 모사하는 것도 하나의 훈련으로 받아들인 마네가 유일하게 선택한 생존 화가는 들라크루아였다. 주로 역사와 종교가 그림의 주제였지만 그의 실험적 방식들 때문인지 후배들, 특히 궁지에 내몰리곤 했던 인상파 화가들에게는 우상 같은 존재였다. 촛불이 아른거리는 예배당 뒤로 〈천사와 싸우는 야곱〉이 보인다. 부드러운 질감에서 광채가 난다. 어쩌면 저 빛은 마네와 모네와 드가에게 한 줄기 희망과도 같았을 것이다.

벽과 천장을 압도하는 파이프오르간이 나의 시선을 잡는다. 누군가는 제단 옆에 있는 오벨리스크를 맴돌며 바닥 타일을 툭툭 건드린다. 소설 『다빈치 코드』에 등장하는 맹신적인 살인자 사일래스처럼 전설의 쐐기돌이 숨겨진 공간을 찾으려는 걸까. "저 파이프오르간에서 나오는 음은 정말 대단하겠다." 중앙 복도를 걷던 T가 불쑥 감탄사를 내뱉는다. 그제야 오벨리스크에서 눈을 뗀 나도 아쉬워하며 말했다. "미사 때 오면 들을 수 있을 텐데."

우리는 자연스럽게 의자에 앉았다. 하루를 마감하는 시간, 미사는 없지만 찬찬히 나를 되돌아볼 수 있는 최적의 환경이다. 그런데 머릿속에 다른 모습들이 비집고 들어온다. 저 신성한 제단 앞에서 결혼식을 올렸을 소설가 빅토르 위고의 뒷모습이. 그리고 엄마 품에 안긴 아기 보들레르의 유아영세 장면이 내 기도를 한없이 방해하고 있었다.

Paris, France

드가, 〈마네 부부〉, 1868년, 일본 기타큐슈 시립미술관 소장.

마네와 드가는 청년시절 루브르 박물관에서 우연히 알게 된 후 오랫동안 파란만장한 우정을 쌓아 갔다. 34세의 드가는 어느 날 소파에 길게 누운 마네와 피아노를 치고 있는 마네 부인을 그려 선사했지만 얼마 후 이상하게 훼손된 자신의 작품을 보고 화가 났다. 아내의 통통한 실제 모습이 너무나 잘 드러나 보기 흉하다고 여긴 마네가 얼굴 부분을 제멋대로 지워 버린 것이다. 그러나 두 사람은 곧 화해했고 마네가 세상을 떠나기 전까지 각별한 친구로 지냈다.

9

파리까지 와서 굳이 '여가'를 찾을 필요는 없다. 우리는 여행자니까. 쉬기 위해 멈춰야 할 업무도 없는데 굳이 틈새 휴식을 열망할 이유는 없다. 그럼 이건 어떤가. 차라리 온종일을 무제한 여가에 집어넣는 것. 혹시 긴장감이 떨어져 중간에 싫증만 나지 않는다면 말이다.

"공원을 산책하기에는 오늘 같은 날이 더 나을지 몰라. 해가 너무 강해도 불편할 거야." 튈르리 정원Jardin des Tuileries을 걷고 싶다는 내 제안에 T는 창밖을 내다보며 이렇게 말했다. 새벽녘에 이슬이 내렸는지 나무 이파리가 물기를 머금고 있다. 하늘에는 짙은 구름이 오락가락하지만 고맙게도 파란색의 일부를 남겨 두고 있다. 우리는 아침식사를 끝낸 후 책을 뒤적이고 방을 정리하며 게으름을 피우다가, 지하 빨래방 건조기에서 뽀송하게 마무리된 세탁물을 다 올려 오고 나서야 집 나설 채비를 했다. 어차피 시간도 많은데 서두르고 싶지 않았다.

루브르 궁전과 콩코르드 광장 사이에 들어선 튈르리 정원은
파리 사람들의 휴식을 책임지는 거대한 인공정원이다.

매일 오후 2시와 4시 사이 튈르리 공원을 산책했던 '청년 한량' 마네의 우아한 발걸음만은 못하겠지만, 가뿐한 차림의 우리도 두 팔을 천천히 휘저으며 퐁네프를 건너고 루브르 궁전을 돌아 숲을 향해 걸어갔다. 어느새 구름의 색깔도 말갛게 변해 갔다.

　루브르 박물관과 콩코르드Concorde 광장 사이의 25만 제곱미터 약 7만 6천 평에 달하는 방대한 휴양지 안에서 사람들은 주로 걷거나 앉아 있다. 가까이에 떠들썩한 놀이기구가 없으니 자지러지는 고함소리가 들릴 리 없고, 장터나 관광지에서 흘러나옴직한 역동적 흐름도 찾아보기 힘들다. 목적 없는 산책에 어울릴 만큼 알맞게 나른하고 한적하다. 비록 중산모를 쓴 신사들과 잔뜩 부풀린 크리놀린 드레스를 입은 귀부인들 대신 헐렁한 반바지에 배낭을 걸친 관광객들이 주 방문자들이지만 청청한 분위기가 퇴색할 리도 없다. 심신을 쉬게 하고, 친구를 만나고, 날씨를 즐기고, 유유자적 걷는 일은 예나 지금이나 똑같이 행복한 일일 테니까.

그러나 이 정원의 문지방이 처음부터 이렇게 낮았던 건 아니었다. 1564년 앙리 2세의 미망인 카트린 드 메디시스 왕비는 새로 머물게 될 튈르리 궁전 앞에 넓은 뜰을 함께 조성했다. 오로지 왕가를 위해서만 존재하게 된 튈르리 정원은 이들의 흥망성쇠에 따라 파손과 복구를 거듭했다. 100여 년 후 동화「잠자는 숲속의 공주」의 작가 샤를 페로가 튈르리 정원을 파리 시민들에게 공개해 줄 것을 요청하면서 드디어 프랑스 사상 최초로 왕족의 정원 안에 일반인이 발을 들여놓게 되었다. 단 세 부류의 사람들은 출입을 금지한다는 조건이었다. 거지와 하인 계층과 군인.

우리는 카루젤Carrousel 광장의 개선문을 지나 튈르리 정원 중심으로 향했다. 그 누구도 출입금지의 대상이 되지 않는 지금, 다양한 사람들이 뒤섞여 각자의 방법으로 휴식을 취하고 있다. 넓고 긴 산책로를 걸으며 먼 풍경에 눈을 맞추고 곳곳에 놓인 조각을 감상하기도 하고, 잔디밭에서 녹음을 누리거나 그늘 밑에서 독서 삼매경에 빠지기도 한다. 산책로를 잇는 팔각형과 원형의 두 연못 주변에서는 아이들이 뛰놀고, 이도저도 번거로운 사람들은 그저 벤치에 가만히 앉아 있다. 보불전쟁에서 패전의 기운이 감돌던 1871년 5월, 왕당파에 맞선 혁명세력 '파리 코뮌Paris Commune, 1871년 3월 18일부터 5월 28일까지 72일간 파리에서 민중 및 노동자들에 의해 수립된 정권'과 정부군이 시가전을 벌이면서 튈르리 궁전은 화재로 소멸되었지만 정원만큼은 잘 살아남아 도시의 산책자들을 책임지고 있다.

1862년 갓 서른이 된 마네에게는 튈르리 정원으로 산책을 나가는 게 하나의 일과가 되었다. 호리호리한 몸매에 금발머리를 한 멋쟁이가 지팡이를 휘저으며 등을 꼿꼿이 세우고 나타날 때면 어느새 주변에 사람들이 모여들었다. 깊은 눈매와 재치 넘치는 언변에 도시적 오만함까지 적절히 가미되면서 그의 곁에는 추종자들이 늘어 갔다. 여자들에게는 위트 있고 예의 바른 신사로, 남자들에게는 솔직하고 의리 있는 친구로 인정받은 마네. 비록 살롱전에서 입상은 못했지만 인간의 심리 상태를 예리하게 표현한 〈압생트를 마시는 사람〉과 〈스페인 가수〉가 이미 젊은 화가들과 급진적 평론가들에게서 호평을 받고 있었다.

마네는 변화하는 파리를 사랑했다. 파리의 술렁임을 좋아하고 파리의 여가를 누리며 파리의 카페에서 지인들과 담소하는 걸 즐겼다. 그리고 그의 곁에는 최고의 지지자가 함께했다. "현대 예술가들은 현대 생활에서 가치를 이끌어내야 한다. 자신이 살고 있는 시대에서 시적詩的 감흥을 찾아야 하며, 변해 가는 것에서 영원성을 이끌어내야 한다 평론「현대적 삶의 화가」중에서"고 주장한 시인 보들레르다.

마네는 자신의 산책로에서 받은 영감을 놓치지 않았다. 나폴레옹 3세가 정기적으로 주관하는 튈르리 정원에서의 야외 음악회를 캔버스에 담기로 한 것이다. 어느 여름날 관현악이 울려 퍼지는 숲속에서 신사와 귀부인들이 모여 음악회를 즐기는 장면은 다름 아닌 '현대적 삶'이었고, 마네는 그 세계에 있거나 혹은 한 발짝 뒤에 있는 관찰자이기도 했다. 또 영민하게도 등장인물 속에 스스로를 포함해 보들레르, 아버지와 남동생, 후배 화가 바지유와 (후에 아내가 된) 피아니스트 쉬잔 렌호프Suzanne Leenhoff, 평론가 고티에Theophile Gautier와 오페라 작곡가 오펜바흐Jacques Offenbach 등 좋아하는 지인들 20명을 묘사함으로써 자신의 존재감을 어엿하게 드러냈다.

이렇게 탄생한 그림 〈튈르리에서의 음악회〉는 파격적인 색감과 자유로운

울창한 나무들과 푸른 잔디가 깔린 정원 속 쉼터.
정원 중앙에는 팔각형과 원형의 연못이 있으며 식당과
카페도 구비되어 있다.

Paris, France

마네, 〈튈르리에서의 음악회〉, 1862년, 런던 내셔널갤러리 소장.

그림 맨 왼쪽 남자가 마네, 앞에 앉은 왼쪽 여성 뒤에 서 있는 남자는 보들레르, 중앙에 중산모를 쓴 남자는 마네의 동생 외젠이다.

붓놀림 때문에 또 한 번 도마 위에 올랐지만 마네는 개의치 않았다. 1년 후 더 쇼킹한 그림 한 점을 살롱전에 제출하면서 미술 역사상 가장 유명한 '낙선작'을 만들어 낸 바로 그 패기만만한 화가 아니겠는가.

우리는 정원 안 야외 카페에서 점심식사를 한 후에도 산책을 이어 갔다. 어디에선가 마네의 그림 같은 장면을 기대했건만 숲에서 열 명 이상 모여 있는 집단, 그것도 성장盛裝 차림의 문화예술인들을 발견하기란 불가능한 일이었다. 보들레르가 정의 내린 진정한 '댄디즘Dandyism'을 몸소 실행하는 사람들, 이를 테면 '행복의 길을 질주하는 것 말고는 다른 관심거리가 없는 부유하고 한가로운 자, 고정된 일거리를 갖고 있지 않아(그럴 필요가 없어) 언제 어느 때나 특출한 용모를 뽐내려는 자, 정신적 귀족주의를 실천하는 자, 돈에 대한 상스러운 욕망을 저속한 이들에게 남겨 준 자'는 더더욱 없는 것 같았다. 잠시 틈을 내 공원에서 달콤한 휴식에 빠져 있지만 이들의 일상 뒤편에 완전한 공백이 있을 리 없다. 행복을 추구하는 건 맞지만 신경 써야 할 일이 넘치고, 한가롭고 싶지만 해결할 일들이 지천에 깔렸고, 돈에 대해 초연하고 싶지만 현실이 따라 주지 않아 바둥거리는 우리들. 바로 내가 속해 있고 내가 살아가고 있는 '현대적 삶'의 현주소일 것이다.

"이제 어디로 갈까?" 튈르리 정원의 서쪽 끝까지 왔을 때 T가 의견을 물었다. 사실 우리는 다음 계획이 없었다. 그러나 겨우 3시를 넘기고 있으니 무제한 휴식에도 반전이 필요한 시점이다. 콩코르드 광장과 샹젤리제 거리, 또 숱한 유적지들이 떠올랐지만 선뜻 대답이 안 나왔다. 그런데 코앞에 있는 오랑주리 박물관Musée de l'Orangerie이 은근히 압력을 가한다. 여기까지 와서 안 갈 수도 없는 일, 우리가 자연스럽게 박물관 쪽으로 몸을 돌렸을 때 안내판 하나가 앞을 가로

막았다. 옆에 있던 직원이 반가운 소식을 전한다.

"오늘 문 닫았어요. 원래 여는 날인데 갑자기 전기 문제가 생겨서."

나는 매정하게 돌아섰다. 또 한 명의 인상파 거장이 남긴 대작이 몹시 궁금하지만 오늘은 그에게 빠져들 여력이 없다.

마네와 보들레르의 세상에 미련이 남은 것일까. 우리는 다시 되돌아가기로 했다. 튈르리 정원을 걸어서. 이제 먹구름이 걷히고 태양이 틈새를 노린다. 의자에 맺혔던 물방울들도 공기 속으로 날아가 버렸다. 연못가에는 겉옷을 벗은 어른들이 해를 쪼이고 있다. 우리의 걸음은 더 느려졌고 시간은 고무줄처럼 늘어났다. 여행자만의 특권이었다. 집과 일상을 떠나 온 자만이 누릴 수 있는 사치였다.

댄디즘을 예찬했던 보들레르가 말년에 이런 글을 남겼다. "(휴가는) 어른들에게는 인생이라는 악랄한 강대국과 맺어진 휴전, 전반적인 긴장과 투쟁 중에 취하는 잠시 동안의 휴식이다_{소산문집 『파리의 우울』에 수록된 「늙은 광대」 중에서}"라고.

젊은 시절에는 방황과 방탕으로, 40대에는 빚과 질병에 허덕이다 50세를 못 채우고 세상을 떠난 보들레르. 그의 처절한 삶은 아이러니하게도 댄디즘과는 거리가 멀었다. 그러나 어느 한때, 자살의 유혹이 치닫던 와중에, 침울했던 시인은 지금 막 푸르른 세상에 뛰어든 마네와 튈르리 정원의 산책로를 태평히 거닐었을 것이다. 지금 이곳에 발을 디딘 사람들처럼 인생이라는 악랄한 강대국과 잠시 휴전협정을 맺으면서 말이다.

밤 8시. 하루의 끝자락에 택한 동네 산보는 뤽상부르_{Luxembourg} 정원이었다. 해가 지려면 아직도 한참 남았으니 공원이 북적이는 건 당연했다. 한낮의 튈르리 정

원이 관광객들 차지라면 저녁의 이곳은 거주자들의 아성이다. 동네 주민의 가벼운 옷차림으로 느긋하게 여가를 누리는 이들. 선선한 저녁 바람이 귓가를 맴돌고 숲이 뿜어내는 투명한 공기가 코끝을 감싼다. 드가와 반 고흐의 그림에 나오는 탐스러운 나무줄기와 이파리는 여전하지만 그 시절에는 결코 없었을 장면도 펼쳐진다. 뛰는 사람들이다.

처음에는 열혈 마니아들만 달리는 줄 알았다. 조깅 전용도로는 없지만 아랑곳하지 않을 그들이니까. 그런데 일정한 루트 없이 사방팔방 달려오는 사람들이 보이기 시작한다. 가방을 멘 아줌마도, 일상복을 입은 중년남자도, 청바지의 여성도, 조그마한 아이도 두 팔을 흔들며 죽어라 뛴다. 푸석한 흙바닥에 발바닥이 부딪치면서 뿌연 먼지가 일어난다. 쏜살같이 내 옆을 지나칠 때마다 그들의 헐떡이는 숨소리가 귓가에 울린다. 이들을 요리조리 피해 가며 공원 중앙으로 들어왔을 때는 잔디 주변을 감싼 고요한 무리들이 보였다. 그들은 이어폰으로 음악을 듣거나 책을 보고 잠을 자고 혹은 먼 곳을 응시하고 있었다. 뛰든 안 뛰든 각자의 휴식이었다. 아침에 일어나 지금까지 어떻게 무엇을 하며 살았든 내일을 위해 전열을 가다듬는 시간이었다.

우리의 하루도 저물고 있다. 공원에서 시작해 공원으로 끝나고 있다. 저 구석 벤치에 앉은, 묵직한 서류가방을 옆에 놓고 긴 담배 연기를 뿜어내는 노인의 극적인 마무리만은 못하겠지만 가슴 한구석에 기분 좋은 빈자리가 생겼다. 꽉 채워진 열 개보다 나를 더 행복하게 해줄 텅 빈 하나였다.

Paris, France

10

연간 약 2천 7백만 명의 방문객을 맞아들이는, 설명이 필요 없는 일등 관광도시 파리에서 최고의 명소를 알아맞히는 일은 그리 어렵지 않다. 노트르담 대성당과 사크레쾨르 성당, 루브르 박물관과 에펠탑이 오랫동안 영광의 자리를 고수했다. 그렇다면 통계 측정이 힘든 '거리'의 경우는 어떨까. 나는 꽤 공신력 있는 자료들을 통해 그 답을 '오페라 길Avenue de l'Opéra'에 두기로 했다. 이유는 이런 문구들 때문이었다. 파리에서 가장 대중적인 거리, 관광객이 가장 많이 다니는 거리, 기념품 가게와 여행사와 은행이 가장 많은 거리. 반면 파리의 고품격 멋을 찾는 이들에게 이 감투는 다르게 해석될 수도 있겠다. 가장 왁자지껄하고 정신 사나운 거리, 상투적인 관광 거리, 그래서 웬만하면 피하고 싶은 거리로.

호불호의 어느 쪽에 서든 오페라 길이 파리의 심장이라는 사실에는 대부분 공감할 것이다. 이쯤에서 파리 시민은 물론이고 외지에서 온 관광객들마저 감사를 표해야 할 인물이 있으니, 19세기 중반 나폴레옹 3세 옆에서 '도시 개조 프로젝트'를 불도저처럼 추진한, 그리고 지금 우리가 찬탄해 마지않는 '빛의 도시'를 연 파리 지사 조르주외젠 오스만Georges-Eugène Haussmann 남작이다.

중세의 무질서한 길들을 정리해 반듯한 신작로를 만들고, 황폐해 가는 역사적 건물들을 사망 직전에서 구해 주고, 상하수도 체계를 만들어 전염병 공포에서 벗어나게 하고, 곳곳에 풀과 나무를 심어 공기를 정화시키고, 악취 나는 집들을 철거한 자리에 현대식 주상복합건물을 세우고, 파리를 점령해 온 쥐 떼를 일망타진하고, 도시 내 성벽을 허물어 몽마르트르 같은 교외지역을 흡수하고, 나아가 파리 역사에 길이 남을 건물들을 창조한 인물. 698미터 길이에 30미터 폭을 지닌 오페라 길은 오스만 남작이 펼친 개발사업의 핵심이었고, 오페라 가르니에Opera Garnier의 건립은 20년 공사의 대미를 장식할 위대한 상징물이었다.

당시 이 일련의 과정들을 지켜본 작가 빅토르 위고는 '넓고 반듯한 거리는 소외계층을 변두리로 밀어내고 노동자들의 집회를 쉽게 진압하도록 고안된 것이다'라고 비난했지만, 대세는 오스만 남작에게 쏠렸다. 유럽에서 가장 먼저 근대화를 경험한 파리 시민들은 밝고 깨끗해진 세상을 거부할 수가 없었다. 오염의 소굴에서 벗어난 중산층들은 하루하루 변화의 물살을 타는 파리의 활기 속에서 문화를 누리고 인생을 즐기게 되었다. 오페라 가르니에를 중심으로 방사선처럼 뻗은 신작로에는 카페들이 즐비하게 들어섰고, 기다렸다는 듯 격조 있는 지성인들이 모여들었다. 그리고 남다른 시각에 한창 물올라 있던 젊은 인상파 화가들 역시 이 분위기를 놓칠 리 없었다.

오페라 지하철역 계단을 올라와 지상으로 나왔을 때 나는 거리 전체에서 소동

19세기 중반, 파리 도시개발사업의 결과물인 오페라 길은 남쪽의 루브르와 북쪽의 오페라 가르니에를 곧고 길게 잇고 있다.

이 벌어지는 줄 알았다. 자동차가 밀려들고 인도와 차도의 구분 없이 인파가 넘쳐났다. 나는 광장에 서서 일단 분위기부터 파악하기로 했다. 그때 예상치 못한 전망이 들어왔다. 북쪽으로는 오페라 가르니에의 정면이, 남쪽으로는 루브르까지 이어지는 직선 대로가 한눈에 다 보였다. 노상 장사치들과 저마다 카메라를 치켜올린 관광객들이 엎치락뒤치락하고 있지만 내 시야를 가로막지는 못했다. 길가에 나무가 없기 때문이다. 개발사업이 한창이던 당시 오페라 가르니에의 건축 책임자였던 샤를 가르니에Charles Garnier는 녹지 조성에 유난히도 집착했던 오스만 남작을 찾아가 이런 청을 했다고 한다.

"남작님, 오페라 길만큼은 제발 가로수가 없게 해주세요. 저 끝의 루브르에서도 우리 건물의 황홀한 정면이 잘 보여야 하지 않겠습니까? 흐드러진 이파리랑 굵은 줄기가 전망을 방해해서는 안 되겠죠."

Paris, France

어찌 됐든 두 사람 사이에 이뤄진 모종의 타협 덕분에 지금 나는 삭막함을 감수하며 이 귀한 경치를 즐기고 있다. 나뿐이겠는가. 그림과 심성이 모두 온화했던 '인상파의 어른' 피사로는 70대에 오페라 길을 시시각각 그렸고, 화가이자 그림 수집가였던 카유보트는 아예 발코니가 있는 고층 아파트에 머물며 위에서 내려다본 경치를 캔버스에 담았다.

우리는 오페라 가르니에를 돌아 한 블록 뒤편으로 갔다. 오스만 대로와 만나는 지점에 이르자 비로소 가로수 몇 그루가 보인다. 그런데 카유보트의 정서에 다가가기 위해서는 좀 더 높은 곳으로 올라갈 필요가 있겠다. 나는 여기서 가장 손쉽게 선택할 수 있는 단 하나의 고층, 바로 그가 살았던 아파트와도 지척에 있는 라파예트 백화점의 옥상으로 향했다.

쇼핑 현장의 아수라장을 뚫고 꼭대기까지 올라갔을 때 파리의 하늘은 후덕한 가슴으로 나를 맞이해 주었다. 초록색 인조잔디로 뒤덮인 옥상 바닥이 마치 공중에 떠 있는 풀밭 같다. 달랑 10층짜리 높이건만 초고층 건물이 없는 파리 시내의 깔끔한 360도 파노라마 전망을 선사한다. 맞은편에는 오페라 가르니에가, 남서쪽에는 에펠탑이 보일 뿐 대부분의 건물들은 낮은 자세가 되어 관객의 시선 밖으로 피해 준다.

나는 난간으로 다가가 아래를 내려다봤다. 한껏 왜소해진 자동차와 행인들이 점점이 움직인다. 오스만 대로와 이탈리아 대로, 알레비^{Halévy} 길과 디아길레프^{Diaghilev} 광장이 방사선처럼 이들 사이를 통과하고 있다. 나는 카유보트의 시선을 경험하고 있다. 테라스에 비스듬히 서서 즐겼을 '위에서 본 파리 시가', 그 멋진 원근법의 마술로 들어가고 있다.

1875년 3월 24일 파리 9구에 있는 드루오^{Drouot} 호텔. 네 명의 인상파 화가

카유보트, 〈6층에서 바라본 알레비 길〉, 1878년, 개인 소장.

라파예트 백화점 옥상에서 내려다본 풍경. 오스만 대로와 디아길레프 광장, 오페라 가르니에가 하나의 프레임 안에 들어온다. 카유보트가 바라봤을 알레비 길은 오페라 가르니에 뒤편에 가려져 있다.

Paris, France

들이 참가한 첫 그림 경매장에서 27세의 젊은 재력가 한 사람이 유독 눈길을 끌었다. 야유하는 구경꾼들 틈에서 진지하게 경매 과정을 지켜보던 그는 그림 몇 점을 고가에 구입했다. 그의 이름은 귀스타브 카유보트. 법학학위를 따고 엔지니어 경력이 있으며 회화 수업을 받았고 보불전쟁에도 참여했던 그는 아버지의 막대한 유산을 물려받게 되면서 인생의 새로운 전환점을 맞이했다. 그의 삶에 적극적으로 그림이 개입되기 시작한 것이다.

경매가 있은 지 1년 후, 점잖고 돈 많은 수집가로 알려진 카유보트는 두 번째 인상파전 준비로 바쁜 화가들 앞에 여덟 점의 그림을 들고 나타났다. 드가와의 친분이 있을 뿐 일체의 사생활이 드러나지 않았던 이 수수께끼 같은 남자는 전시회 경비 일부를 후원하며 적극적인 참여 의사를 밝혔다. 드디어 화가로서 데뷔를 하게 된 카유보트는 보수적인 파리 미술계에 '웃통을 훌러덩 벗고 마룻바닥에서 대패질하는 일꾼들의 리얼한 동작'을 선보임으로써 일대 센세이션을 일으켰다.

첫 대작 〈마루를 깎는 사람들〉처럼 카유보트의 관심은 지극히 도시적인 일상에 쏠려 있었다. 그는 거리로 나가 평범한 사람들의 하루를 관찰했다. 밀레의 현실성과 드가의 환상적 색감과 사진의 정확성을 좋아한 그에게 캔버스는 가장 멋들어진 표현 도구였다. 이 모두를 담아 독창적인 스타일을 만들어 간 무서운 신인은 오페라 거리의 고층 아파트로 이사한 후 자신의 프로파일에 한 가지를 더 보탰다. 시점視點을 위로 끌어올리는 것이었다. 1950년대, 그가 세상을 뜬 지 한참 후에야 화가로서 재평가받기 시작했을 때 현대의 미술 역사가들이 감탄해 마지않던 바로 그 비범한 원근법이었다.

백화점 옥상에 한낮의 해가 내리쬔다. 뜨거운 햇살을 즐기려는 사람들이 의

카유보트, 〈마루를 깎는 사람들〉, 1875년, 오르세 박물관 소장.
부르주아 아파트에서 일하는 인부들의 노동 현장을 그린 작품. 일상에서 일어나는 보통 사람들의 하루,
사실적인 표현, 어두운 색조와 견고한 데생 기법 등이 두드러진 카유보트 최고의 문제작.

자에 앉아 책을 읽고 일광욕을 한다. 나는 카유보트의 시각을 따라 이리저리 몸을 돌리다가 한곳에서 멈췄다. 선명한 초록색 반구형 지붕이 내 눈과 마주치자 유혹의 눈길을 보낸다. 이제 밖에서 지켜보는 것을 그만두고 웅장한 품으로 들어오라고, 크리스털 샹들리에 밑에서 '오페라의 유령'을 만나 보라고, 무대 위의 배우들과 무대 뒤의 어린 발레리나들을 연상해 보라고, 130여 년 전 화구를 들고 이곳을 드나들었던 드가처럼 천천히 극장 안을 둘러보라고 말이다.

Paris, France

라파예트 백화점에서 바라본 파리 전경.

Paris, France

The repertoire

A BALLET COMPANY'S repertoire reflects its identity and conditions everything it does. Deciding what to perform means not just taking the public's taste into account, but also recruiting dancers with the required technical qualities and artistic personality. The troupe's entire life depends on the repertoire. That includes the School, which is involved upstream: the teaching programmes are designed based on what pupils might have to perform later.

The Opera Ballet's repertoire was forged throughout the 20th century with Romanticism playing an essential part: Jean Coralli and Jules Perrot's *Giselle* returned to the Opera thanks to Michel Fokine and the Ballets Russes, which also brought several still-performed works, including *Petrushka* and *Le Tricorne*. In 1972, Pierre Lacotte recreated Filippo Taglioni's *La Sylphide* based on original documents. Each proof, choreographers contribute their own creations, from Serge Lifar to Roland Petit and Maurice Béjart, the two most important post-war figures in France. George Balanchine, who trained in Russia and founded the New York City Ballet, was also invited several times at the Paris Opera. He and his disciple Jerome Robbins are two of the choreographers whose works the troupe performs most. In 1973 Rolf Liebermann, anxious to update the repertoire, invited Merce Cunningham as head of the *Groupe de recherches théâtrales de l'Opéra de Paris* (GRTOP) in the Rotunda. Lastly, Rudolf Nureyev, director of the Ballet from 1983 to 1989, bequeathed to the troupe his vision of several great classics such as *Swan Lake*, *Sleeping Beauty*, *La Bayadère* and *The Nutcracker*.

11

나는 오페라 가르니에 앞 계단에서 주춤했다. 오늘처럼 청명한 날씨에 진정 저 어두컴컴한 실내로 들어가고 싶은지 시험하는 것 같다. 그러나 화려한 '보자르 Beaux-Arts' 양식의 대표 건축물을 바라만 볼 수는 없다. 웅장한 기둥 사이로 발을 디딘 나는 황금 무늬로 뒤덮인 천장과 으리으리한 대리석 계단이 만나는 홀에서 금세 이 세계에 동화되었다. 이곳에서는 아기 천사와 요정들이 미소 짓고, 그리스 신화의 주인공들이 인간사를 넘보고 있었다. 노란색 등불이 폭죽 터지듯 번쩍이고, 음악가들의 동상이 근엄하게 우리를 내려다보고 있었다.

1875년 오페라 가르니에가 대대적으로 문을 연 이후 드가의 발걸음은 더 바빠졌다. 그동안 르 펠르티에Le Peletier 거리에 있던 오페라 극장을 드나들며 무용 수업과 리허설을 관찰해 온 그는 춤 동작뿐 아니라 휴식과 스트레칭 모습에도 관심이 많았다. 그림 〈발레 수업〉은 이런 드가가 3년에 걸쳐 완성한 역사적인

Paris, France

결실이다. 그는 스케치를 갖고 작업실에 돌아와서는 모델을 세워 놓고 다시 동작을 연구하며 드로잉을 했다. 캔버스 위에서 수십 번의 수정 작업을 할 만큼 드가의 머릿속에는 몸놀림 하나하나가 세밀하게 입력되어 있었다. 그 결과 손발이 강하게 뒤틀리고, 숨이 할딱거리고, 관절이 찢겨나갈 듯 두 다리가 팽팽해지고 얼굴은 긴장으로 벌겋게 변한 어린 무용수들의 모습이 생생하게 살아났다.

자연보다는 실내에서, 정지 화면보다는 움직이는 인물에서 더 감동을 받았던 그에게 '무희舞姬'는 평생을 바쳐도 좋을 완벽한 대상이었다. 내성적이고 고고했던 그가 때때로 지인들 앞에서 발끝으로 서서 팔과 등을 둥글게 구부리며 가녀린 소녀들의 동작을 흉내 냈던 일도 어쩌면 당연한 결과였다. 그는 오페라 가르니에를 드나든 지 2년 후 무대 위에서 공기처럼 나풀거리는 발레리나를 그렸다. 그림 〈아라베스크의 끝남〉의 주인공은 은빛의 새틴 드레스를 입고 한쪽 발을 뒤로, 꽃을 든 오른팔은 앞으로, 왼팔은 뒤로 곧게 뻗으며 고전 발레의 정수를 보여 준다.

나는 중앙 홀 뒤편의 복도를 따라 걸었다. 벽에는 현재 공연 중인 〈라실피드La Sylphide〉의 포스터가 붙어 있다. 이른바 '드가 시대'와 함께했던, 현존 낭만 발레 중 가장 오래된 작품으로 꼽히는 것이다. 좌석 예약이 끝나가던 두 달 전 나는 인터넷을 통해 간신히 두 좌석을 구입할 수 있었고, 파리에서의 마지막 날 오페라 극장 객석에 앉아 드가처럼 무대를 바라볼 수 있는 기회를 갖게 되었다.

극장 안의 박물관은 이곳을 거쳐 간 예술가들의 화려했던 한때를 보여 준다. 무용수들의 사진과 시대별 의상들이 과거의 영화를 밝힌다. 미로처럼 얽힌 공간을 옮겨 다닐 때마다 전설적인 공연들이 하나둘 나타났다 사라진다. 박물관을 나와 도서관을 거쳐 2층 로비로 향했을 때는 금칠 기둥과 벽장식들이 소나

드가, 〈발레 수업〉, 1871-1874년, 오르세 박물관 소장.

파리 오페라 하우스를 드나들던 드가가 여러 해에 걸쳐 습작과 드로잉을 통해 완성한 작품으로, 평생 즐겨 그리던 주제인 발레리나들의 수업 장면을 예리한 관찰력과 유쾌한 감성으로 묘사했다.

Paris, France

1875년에 개관한 오페라 가르니에는 당시 공모전에서 당선된 젊은 건축가 샤를 가르니에에 의해 완성되었다. 웅장하면서도 화려한 외관으로 오페라 거리를 압도하고 있으며, 내부는 번쩍이는 금장식과 대리석 계단, 아치형 천장과 눈부신 조명으로 이루어져 있다.

Paris, France

기처럼 쏟아졌다. 머리 위에서는 샤갈Marc Chagall의 천장화가 넘실댔다. 작곡가들의 오페라 장면을 표현한 그림들이 샹들리에 불빛 속에서 어른거렸다. 창문으로 들어오는 태양 빛이 이들을 몽환의 세계로 이끌었다. 육중한 유리문을 열고 테라스로 나갔을 때 비로소 '한여름 밤의 꿈'이 약효를 떨어뜨렸다. 자동차와 사람들로 바글거리는 오페라 길의 전경은 다행인지 불행인지 두 시간 전에 만났던 그 모습 그대로였다.

우리는 여전히 오페라 광장을 떠나지 못하고 있다. 정말 화창한 날이다. 거리도 사람들도 들썩인다. 나는 파리의 여름을 처음 겪고 있다. 이 도시의 기억은 늘 춥고 스산했다.

"파리의 이런 모습이 낯설기만 해."

"대도시의 하늘이 어떻게 저리도 파랄까? 반 고흐는 파리에 와서 그림이 좀 밝아졌나?"

"네덜란드 때보다는 환해졌지. 그런데 드가는 이 동네를 줄곧 다니면서도 왜 거리 풍경에 관심이 없었을까."

"그때는 이 거리에 마차가 다녔겠지. 구식 자동차도 있었을 테고."

"밤 12시에 어디선가 자동차 한 대가 쑥 나타나서 우리를 태우고 마네네 집에도 데려가고 드가의 작업실에도 들르면 좋으련만."

우리는 졸라와 모파상이 드나들었다는 페 카페Café de la Paix 야외 자리에 앉아 늦은 점심을 먹으며 두서없는 이야기로 시간을 보냈다. 우디 앨런의 영화 〈미드나잇 인 파리〉 속 주인공처럼 대번에 19세기로 돌아갈 수는 없지만 나는 카페 옆을 가로지르는 카퓌신Capucines 대로에서 유령처럼 지나가는 드가의 뒷모습을

왼쪽 1874년 제1회 인상파전이 열렸던 카퓌신 대로 35번지 건물.
오른쪽 오페라 광장에 위치한 페 카페. 샤를 가르니에가 설계했으며, 19세기 후반 문화예술인들이 즐겨 찾던 곳이다.

본 것 같았다. 1874년 어느 이른 봄날, 새로운 기류를 탄 무명의 화가들이 사상 초유의 전시회를 열기 위해 분주히 이곳을 걸어가는 그 장면 같기도 했다.

사륜마차가 다니는 카퓌신 대로, 전면이 유리로 된 4층짜리 건물에 젊은 화가들이 하나둘 도착했다. 자비로운 사진가 나다르Nadar 씨가 이들에게 자신의 큼직한 스튜디오를 빌려 주면서 드디어 전시회의 꿈이 이뤄지게 된 것이다. 대중에게 잘 알려진 공공장소가 아니라서 관람객 유치에 자신은 없었지만 찬밥 더운밥 가릴 처지가 아니었다. 다행이라면 오스만 남작이 만든 이 신작로에 아파트들이 세워지면서 신흥 부자와 상인들이 꽤 많이 입주했다는 것이다. 이웃들만 다 와도 어디인가. 묵직한 지갑을 열어 그림 몇 점 사준다면 궁핍한 생활이 좀 나아지련만. 이제 화가들은 전시 막바지 준비를 하기 위해 서로의 그림들을 점검하고 있었다.

Paris, France

모네는 노르망디 르아브르 바닷가의 일출을 묘사한 단순한 그림을 내놨다. 드가는 오페라 극장을 드나들며 그린 어린 무용수들과 집 근처 세탁소의 여직공을, 르누아르는 극장 박스 좌석에 앉은 '딱 매춘부 분위기'의 여자 모습을 내보였다. 파리 교외 퐁투아즈에서 조용히 머물던 피사로도 이 전시에 합류하기 위해 하얀 서리로 뒤덮인 시골 풍경을 들고 왔다. 피사로와 함께 전원생활에 빠져 있던 세잔은 〈오베르쉬르우아즈의 목매단 사람의 집〉이라는 기괴한 제목의 그림을, 유일한 여성 참가자인 베르트 모리조는 여동생과 조카의 따뜻한 표정을 담은 그림을 갖고 나타났다. 이 주전 멤버들과 함께 전국 각지에서 모여든 총 30명의 참가자들은 1874년 4월 15일, 한 달간 열리게 될 말 많고 탈 많은 전시회의 첫 테이프를 끊었다. 그리고 '이 미치광이 패거리들의 우두머리'로 불리던 마네는 드가와 모네의 끈질긴 설득에도 불구하고 끝까지 참여 거부를 했지만 여전히 가장 강력한 지원군으로 남아 있었다.

관람객 걱정은 기우였다. 이웃은 물론 파리 각지에서 온 사람들이 카퓌신 거리를 가득 메웠다. 한꺼번에 들이닥친 인파로 건물 앞은 아수라장이 되었다. 그러나 서로 밀치고 밀리며 안으로 들어온 그들은 그림들을 둘러본 지 얼마 안 돼 요란한 웃음을 터뜨리고 몹시 불쾌해했으며 성난 목소리로 환불을 요구하기까지 했다. 정교한 초상화나 엄숙한 성화聖畵, 수려한 여신의 자태를 기대했던 관람객들은 일개 무용 연습생과 통통한 세탁부의 모습에서 배신감을 느꼈다. 밭고랑에 내린 지저분한 서리와 목을 맨 사람이 살았던(혹은 안 살았던 간에) 평범하기 짝이 없는 집을 왜 감상해야 하는지 이해할 수가 없었다. 캔버스 위의 수상한 얼룩들은 대체 무엇이며, 저 정신 나간 화가들은 무슨 배짱으로 그리다 만 습작을 들고 나왔는지, 그들의 시력은 정말 괜찮은지 궁금한 것투성이였다.

평론가들의 반응은 더 비극적이었다. 전시회 10일 후, 화가이자 극작가였던 루이 르로이Louis Leroy는 풍자신문《르 샤리바리Le Charivari》에 최악의 평을 실었다. 한 평론가가 (가공의 인물인) 저명한 풍경화가와 함께 전시회를 둘러보며 경악하는 모습을 담은 내용으로, 드가에게는 '색채를 이해 못한 불쌍한 화가', 피사로에게는 '안경이 몹시 더러워 제대로 풍경을 볼 수 없는 화가'라고 평했다. 코믹한 말투의 빈정거림은 작품 하나하나를 갈가리 찢었으며, 그중에서도 동틀녘의 항구를 그린 모네의 작품 앞에서 절정을 이루었다.

"아, 바로 이거예요, 이거. 도대체 이 캔버스는 뭘 표현하려는 걸까요? 도록을 한번 봐주시죠."

"제목이 〈인상, 해돋이〉라 나와 있군요."

"인상Impression이라~ 그럴 줄 알았어요. 내가 지금 인상을 받긴 받았거든요. 자, 그렇다면 저 어딘가에 화가의 인상도 있어야 할 텐데…. 거참, 아주 제멋대로의 자유롭고 편리한 양식이군요. 한낱 유치한 벽지도 이 바다 풍경보다는 훨씬 완성도가 뛰어나겠어요. 허허."

루이 르로이, 일간지《르 샤리바리》에 수록된 칼럼 「인상파 화가들의 전시회」 중에서. 1874년 4월 25일자.

나는 카퓌신 대로 35번지 건물 앞에서 21세기로 돌아왔다. 1층에는 스위스 브랜드 발리 매장이 진을 치고 있다. 드가의 환영을 따라 이곳까지 왔지만 흑백사진으로 보던 운치 있는 건물은 겹겹의 세월을 안고 너무 말끔하게 변했다. 그래도 정면을 메운 통 유리창만큼은 그대로다. 풍자만화가이자 사진가였던 나다

Paris, France

르가 패기 넘치는 화가들에게 스튜디오를 빌려 주면서 어느덧 미술사에 중요한 족적을 남기게 된 건물. 이제 그 주변은 또 다른 파리의 들썩임으로 메워지고 있다.

옆에서는 자동차들이 쌩쌩 지나가고, 쇼핑백을 든 관광객들이 두리번거리고, 커피를 든 회사원들이 총총걸음을 하고 있다. 햇빛을 받은 유리창은 윤기가 나고 매장 입구는 드나드는 손님들로 분주하다. 지붕 없는 관광버스 2층에서는 한 떼의 승객들이 신나게 카메라 셔터를 누르고, 동네 주민으로 보이는 노인은 큰 개를 데리고 산책을 한다. 나는 2013년 여름날의 파리 거리를 흥미롭게 바라보고 있다. 이 모든 장면들은 지금 내가 나의 기분대로 내 시각대로 바라보는, 하나의 '인상'일 것이다. 풍경 자체가 아니라 풍경이 낳은 감각을 느끼고 묘사하는…. 그러나 1870년대에는 이 당연한 감성을 지키기 위해 가시밭길을 헤쳐 나가야 했던 화가들이 있다. 모네가 말했듯이 그냥 '인상'일 뿐인데.

"풍경은 인상 그 자체에 불과하다. 순간적으로 스쳐 가는 것이다. 전시 도록에 들어갈 그림의 제목을 알려달라고 했지만 즉흥적으로 그려낸 르아브르의 풍경을 달리 표현할 길이 없었다. 그래서 나는 이렇게 말했다. 그냥 〈인상〉이라고 하게나!" 로버트 고든, 『모네(Monet)』 중에서 그리고 모네가 불쑥 던진 이 한마디로 인해 1874년 5월 이후 이들은 '인상파 화가'라 불렸다. 물론 이 용어가 부정적인 시각에서 비롯된 것임은 의심할 필요도 없었다.

모네, 〈인상, 해돋이〉, 1872년, 마르모탕 모네 미술관 소장.

32세의 모네가 노르망디 르아브르 해안의 일출 장면을 묘사한 작품. 제1회 인상파전에 출품되어 거센 혹평을 받았지만 결국 '인상주의'라는 용어의 모태가 되었다. 화가의 철저한 주관적 감성과 즉흥적인 인상에 가치를 두었으며, 이 정신은 인상파 화가들에게 많은 영향을 주었다.

Paris, France

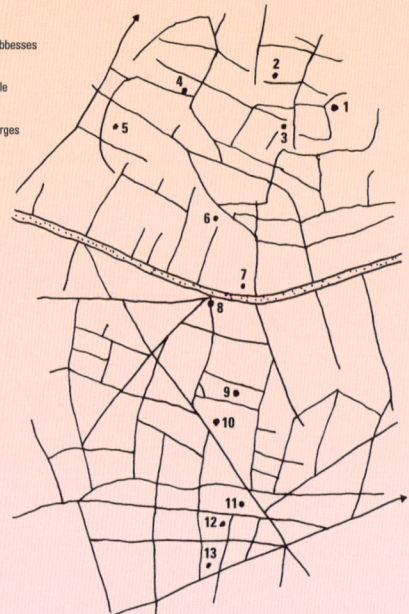

1 사크레쾨르 성당
2 몽마르트르 박물관, 르누아르 정원 12 Cortot
3 테르트르 광장
4 물랭 드 라 갈레트 83 Lepic
5 빈센트 반 고흐 집 54 Lepic
6 생 장 레방젤리스트 성당 21 Abbesses
7 드가 집 6 Boulevard de Clichy
8 누벨 아테네 카페 9 Place Pigalle
9 페르 탕기 갤러리 14 Clauzel
10 폴 고갱 집 28 Place Saint Georges
11 노트르담드로레트 성당
12 모네 생가 45 Laffitte
13 드가 생가 8 Saint Georges

12

토스터에 호밀빵 두 조각을 넣고 커피메이커에 물을 부었다. 잼과 버터를 탁자 위에 올려놓고 요구르트와 우유도 컵에 따랐다. 두 사람이 함께 서 있기도 불편할 만큼 비좁지만 싱크대와 가스레인지가 구비된 손바닥만 한 부엌 공간이 있고, 노트북을 올려놓을 만한 책상도 있다. 그리고 무엇보다 창문을 열고 얼굴을 힘껏 내밀면 피카소Pablo Picasso가 20년 동안 살았던 3층집의 옆구리가 아슬아슬하게 보인다. 아침이면 우리는 그의 집을 향해 인사 한마디 하는 게 습관이 되었다. 피 선생님, 잘 주무셨나요?

우리가 머물고 있는 생제르맹이 파리 남쪽에서 예술가들의 고귀한 발자취를 도맡고 있다면 북쪽에는 몽마르트르Montmartre가 버티고 있다. 비록 상업전선 최전방에서 연일 승전보를 울리느라 예전 낭만을 잃어버렸다고는 하나 굵직한 인물들을 품었던 연륜은 무시할 수 없는 법. 나는 그간의 파리 방문에서 근처도

가본 적이 없는, 가볼 필요조차 느끼지 못했던 몽마르트르를 오늘의 목적지로 잡았다. 과연 관광지의 전형일까? 혹은 예술의 온상일까? 아니면 둘 다일까?

몽마르트르 언덕에 심상치 않은 바람이 분다. 태양은 애써 일조량을 높이고 있지만 고도 130미터의 언덕 꼭대기에서는 역부족이다. 그러나 사크레쾨르 성당 Basilique du Sacré-Cœur의 매혹적인 자태 앞에서 누가 감히 바람을 탓할 수 있겠는가. 기도하는 마음으로 올라온 이들에게는 순례자의 성지로 보일 것이고, 관광객들에게는 '죽기 전에 꼭 봐야 할 명소'가 되겠고, 건축 관련자라면 생생한 답사 현장 이상일 것이다.

　보불전쟁의 패배가 신앙적 도덕적 쇠퇴 때문이라고 여기며 이를 속죄하기 위한 상징물로 건립된 사크레쾨르 성당은 '예수성심Sacré-Cœur, 그리스도의 사랑의 마음에 바치는 가장 거룩한 신심'에 경배하는 독립된 성소다. 1875년 전쟁으로 피폐해진 민심은 몽마르트르 언덕에 올라갈 성스러운 건물로 향했다. '내 땅'에서 프로이센 병사들을 쫓아내기 위해 엄청난 배상금마저 단숨에 모았던 프랑스 국민들 아닌가. 이번에는 파리 시민들이 성당 건립비용 모금에 앞장섰다. 기초 작업에서부터 각각의 기둥과 조각품, 벽돌 하나까지 개개인의 자발적인 기부로 완성돼 갔다. 예배당을 찾은 순례자들은 모금상자 안에 손때 묻은 동전들을 넣었다. 매년 기부금은 늘어났고, 40여 년에 걸친 성당 공사도 차곡차곡 완성되어 갔다.

　로마네스크-비잔틴 양식의 건물이 순례자들의 마음처럼 청초하다. 천연의 무색투명한 결정체를 뿜어낸다는 트래버틴Travertine, 석회질 온천의 침전물 대리석 외관은 숱한 계절들을 거치면서도 눈부신 흰색을 유지해 왔다. 높이 솟은 둥근 지붕의 우아함은 파리 어느 곳에서 바라봐도 눈에 띌 만큼 군계일학이다. 우리는 성

1875년에 첫 공사를 시작해 1914년에 완공된 사크레쾨르 성당은 보불전쟁으로 혼란스러워진 파리 시민들을 위해 지어진 성스럽고 상징적인 건축물이다. 광장 계단에서는 파리 시내가 한눈에 내려다보인다.

당 내부를 찬찬히 둘러본 후 앞마당으로 나왔다. 도시의 전경이 훤히 내려다보이는 계단은 모두에게 탐나는 자리다. 손쉽게 관객을 확보한 악사가 정열적으로 하프를 뜯는다. 계단 밑에는 몽마르트르 정원이 펼쳐져 있다. 어느 봄날 아침 르누아르도 이렇게 앉아 바라봤을 풍경이다.

성당의 첫 주춧돌이 놓인 지 1년 후인 1876년 5월, 35세의 르누아르는 생조르주Saint-Georges 거리에 있는 집에서부터 사크레쾨르 성당까지 걸어 올라왔다. 그는 이곳에서 잠시 숨을 고른 후 성당을 지나쳐 북쪽으로 향했다. 화실로 사용할 싸고 넓은 전세방을 구하기 위해서였다. 한바탕 도시 개조가 진행된 파리에서 몽마르트르는 여전히 무성한 풀과 쓰러져 가는 판잣집이 뒤엉킨 변방지대였다. 그러나 주민들은 고달픈 삶 속에서도 허름한 선술집과 무도장을 드나들며 여가를 즐기고 있었다. 르누아르의 호기심은 여기서 시작되었다.

이즈음 제2회 인상파전에 출품한 〈햇빛 속 누드〉가 '시체의 마지막 부패단계를 보여 주는 자줏빛과 녹색 반점의 썩어 가는 살덩어리'라는 잔인한 악평을 받고 있었지만 알베르 볼프의 《르피가로(Le Figaro)》지 칼럼 중에서, 1876년 몽마르트르의 흥겨움은 곧 그에게 활력소가 되었다. 그럼에도 불구하고 매번 커다란 캔버스를 수레에 싣고 위아래를 오르내리는 건 무리였다. 좀 더 집중적이고 효율적인 작업을 위해서는 이 동네에 터를 잡을 필요가 있었다.

우리는 르누아르가 집을 구하러 걸어갔을 그 방향대로, 성당 옆을 돌아 골목을 두어 번 꺾은 후 코르토Cortot 길로 들어섰다. 밋밋한 회색 담벼락 위로 희끗희끗 벗겨진 자국이 있는 이층집 대문에 핑크색 글씨가 보인다. 르누아르가 셋방살이했던, 지붕 밑 두 개의 방에 수수한 가구가 딸리고 전망 좋은 창가와 안뜰이 있는 코르토 길 12번지는 이제 몽마르트르 박물관Musée de Montmartre이라 불리고 있었다. 매표소를 통과하자 온갖 화초들로 꾸며진 마당에 박물관이 보인다. 그러나 덜컥 발을 들여놓기에는 담장 너머 안뜰이 궁금하다. 나무에 매달린 놀이기구 하나가 통로 사이로 보일 즈음 내 몸의 절반은 '르누아르 정원'의 경계선을 넘고 있었다.

작품 〈그네〉는 르누아르가 이 집에 살기 시작한 그해 여름에 완성되었다. 나무 발판 위에 수줍게 서 있는 숙녀, 그녀에게 말을 거는 신사, 뒤에서 물끄러미 쳐다보는 다른 남자와 어린 꼬마. 햇빛은 이파리를 타고 내려와 모델들의 옷과 흙바닥에까지 드문드문 반점을 만든다. 어느 따사로운 날 한 장의 스냅사진과

1870년대 중반 르누아르는 현재 몽마르트르 박물관으로 운영되는 이 건물에 기거하며
작품 〈그네〉를 완성했다.

도 같은 순간 포착이다. 이 작품 역시 제3회 인상파전에서 평론가들을 몹시 짜증나게 했지만, 믿음직한 후원자 카유보트는 지갑을 열어 자신의 구매 목록에 〈그네〉를 첨가시켰다.

　나는 푸릇한 잔디를 가로질러 담장 옆 벤치에 앉았다. 뜰 한가운데의 둥그런 연못에는 분홍색 연꽃이 소담히 피어 있다. 참새들은 조잘조잘 지저귀고 바람은 담을 타고 넘어와 귓가에서 살랑거린다. 평론가들의 냉담한 반응에도 불구하고 꿋꿋이 제 색깔을 밀고 나갔던 르누아르. 그가 화실로 쓰던 옹색한 전셋집 마당에서 나는 예전에 방문한 프로방스의 카뉴쉬르메르Cagnes-sur-Mer의 드넓은 정원을 떠올렸다. 심각한 류머티즘에 시달리던 말년, 가족을 끌고 지중해 마을로 내려가 여생을 보냈던 르누아르의 마지막 거처에서도 나는 오늘처럼 벤치에 앉아 오늘과 똑같은 평화로움에 몸을 맡기고 있었다.

Paris, France

정원은 단풍나무와 아카시아나무가 우거진 (그래서 고양이만이 접근 가능하다는) 생태보존지역을 거쳐 뒤뜰 포도밭으로 이어졌다. 마당 구경을 다 끝낸 나는 몽마르트르에서 가장 오래된 건물 중의 하나인 박물관 입구로 발을 옮겼다.

> "몽마르트르는 점점 사라져 가네. 오호 슬프도다. 이 계절에서 저 계절로, 수녀원에서 테르트르 광장까지, 우리의 오랜 집들이 부서져 버리고 있구나. 언덕의 빈 터에 대형 은행들이 곧 올라설 텐데 너는 이제 어디서 공중제비를 하며 놀런? 불쌍한 아이들이여, 그리운 날들이 사라져 가는 동안 우리는 살리Rodolphe Salis, 시인, 몽마르트르 카바레의 원조인 '샤누아'의 주인의 꿈을 노래하리라."
>
> 줄리앙 뒤비비에 감독 작, 영화 〈망향〉의 삽입곡 〈Where Is It?〉 중에서, 1937년.

르누아르는 노동자들의 무도회장에서, 화가 로트레크는 카바레 물랭루즈Moulin Rouge에서, 서민들의 애환을 노래했던 가수 브뤼앙Aristide Bruant은 왁자지껄한 선술집에서, 풍자화가 스탱랑Theophile Steinlen과 작곡가 사티Eric Satie는 카바레 샤누아Chat Noir, 검은 고양이에서, 사티의 연인이자 화가인 발라동Suzanne Valadon은 낡은 아틀리에에서 몽마르트르의 정서를 마음껏 누리고 표현했다. 전시장 안은 이들의 그림과 포스터, 빛바랜 사진과 기록들로 채워져 있다. 밤마다 담배 연기 자욱한 술집에서 누렸을 보헤미안들의 낭만이다. 쪼들렸지만 마음은 자유로웠고, 불편했지만 꿈이 있었던 방랑자들의 아련한 시간이다. 근대화의 뒤안길에서 힘겹게 살아가던 몽마르트르 사람들의 이야기, 그리고 이들에게서 삶의 진실을 발견했던 예술가들. 새 집과 말끔한 상점들이 거리의 주역이 된 지금, 과연 그들이 보낸 격동의 나날들은 과거로만 남아 있을까.

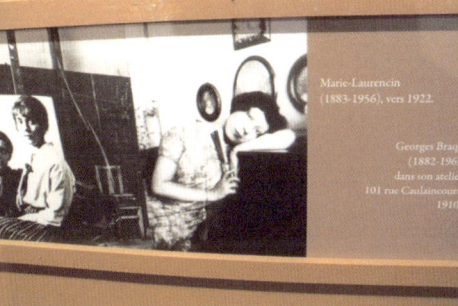  

Paris, France

박물관을 나와 투박한 돌바닥이 깔린 골목 어귀로 들어섰다. 야외 작업에 눈을 뜨기 시작했던 26세의 세잔이 그린 〈몽마르트르 솔르 길〉의 배경이다. 곧게 뻗은 길 사이로 세잔의 시야에 들어왔을 풍취가 아련히 남아 있다. 위쪽에서는 삼인조 밴드의 노래가 주위를 흔들어 댄다. 동시에 테르트르Tertre 광장이 요란하게 등장했다. 점심시간을 맞은 카페 웨이터들의 손놀림이 분주하다. 거리 화가들은 캔버스 위에 관광객 입맛에 맞는 초상화와 풍경화를 신나게 그리고 있다. 르누아르와 로트레크는 잠시 잊는 게 좋겠다. 지금의 이곳도 21세기의 낭만을 북돋아 주는 데 손색이 없다. 몸이 들썩이고 가슴이 설렌다. 목덜미가 느슨해지고 눈자위가 풀어진다. 100여 년 전의 예술가들이 뿌려 놓은 향취가 꽤 강력했던 모양이다.

    우리는 빨간색 담벼락이 돋보이는 야외 카페에 앉아 크레페와 커피를 주문했다. 행인들이 느긋이 오고가고, 앞 식당 웨이터가 자투리시간을 틈타 담배를 피우고, 옆자리 가족은 비둘기에게 연신 빵 부스러기를 던져 주고, 건너편 상점에서는 알록달록한 기념품들이 모양새를 뽐내고 있다. 그러나 식사를 끝내고 광장을 벗어났을 때는 마치 강 건너 이웃마을에 다다른 듯 금세 분위기가 바뀌었다. 때맞춰 썰렁한 가게 한편에서 〈물랭루즈〉 노래가 애달피 흘러나온다. 나는 입 안에서 우물우물 멜로디를 따라 부르며 언덕을 내려갔다. 그때 골목 모퉁이에서 몇몇 구경꾼들이 멈칫하며 카메라를 들이대는 모습이 보였다. 식당 지붕 뒤로 솟은 앙증맞은 풍차 하나가 눈길을 끈다. 르누아르의 최고 대표작으로 꼽히는 〈물랭 드 라 갈레트의 무도회〉가 완성된 곳이다.

    19세기 초반 오래된 풍차방앗간의 새 주인이 된 드브레Debray 가족은 풍차를 돌려 빻은 가루로 갈색의 작고 달콤한 빵 '갈레트Galette'를 만들어 냈다. 그 특이

Paris, France

한 맛은 순식간에 유명해졌고, 급기야 방앗간은 야외 무도회장으로 발전될 만큼 성공했다. 몽마르트르에서 생산된 와인 한 잔과 맛깔스런 빵 한 조각, 정치와 무관한 화제와 파리 시내를 내려다볼 수 있는 전망. 일요일이면 일상에 지쳤던 보통 사람들이 특별한 즐거움을 누리기 위해 이곳으로 몰려들었고, 캔버스를 든 르누아르도 그중 하나였다.

함께 어울리던 주민들이 모델로 나섰다. 순박한 이웃집 소녀와 아주머니도 가장 아끼는 외출복으로 갈아입고 나타났다. 르누아르의 현장 작업은 이 동네 최고의 구경거리였다. 자신들의 모습이 완성되어 가는 과정을 지켜보는 일은 노동의 피곤함을 잊게 할 만큼 큰 기쁨이었다. 비록 부유층의 화려한 파티와 견줄 수는 없었지만 르누아르는 방앗간 무도회장을 도시의 낙원처럼 보여 주고 싶었다. 그렇게 여러 날의 작업 끝에 완성된 작품은 흥이 넘쳤다. 햇살과 실내 조명이 멋들어지게 섞이면서 등장인물들의 얼굴과 옷자락에 나긋나긋한 무늬를 남겼다. 윤곽선 없는 형체들은 색의 흐름을 타며 자연스럽게 구분되었다. 빛으로 물든 바닥은 구름처럼 부드러웠고 나무 이파리는 바람처럼 유연했다.

르누아르의 '물랭 드 라 갈레트Moulin de la Galette'는 10년 후, 몽마르트르에 입성한 외국인 화가에 의해 완전히 다르게 표현되었다. 무도회장 밖의 건물 외관을 묘사한 그림은 황폐한 흙바닥과 흐릿한 하늘, 거무칙칙한 풍차와 담벼락, 행인들의 휘휘한 모습으로 채워졌다. 1886년 벨기에 안트베르펜에서 장거리 기차를 타고 파리에 도착해 동생과 함께 새 아파트에 정착했던 빈센트 반 고흐, 바로 그가 바라봤던 몽마르트르의 풍경이었다.

19세기 중반 몽마르트르 주민들의 무도회장이지 휴식 공간,
또 화가들의 그림 배경이 되기도 했던 물랭 드 라 갈레트의 전경.

**반 고흐, 〈물랭 드 라 갈레트〉, 1886년,
네덜란드 크륄러 뮐러 미술관 소장.**

몽마르트르에 머물던 반 고흐가 그려 낸 다양한
색감의 〈물랭 드 라 갈레트〉 연작 중 하나.

Paris, France

르누아르, 〈물랭 드 라 갈레트의 무도회〉, 1876년, 오르세 박물관 소장.
1870년대 중반 르누아르의 가장 대표적인 문제작으로 제3회 인상파전에 출품되었다. 몽마르트르의 평범한 주민들이 무도회장에서 여가를 누리는 장면을 묘사한 이 작품은 밝고 경쾌한 색감과 빛의 부드러운 흐름이 절정을 이룬다. 초기 인상파 미술의 걸작 중 하나로 꼽힌다.

Paris, France

13

"테오야, 내가 갑자기 파리에 왔다고 화내지 않기 바란다. 많이 생각해 봤는데, 우리의 시간을 절약하려면 이게 최선일 것 같구나. 정오부터 루브르에 가 있을 테니 거기서 보자꾸나. 비용 문제는 달라진 게 없단다. 아직 돈이 좀 남았는데 그걸 쓰기 전에 너와 얘기하고 싶구나."
(빈센트 반 고흐의 파리행은 이미 결정되었고, 테오는 넓은 아파트를 구할 수 있는 6월까지 기다려 달라고 했지만 빈센트는 마음이 급했다. 그는 예고 없이 파리 역에 도착해서 크레용으로 휘갈겨 쓴 이 편지를 짐꾼 편에 보냈다.)
반 고흐, 테오에게 보낸 편지 중에서, 1886년 3월 1일경.

파리에서 화상畵商으로 정착한 테오는 갑자기 들이닥친 형과 한동안 몽마르트르 아래쪽 피갈Pigalle 지역에 있는 협소한 아파트에서 지냈다. 그래도 형제는

Paris, France

비로소 함께 살게 되어 기뻤고, 매일 얼굴을 마주할 수 있기에 서로 편지를 쓸 필요도 없어졌다(반 고흐의 파리 생활이 다른 시기에 비해 덜 알려진 이유도 이 점 때문이다). 테오의 약속대로 이들은 6월경 몽마르트르 언덕 중턱에 있는 르픽Lepic 길 54번지 4층에 이삿짐을 풀었다. 그렇게 반 고흐는 여기 보헤미안의 땅에서 200여 점의 그림을 남기게 될 2년간의 파리 생활을 시작했다. 마네는 몇 해 전 세상을 떠났고, 50대의 드가는 두문불출 작업에만 몰두하고 있었고, 모네는 지베르니Giverny에 정착한 후였고, 여전히 몽마르트르 주민인 르누아르는 첫 아이가 태어나면서 안정을 찾았고, 반 고흐에게 등불이 되어 줄 피사로는 시골집과 파리를 오가며 새로운 화법에 심취해 있었고, 여덟 번째이자 마지막이 될 인상파전에서는 무서운 신인 쇠라가 점묘법을 들고 나와 화려한 신고식을 치렀고, 반 고흐의 첫 파리지앵 친구가 될 22세의 로트레크는 몽마르트르 뒷골목에서 매춘부의 세계에 막 발을 들여놓고 있었던, 그런 시기였다.

　물랭 드 라 갈레트를 끼고 오른쪽 골목으로 돌아 300미터쯤 내려왔을 때 주소를 확인할 수 있었다. 고맙게도 건물 앞에 반 고흐 형제의 거주를 증명하는 명판이 박혀 있다. 나는 4층 창가 쪽을 한참이나 바라봤다. 저기서부터 계단을 내려와 이 언덕을 오르고 내리며 혹은 꼭대기까지 갔다가 밑에까지 내려가고, 중간중간 카페와 술집도 거치면서 보냈을 반 고흐의 일상을 그려 본다. 〈몽마르트르에서 본 파리 풍경〉과 〈몽마르트르의 테라스 카페〉 등, 그는 이곳에 사는 동안 파리의 정취를 '한층 밝아진(그러나 다른 화가들에 비하면 여전히 어두운)' 톤으로 표현했다. 그의 파리 생활은 상실감 끝에 찾아온 기쁨이었다. 조심스레 희망을 키울 수 있었고, 뼛속까지 지지자인 동생이 곁에 있었다. 물론 2년 후 지독한 음주와 흡연에 피폐해진 몸을 끌고 프로방스로 떠날 수밖에 없도록 한 술집들

왼쪽 위 철근과 콘크리트 건축의 개척자인 아나톨 드 보도Anatole de Baudot가 설계한 파리 최초의 현대식 성당 생 장 레방젤리스트.
오른쪽 1886년부터 약 2년간 반 고흐 형제가 머물렀던 아파트 건물.

도 그를 기다리고 있었다.

    우리는 반 고흐 형제의 아파트를 뒤로 하고 언덕 밑으로 향했다. 아베스Abbesses 지하철역이 보일 즈음 독특한 모양새의 벽돌건물이 나타났다. 혁신적인 석공기법으로 만들어진, 파리 최초의 현대식 성당으로 꼽히는 생 장 레방젤리스트Saint Jean l'Évangéliste, 사도 성 요한다. 1917년 12월, 83세로 생을 마감한 드가의 장례식이 치러졌던 곳이다. 그리고 두 블록 떨어진 클리시Clichy 대로 6번지는 말년의 드가가 죽는 날까지 거주했던 집이다.

Paris, France

"나는 언제나 죽음을 생각하지. 그때가 낮이 될지 혹은 밤이 될지는 모르겠지만. 늙는다는 건 너무나 슬픈 일이야! 그대는 이 기분이 어떤 건지 전혀 모를 거야. 이제 겨우 스물다섯 살이니."

그는 안락의자에 주저앉았다. 그리고는 지그시 눈을 감았다. 젊은 모델은 곤혹감과 동정심으로 눈물을 글썽이며 노화가를 바라봤다. 매일같이 반복되는 일이었다. 위로하는 방법을 알고 있던 그녀는 이렇게 말했다.

"드가 선생님, 기운을 내세요. 왜 항상 죽음에 대해 얘기하세요? 일흔여섯밖에 안 되셨잖아요. 아직도 너무 많은 시간들이 남아 있어요. 아마도 아흔이 넘은 아르피니Henri Harpignies, 풍경화가로 97세까지 살았다 씨보다 더 오래 사실 거예요."

"하하하, 그 노인네 아르피니라! 그건 맞는 말일세. 요즘도 그는 이 주변을 어슬렁거리고 있으니까. 아직도 죽을 준비가 안 돼 있는 모양이야."

알리스 미셸Alice Michel, 『드가와 그의 모델Degas et Son Modèle』 중에서, 1919년.

노년으로 접어든 드가는 성공과 재력을 거머쥔 화가였지만 점점 더 그 감투들이 거추장스러워졌다. 살림살이를 줄이고 불필요한 가구를 없앴다. 돈이 생기는 대로 그림들을 수집하고 카메라를 사들였다. 홀로 해외 여행길에 오르거나 발레 공연을 보기 위해 집을 나서는 일 외에는 외출을 삼갔다. 평생을 독신으로 지낸 그는 가족의 자리를 '일'로 채웠다. 사진술을 연구하고 밀랍과 점토를 문지르며 조각상 제작에 매달리기도 했다. 마지막 집으로 이사 온 1912년경에는 시각장애가 심해져 제대로 그림을 그리거나 글씨를 쓸 수도 없었다. 새 집은 낯설었고 친구들도 하나씩 세상을 등졌다. 그의 유일한 바깥나들이는 지팡이를 짚고 혼자 산책을 하는 것이었다. 한때 품위 있고 세련된 매너를 지녔던 신

드가, 〈압생트〉, 1873년, 오르세 박물관 소장.
39세의 드가가 그린 이 작품은 마치 한 장의 사진이나 영화 속 장면처럼 보인다. 드가의 지인인 화가 마르셀랭 데부탱Marcellin Desboutin과 배우 엘렌 앙드레Ellen Andrée가 작품 속 모델이 되었다. 압생트 몇 잔을 들이켰을 것 같은 공허한 눈빛의 그들은 실제로는 애주가가 아니라는 일설이 있다. 자유로운 구도와 배경, 어두운 색감, 파격적인 주제로 당시 화제를 불러일으켰던 작품으로 인간 본성에 대한 드가의 진지한 태도가 여실히 드러난다.

Paris, France

사, 인간의 모습을 미묘한 감수성으로 관찰하고 여인들의 자태를 정확히 포착하는 대가였으며, 독설가에 재담꾼이고, 지적이고 사려 깊으며 항상 스스로를 엄격하게 몰아갔던 뛰어난 예술가 드가. 그런 그가 점점 고립되어 갔다. 세상사에 무심해졌다. 늙어 가고 있었다.

나는 드가의 집을 등지고 클리시 대로를 건넜다. 그가 늙기 전 아직 세상사에 관심이 많던 시절, 그리고 마네와 그의 추종자들이 한창 미술 토론에 열을 올리던 1870년대로 향하고 있었다. 피갈 광장 9번지. 그들의 아지트였던 누벨 아테네Nouvelle Athènes 카페가 있던 자리다. 내가 가장 좋아하는 드가의 작품 〈압생트〉의 배경이기도 하다. 그러나 나는 무미건조한 현대식 콘크리트 건물을 보며 당혹해했다. 광장 뒤편으로 가서야 작은 위안을 받을 수 있었다.

크로젤Clauzel 길 14번지. 주소를 확인하기도 전에 '페르 탕기 갤러리Père Tanguy Gallery'라는 간판이 또렷이 눈에 들어왔다. 쇼윈도에는 일본 목판화인 우키요에浮世畵, 17-19세기 일본의 풍속화로 인상파 화가들에게 많은 영향을 끼쳤다 작품들과 반 고흐가 그린 〈페르 탕기의 초상화〉 포스터가 진열돼 있었다. 최근에 문을 연 이 화랑은 줄리앙 탕기화가들 사이에서는 아버지라는 뜻의 '페르(Père)'란 별칭으로 불렸다와 직접적인 관련은 없지만, 그때와 똑같은 장소에 같은 이름을 내걸고 있다는 것만으로도 반가운 일이다. '여기에 페르 탕기의 상점이 있었다. 이곳에서 세잔, 고갱, 기요맹, 르누아르, 로트레크 그리고 반 고흐가 서로 만났다.' 입구 벽면에 새겨진 문구처럼 인정 많은 '탕기 영감님'의 화구가게는 어려운 화가들의 사랑방이었고, 특히 반 고흐에게는 따뜻한 은신처와도 같았다.

영화 〈벤자민 버튼의 시간은 거꾸로 간다〉처럼, 드가의 장례식장에서 시작된 일련의 여정이 점점 그의 출생을 향해 가고 있다. 탕기 화랑을 떠나 남쪽으

왼쪽 위 페르 탕기 갤러리.
오른쪽 위 로트레크가 드나들던 술집 디방 자포네. 현재는 세 마담 아르튀르.
아래 중앙 누벨 아테네 카페 자리.
왼쪽 중앙 드가의 마지막 거주지.

로 10분쯤 걸어갔을 때 우리는 노트르담드로레트Notre-Dame-de-Lorette 성당과 마주쳤다. 바로 저 안에서 드가의 부모가 결혼식을 올렸고, 모네가 유아영세를 받았으며, 카유보트는 영결식의 슬픈 주인공이 되었다. 또 이 근처에서 폴 고갱은 신혼살림을 풀었고, 헝가리에서 온 피아노 신동 프란츠 리스트는 파리에서의 화려한 데뷔를 꿈꿨으며, 그의 소개로 만난 쇼팽과 조르주 상드는 불꽃같은 연애를 시작했다. 모두 70여 년의 시간 속에서 이 동네의 공기를 들이마시고 태어나고 살고 사랑하고 죽어간 이들이다.

긴 하루가 끝나간다. 손에 들고 있던 지도가 너덜너덜해지고 있다. 누군가의 인생들을 추적하면서 내 나이도 롤러코스터를 탔다. 청년에서 중년으로, 또 노년에서 죽음으로. 지나온 시간들을 뒤적이고 현재를 느끼고 다가올 날들을 기대했다. 지금 나의 삶은 설렘과 긴장과 열정과 고독, 그 어느 편에 더 가까워져 있을까. 혹은 내 마음먹기에 따라 선택이 가능한 건 아닐까. 나는 두 개의 주소만을 머릿속에 담은 채 지도를 가방에 넣었다.

"여긴 거 같아. 라피트Laffitte 길 45번지."

"누구네 집인데?"

"모네가 태어난 곳. 저기, 5층."

여러 자료들이 한목소리를 내고 있으니 건물에 아무 표시는 없지만 분명 맞을 것이다. 나는 골목 하나를 더 꺾어 생조르주 길에서 멈췄다. 그러나 '8번지'는 보이지 않는다. '이 건물은 현재 없어졌다'라고 했던 자료의 문구가 떠올랐다. 아쉬워하는 내게 T가 묻는다.

"누구 집이었는데?"

"드가. 드가 생가."

"번지수가 중요한가? 이 길에서 꼬마 드가가 뛰어다녔으면 됐지."

나는 그만 웃음을 터뜨렸다. 그리고 비슷비슷하게 생긴 흰색 건물들 사이에서 좌우로 두리번거렸다. 그림과 음악을 사랑하는 부모 밑에서 다섯 남매의 맏이로 태어난 드가. 그러나 13세 때 어머니를 여의고 실의에 빠진 아이는 자신의 세계 속으로 꼭꼭 숨어 버렸다. 유년기의 드가는 어떤 공상을 하고 어떤 꿈을 꾸었을까.

우리는 골목을 빠져나와 지하철역으로 향했다. 두 다리가 뻐근했지만 요술에 홀린 듯 마음이 가뿐하다. 북적이는 오스만 대로를 걸어가던 T가 혼잣말로 중얼거렸다. "내일은 누구를 찾아 가나?"

나는, 최소한 오늘만큼은, 답을 찾았다. 우리는 설레고 있었다.

드가의 생가가 있는 생조르주 길 근처. 길 끝에 노트르담드로레트 성당이 보인다.

Paris, France

14

파리 시내와 교외를 잇는 RER 열차가 땅 밑과 땅 위를 오가며 엄청난 속도로 질주한다. 서쪽으로 17킬로미터 떨어진 거리감이 전혀 느껴지지 않는다. 출발 20여 분 만에 창밖으로 목적지의 표지판이 등장했다. 하늘은 매일매일 기록을 갱신하듯 어제보다 더 파랗고, 태양은 그에 질세라 맹렬하게 열을 뿜는다. 파리 외각으로의 첫 나들이에 잔뜩 기대감에 부푼 우리는 역사를 빠져나와 불 잔치가 벌어지는 바깥으로 나왔다. 그러나 방향을 헷갈린 탓에 역 주변을 한참동안 도돌이표처럼 맴돌았다. 말없이 걸어가는 T는 햇빛이 버거운지 모자를 더 눌러쓴다. 옆에서는 자동차들이 씽씽 달리고 휑한 길에는 눈길 한번 돌릴 가게도 없다. 겨우 감을 잡고 지도를 다시 펼쳤다. 500미터쯤 남았다. 땀으로 범벅이 된 콧등 위로 선글라스가 한없이 미끄러졌다.

"저 다리를 건너야 할까?" T가 가리키는 방향에 콘크리트 다리가 보인다. 그곳에는 그나마 위안이 되던 가로수 그늘마저 없다.

"그렇겠지, 아마도." 내 목소리가 기어들어 갔다. 이곳의 날씨는 예상을 뒤엎고 있다. 나는 자외선 차단제를 얄팍하게 바르고 나온 걸 후회하며 용광로 속으로 걸음을 뗐다. 절반 가까이 건넜을 때 저만치 앞서가던 T가 멈췄다. 오른편 어딘가를 바라보던 그가 나를 향해 씩 웃는다. 곧 내 눈에도 그를 미소 짓게 한 장면이 들어왔다. 'S'자 모양으로 굽이치는 센 강의 시원한 물줄기였다.

걸음에 힘이 들어갔다. 이까짓 더위는 아무것도 아니다. 다리 끄트머리에 다다르자 육지와 맞닿은 섬의 길쭉한 형태가 드러났다. 샤투Chatou다. 그곳으로 이어지는 내리막길 입구에 '인상파 화가들의 섬Ile des Impressionnistes'이라는 표지판이 박혀 있다. 그 너머로 물 위에 떠 있는 듯 상반신을 내민 집 한 채가 보였다. 벽면에는 '메종 푸르네즈Maison Fournaise'라는 이름이 큼직하게 새겨져 있다.

강물과 수평을 이루는 지점에 다다라서야 노란 집의 모양새가 완전히 드러났다. 동시에 정적을 깨는 소리들도 들려 왔다. 사람들의 말소리, 음악 소리, 그릇이 덜그렁거리는 소리…. 레스토랑과 박물관을 겸하는 건물 안팎으로 손님이 바글거린다. 웨이터들이 뛰어다니고 식탁마다 음식과 와인이 수북하다. 대체 이들은 어디서 날아왔단 말인가. 기차역에서 뚜벅뚜벅 걸어온 사람은 우리뿐이란 말인가. 나는 건물 안으로 들어서기 전에 강변 식당의 2층 발코니부터 바라봤다. 흰색과 주황색의 스트라이프 차양이 펄럭이고 그 밑에 앉아서 와인과 식사를 즐기는 남자와 여자들. 인물의 면면과 의상은 달라도 영락없이 그림 〈보트 파티에서의 오찬〉을 적당히 버무린 현대판 버전이다.

파리 남쪽을 통과하는 센 강은 활 모양을 그리며 서북쪽 근교의 마을들을 감싸

샤투 섬 옆으로 흐르는 센 강의 시원한 물줄기와 메종 푸르네즈의 전경.

고 올라간다. 이중에서도 기차역이 있는 곳들은 19세기 중반 파리 부르주아들에게 인기 절정의 유원지였다. 샤투-라 그르누이에르 La Grenouillère-부지발 Bougival 로 이어지는 기차역은 휴일마다 멋지게 옷을 차려입은 관광객들로 붐볐다. 멀리서 이들을 지켜보던 문학 초년생 모파상 Guy de Maupassant은 후에 자신의 소설 속에서 이 광경을 냉소적으로 묘사했다.

"강기슭은 가족과 친구들끼리, 둘씩 또는 혼자 오는 사람들로 뒤덮였다. 그들은 풀밭에서 이파리를 뜯어내고 물속에 뛰어들고 길을 점령했다. 또 같은 곳에 서서 함께 뱃사공을 기다렸다. 꼴사납게 생긴 통통한 배가 이 강둑에서 저 강둑으로 승객들과 짐을 섬에다 실어 나르며 끊임없이 움직였. … 물 위에 떠 있는 설치물선상카페은 북적거리고 소란스러웠다. 식탁 위에는 음식물들이 지저분하게 떨어져 끈적거렸다. 술잔은 반쯤 비워졌고 사람들도 반쯤 취해 있었다. 그들은 모두 고함을 지르고 노래하고 떠들어 댔다."

기 드 모파상, 단편 「폴의 연인 Paul's Mistress」 중에서, 1881년.

노르망디에서 보불전쟁에 참전한 후 파리로 온 21세의 모파상은 한동안 해군성 임시직으로 일했다. 그의 유일한 취미는 파리 근교의 센 강변에서 혼자 카누를 타는 것이었다. 전쟁터의 처절한 현장들을 체험해서였을까. 그의 눈에 비친 신세계는 다소 당혹스러웠던 모양이다. 그러나 모파상보다 2년 앞서 같은 상황을 긍정의 눈으로 바라본 이들도 있다. 비록 '알거지'나 다름없는 생활을 하고 있었지만 새로운 관심사 앞에서는 언제라도 이젤을 펴겠다는 야심 찬 두 젊은이, 바로 30세를 코앞에 둔 르누아르와 모네였다.

"내가 지금 어떻게 지내는지 궁금한가? 르누아르에게 물어보게. 그 친구가 어머니 집에서 빵을 가져와 우리 가족을 아사 직전에 구해 줬거든 모네가 바지유에게 보낸 편지 중에서, 1869년 8월 9일."

"난 지금 부모님 댁에 머물고 있지만 항상 모네 집에 가 있다네. 우리는 굶는 날도 많지. 그래도 난 아주 행복하다네. 그림에 관한 한 모네는 둘도 없이 훌륭한 친구거든 르누아르가 바지유에게 보낸 편지 중에서, 1869년 8월 말경."

1869년 여름 모네는 〈녹색 드레스를 입은 여인〉의 모델이었던 카미유와 아직 결혼식을 올리지 못한 채 두 살배기 아들을 데리고 집세가 싼 부지발에 살림을 차렸다. 이즈음 르누아르는 강 건너편 마을에 사는 부모와 지내고 있었다. 그의 집 역시 궁핍하기는 마찬가지였지만 최소한 모네 가족에게 빵 한 조각 나눠 줄 만큼은 되었다. 그런데 생계를 이어 가기도 힘든 두 청년은 끼니는 걸러도 그림 그리는 일은 멈출 수가 없었다. 그것도 물과 빛이 넘쳐나는 유원지 풍경은 절대 거부할 수 없는 시각적 모티프였다. 야외에서 자연의 흐름을 접하는 것 역시 미래를 위한 중요한 학습과정이었다.

햇빛 좋은 어느 날 두 사람은 얼마 안 남은 그림물감들을 싹싹 챙겨 라 그르누이에르 강둑으로 나갔다. 각각 이젤을 펴고는 들썩이는 선상카페를 스케치했다. 같은 시간에 같은 장소에서 같은 장면을 바라본 다른 작품이 탄생하게 된 것이다. 여가를 직접 누리기에는 그들의 삶이 너무나 각박했지만 관찰자의 시선을 갖는 일은 얼마든지 가능했다. 특히 쾌활한 성향의 르누아르는 언젠가 저들처럼 삶의 한 자락을 즐기고 싶은 마음이 간절했을 수도 있다.

그로부터 10년 후 르누아르는 자신과의 약속을 지키려는 듯 이 지역을 다시 찾았다. 그리고 샤투 섬에서 보트 임대와 식당, 펜션을 겸하고 있는 메종 푸르네즈를 드나들며 뱃사공과 행락객들의 모습을 그렸다. 식당 주인인 알퐁스 푸르네즈Alphonse Fournaise 가족과도 각별하게 지냈다.

1880년 여름 르누아르는 파리의 친구들을 불러 이곳에서 근사한 오찬 파티를 열기로 했다. 여전히 몽마르트르 언덕에서 궁색한 노총각 생활을 하고 있었지만 젊은 날에 비하면 여유가 생겼고 후원자들도 늘었다. 사랑하는 여인 알린 샤리고Aline Charigot가 있어 결혼에 대한 희망도 모락모락 피어오르고 있었던 때다(두 사람은 우여곡절 끝에 10년이 더 지나서야 결혼식을 올린다). 르누아르는 애인 알린과 후배 카유보트, 여배우와 저널리스트와 시인, 그리고 푸르네즈 가족 등 10여 명의 지인들을 등장시킨 캐주얼한 오찬 장면을 연출했다. 센 강변에서 뱃놀이를 한 후 식당 발코니에서 파티를 한다는 설정이다. 이렇게 2년에 걸쳐 완성된 〈보트 파티에서의 오찬〉은 르누아르가 지향하는 유쾌한 삶의 에너지를 표현한 또 하나의 대작이 되었다.

점심시간의 절정기에 도착한 우리는 발 디딜 틈 없이 꽉 찬 식당을 뒤로하고 일단 강변 탐사에 나섰다. 보트가 정박해 있는 부둣가에는 르누아르의 작품들을 소개하는 안내판이 박혀 있다. 이곳에서 체험해야 할 첫 과업이 '뱃놀이'라는 결론이 내려질 즈음 뒤에서 승객을 모으는 젊은 여성의 목소리가 들렸다. 열다섯 명 정원의 보트 크루즈가 막 탑승 마감을 하고 있었다.

　기우뚱 기우뚱. 한 사람씩 올라탈 때마다 보트가 흔들거린다. 모두가 착석하자 앞머리에 꼿꼿이 서 있던 뱃사공이 '노 젓기' 대신 힘차게 '시동'을 건다. 끝머리에는 반바지에 민소매 셔츠를 입은 여성 가이드가 연신 물을 마시며 크루즈 노선을 설명한다. 센 강을 따라 부지발까지 갔다가 돌아오는 한 시간의 일정이다. 드디어 배가 꿈틀대자 강물이 사선 무늬의 물살을 만든다. 하늘에서는 맹렬한 햇빛이 쏟아져 내리지만 고통스럽지 않다. 나는 이미 기대감에 충만했다.

　"1837년에 첫 기차가 개통한 이후 이 부근 마을들은 파리에서 온 행락객들로 붐비기 시작했죠. 그 다음에는 아시다시피 화가들이 찾아왔답니다." 가이드가 큼지막한 쇼핑백에서 그림 복사본을 꺼내 보여 준다. 모네와 르누아르가 그린 〈라 그르누이에르의 물놀이〉다. 어느덧 보트는 그림 속 장소에 다가가고 있었다. 물 한가운데에 떠 있던 둥그런 선상카페는 없지만 자연의 마법은 세월을 비켜 가는지 수면에 반사된 아련한 빛 자국들은 그대로다. 천천히, 은근히 나아가는 보트가 따사로운 한낮을 담는다. 강둑에는 우람한 나무들이 줄지어 있고 산책하는 사람들이 그 사이를 느릿하게 걷는다.

　부지발에 가까워지자 가이드의 설명은 이 마을을 배경으로 한 르누아르의 〈시골의 무도회〉로 넘어갔다. 미래의 아내 알린을 모델로 한 쌍의 춤추는 남녀를 그린 작품이다. 그리고 내게는 인상파 무리에서 아주 특별한 존재였던 여성 화가 베르트 모리조가 떠올랐다. 부지발 마을에 살며 장미나무 가득한 정원에서 남편과 아이를 그렸던 모리조의 하루도 오늘처럼 청명했을까. 숲 너머에 눈

모네와 르누아르의 그림 배경이 되었던 라 그르누이에르, 모리조가 살았던 부지발을 거쳐 돌아오는 센 강 보트 크루즈. 샤투 섬에서만 경험할 수 있는 특별한 관광이다.

을 맞추며 그녀의 따뜻한 일상을 연상하고 있을 때 가이드의 쩌렁쩌렁한 목소리가 들려왔다. "오른쪽 강변을 보세요. 1875년 6월에 작곡가 조르주 비제가 오페라 〈카르멘〉의 초연을 끝내고 부지발로 휴가를 왔는데, 저쪽에서 수영을 한 다음 갑자기 심장마비로 죽고 말았죠. 37세인가 그랬죠?" 이런, 희희낙락한 이야기만 있는 게 아니었다. 우리의 보트는 비제의 슬픈 돌연사를 뒤로하고 부지발에서 유턴을 해서 다시 샤투로 향했다.

강물이 대야에 고인 물처럼 잔잔하다. 나무 이파리들은 얌전하고 새들도 숨을 죽인다. 나는 운동화를 벗고 갑판 위에 맨발을 올렸다. 르누아르 시대의 북적이는 강변도 좋았겠지만 이런 한갓진 물가도 좋다. 아쉬운 한 시간이 끝나고 부둣가에 다다랐을 때 막차를 기다리는 승객들이 보였다. 그들 중 몇몇은 르누아르 그림의 등장인물들처럼 누런색 밀짚모자를 쓰고 있다. 이 동네의 대세임이 틀림없다.

보트에서 내려 식당 앞 공원까지 왔을 때 상황은 뒤바뀌어 있었다. 대부분의 손님들이 떠나간 자리에 오솔한 기운이 감돌았다. 우리는 나무그늘 밑에서 음료수를 마시며 열을 식힌 후 메종 푸르네즈 입구로 향했다. "영업은 끝났지만 얼마든지 구경하다 가세요." 직원의 나긋한 한마디에 우리는 위아래를 오가며 시간을 보냈다. 2층 발코니에 앉아 스트라이프 차양을 바라보고, 벽에 걸린 르누아르의 그림들을 감상하고, 계단참에 놓인 조각과 소품들도 찬찬히 들여다봤다. 식탁 정리를 하던 웨이터가 씩 웃어 준다. 이 식당의 친절함은 르누아르의 그림만큼이나 영원성을 갖고 있나 보다.

푸르네즈 씨는 나의 아버지에게 식사 계산서를 거의 청구하지 않았다.
"당신은 우리에게 이 풍경을 선사했잖아요." 그분은 이렇게 말하곤 했다.
아버지는 자신의 그림이 가치가 없는 것이라고 한사코 주장했다.
"푸르네즈 선생님께 이실직고해야겠네요. 실은 아무도 제 그림을 원하지 않는답니다."
"그렇다고 뭐가 달라집니까? 제가 보기엔 너무도 아름다운데. 우리는 저 벽의 습기 자국을 덮은 누더기조각을 가리기 위해서라도 무언가를 걸어 놔야 한답니다."
아버지는 웃었다. 모든 예술 애호가들이 저들처럼 심성이 좋으면 얼마나 좋을까, 하고 생각했을 것이다. 아버지는 그들에게 여러 그림을 선사했고 후에 이 작품들은 엄청난 가치를 지니게 되었다.

장 르누아르Jean Renoir, 영화감독이자 르누아르의 둘째 아들, 『나의 아버지 르누아르Renoir, My Father』 중에서, 1962년.

Paris, France

1905년 자전거 열풍에 밀려 보트 놀이의 인기가 하락하면서 문을 닫게 된 메종 푸르네즈. 80여 년 후 허름한 임대 아파트로 전락해 버린 건물을 샤투 시가 사들여 복구하면서 다시 세상에 드러났다. 예술가들의 자취가 부활하고 뱃놀이에 대한 향수도 되살아났다. 지구상에서 사라질 뻔했던 식당의 존재는 르누아르의 작품으로 영원성을 부여받았다. 그리고 마을 주민과 관광객들은 함께 그때를 상상하고 즐기게 되었다. 어디에나 유행의 빛과 그림자가 있어 순식간에 외면당하는 흔적들이 생기게 마련이지만, 그중에는 분명 지켜야 할 가치들이 있을 것이다. 누가 알겠는가. 케케묵은 사소한 물건 하나가 더 질기게 더 찬란하게 살아남을지.

　우리는 아까 온 길을 되돌아가고 있다. 그리고 똑같이 다리 중간쯤에서 강줄기를 바라보고 있다. 파리에서 17킬로미터. 지칠 만큼 멀지 않고 싱거울 만큼 가깝지 않다. 한나절 소풍 나왔다 가기에 꼭 맞는 거리다. 뱃놀이도 했고 식당 발코니에서 경치도 감상했다. 시간과 계절에 따라 빛이 변하는 샤투 섬은 여전히 진기한 마술을 부리고 있다. 나는 강에서 눈을 떼지 못했다. 서쪽으로 살짝 기운 태양빛이 물 위에 내려와 빗살무늬를 남긴다. 어느새 색깔마저 짙은 초록으로 변해 가고 있었다.

식당과 박물관으로 구성된 메종 푸르네즈에는 르누아르 시대를 연상시키는 그림과 소품들이 곳곳에 놓여 있다. 2층 테라스는 그림 〈보트 파티에서의 오찬〉의 배경이 된 곳이다.

15

흥청거리는 파리 시내를 비웃기라도 하듯 긴 줄의 서막을 알리는 조짐은 어디에도 없었다. 편안한 유모차와 안정된 미소의 엄마들, 긴장 해제된 애완견들이 아름드리나무 사이를 누볐다. 불로뉴Boulogne 숲에서는 신선한 아침 공기가 새어나왔다. 적당히 그늘진 공원은 바삐 돌아가는 시간을 밀쳐 내고 있었다. 여유로운 자만이 이 혜택을 누릴 수 있다는 듯이 오솔길 옆에서 게으른 바람이 불었다. 파리 16구 서쪽 끄트머리에 있는 라 뮈에트La Muette 지하철역에 내려 여기까지 걸어오는 동안 내내 떨치지 못했던 의구심은 대번에 사라졌다. 나는 하품이 나올 만큼 한적한 동네에서 쉽게 마르모탕 모네 미술관Musée Marmottan Monet을 발견했다. 휴가철임에도 불구하고 유일하게 온라인 티켓 구매를 하지 않은 이곳. 입구에 서 있던 안내원이 곧바로 들여보내 준다. 전시장 안에는 드문드문 관람객들이 보일 뿐 루브르의 악몽은 일어나지 않았다.

Paris, France

1882년 나폴레옹 시대의 유물에 관심을 가져 온 쥘르 마르모탕Jules Marmottan은 발미Valmy, 프랑스 동북부 마을의 공작이자 프랑스군 총사령관을 지냈던 켈레르만Christophe E. Kellerman이 사냥 별장으로 썼던 건물을 사들였다. 아들 폴Paul은 아버지의 뜻을 더 발전시켰다. 제1제정 시대의 예술작품을 수집하고 건물을 확장하면서 박물관의 초석을 마련한 그는 이 모든 결실을 프랑스 예술학회Académie des Beaux-Arts에 기증한다는 유언을 남겼다. 그리고 1934년 드디어 한 개인의 아름다운 저택에 공공을 위한 박물관 문패가 걸리게 되었다.

착한 일도 전이가 되는 것일까. 인상파 화가들과 친분이 있던 벨리오Georges de Bellio 박사의 딸이 부친의 소장품들을 기증하면서 이 박물관은 새로운 미래를 맞게 되었다. 1966년에는 미술 역사상 가장 '통 큰 기부'로 알려진 사건이 벌어졌다. 모네의 둘째 아들인 미셸Michel이 숨을 거두기 직전 아버지의 작품들은 물론 기록사진과 편지 및 개인 물건까지, 어마어마한 규모의 유품을 내놓은 것이다. 그 기증품 목록 안에는 〈인상, 해돋이〉도 들어 있었다. 또 1990년대에는 베르트 모리조의 후손들이 그 뒤를 이음으로써 마르모탕 모네 미술관은 인상파 작품 전문미술관으로서의 성격을 완전히 굳혔다.

박물관의 창립자 폴 마르모탕 씨에게는 미안하지만 그가 몰입했던 시대보다 그 후에 더 관심이 많았던 나는 인상파 작품들 앞에서만 발길을 멈췄다. 가장 먼저 카유보트의 〈파리 거리, 비 오는 날〉 앞에서 감격의 순간을 맞았다. 개인적으로 특히 좋아했던 터라 그동안 도록과 인터넷을 통해 눈이 아프도록 들여다봤던 작품이다. 그러나 이곳에 걸린 그림은 완성품이 아닌 일종의 '연구과정의 작품Study'으로, 카유보트가 모네에게 선물한 것이다(이 작품이 마음에 들었던 모네는 자

불로뉴 숲속에 자리한 마르모탕 모네 미술관의 전경. 1934년 제1제정 시대의 예술작품들을 소장한 전문미술관으로 문을 열었지만, 이후 모네와 모리조의 후손들이 그림을 기증하면서 인상파 전문미술관으로 거듭나게 되었다.

신의 침실에 내내 걸어 놨었다고 한다. 완성품은 미국의 시카고 아트 인스티튜트에 소장돼 있다). 이제 저 거리에 실제 발을 디디는 일만 남았다. 파리의 비가 기다려지는 이유 중 하나다.

    화창한 날에 어울리는 작품도 있다. 모리조의 풍경과 인물화는 역시 따사롭다. 그러나 작품만큼이나 그녀를 유명하게 만든 두 가지가 있다. 그윽한 눈매의 매혹적인 외모와 마네의 동생인 외젠과의 결혼이다. 부유하고 진보적인 가정에서 태어난 그녀는 여성의 사회활동이 제한돼 있던 시절, 놀랍게도 가족의 열렬한 지지를 받으며 화가의 길로 들어섰다. 정식 그림 수업을 받고 살롱전에 참가

Paris, France

하기 시작한 모리조는 27세가 되던 1868년, 루브르 박물관에서 루벤스Peter Paul Rubens의 그림을 모사하던 중 화단의 경이로운 선배 마네와 운명적으로 만났다. 이 근사한 남자는 오래전 그의 피아노 가정교사로 있던 네덜란드 여성과 10년의 비밀 열애 끝에 결혼한 5년차 유부남이었고, 모리조는 이 사실을 절대 간과할 수가 없었다. 그러나 마네의 카리스마 넘치는 매력에 빠진 그녀는 종종 여동생에게 보낸 편지에서 속마음을 털어놓곤 했다.

"살롱전을 관람하러 간 날, 나는 가장 먼저 M의 방에 들렀단다. 거기서 그만 마네 씨를 보게 되었어. 그의 모자 위로 밝은 햇살이 내려앉았는데 눈부실 정도로 멋있었단다. 그는 자신의 작품을 봐달라고 청하더구나. 나는 지금까지 그런 풍부한 표정의 얼굴을 본 적이 없단다. 그는 미소를 지었고, 혹시 자신의 작품이 안 좋은 평을 받을까 봐 우려하는 눈빛이었어. 아, 그는 너무나 매력적인 남자란다. 나는 그런 그가 정말 좋구나."

모리조, 여동생 에드마Edma Pontillon에게 보낸 편지 중에서, 1869년 5월 2일.

두 사람은 현대의 미술학자들 사이에서도 여전히 논쟁거리로 남아 있는 '아주 친밀하고 품격 있는 우정 관계'를 시작하게 되었다. 마네는 6년간 열한 번에 걸쳐 모리조의 모습을 캔버스에 담았다. 그중 〈제비꽃 장식을 한 베르트 모리조〉에서 그녀는 검은색 모자에 검은색 드레스를 입은 검은 눈동자의 청아한 모델로 그려져 있다. 그러나 1874년 모리조는 외젠과의 결혼을 단행했고, 마네는 더 이상 동생의 아내를 자신의 이젤 앞에 앉히지 않았다. 모리조의 삶은 지금 내가 보고 있는 그녀의 가족 초상화 〈외젠 마네와 그의 딸〉처럼 소박하고 평화로

마네, 〈제비꽃 장식을 한 베르트 모리조〉, 1872, 오르세 박물관 소장.
얼굴에 드러난 빛과 그늘, 검은 눈동자와 검은색 의상, 스페인풍의 이국적 분위기, 단순한 배경과 강렬한 색감. 마네가 그린 모리조의 초상화는 당시 숱한 화제를 뿌렸다. 시인 폴 발레리Paul Valéry는 이 그림을 가리켜 '마네의 초상화들 중 가장 뛰어난 작품'이라고 평했다.

Paris, France

운 울타리로 들어갔으며, 그녀의 작업은 결혼 후에도 계속되었다. 또한 아내의 작품에 모욕적 비평을 해댄 평론가에게 결투 신청을 할 만큼(물론 성사되지는 않았다) 외젠은 아내를 사랑하고 존경했다.

모리조의 '가정적인' 방을 나서는 내 마음에 아쉬움이 남았다. 그녀는 분명 선구적인 여류화가였지만 작품의 주제는 시골과 집안의 일상으로 국한되었다. 19세기의 사회적 제약은 화가 모리조를 도시의 거리나 북적이는 카페, 남자 모델과 누드로부터 해방시키지 못했다. 그러나 정작 모리조는 이런 생각을 하며 만족해했을지 모른다. 만일 바로크 시대였다면 여자가 어떻게 겹겹이 너풀거리는 소매를 걷어붙이고 이젤 앞에 앉아 붓질을 해댔겠느냐고.

그리고 여기 또 다른 고정관념 속에서 애를 먹었던 화가가 있으니, '그림의 완성도가 유치한 벽지보다 못하다'는 악평을 받아야 했던 젊은 날의 모네다. 가로 63, 세로 48센티미터밖에 되지 않는 작품 하나가 주변을 압도한다. 검은색이 없지만 어둠을 주고, 뚜렷하지 않아도 깊은 풍취가 있고, 단순하지만 긴 울림을 준다. 바다와 하늘이 겹쳐질듯 구분되고, 태양은 주홍색 반사가 되어 안개 낀 수면을 덮는다. 빛은 나풀거리고 실루엣은 어렴풋하고 색들은 아스라하다. 32세의 모네가 노르망디 해변의 르아브르 항구에서 바라본 새벽 일출의 인상이다.

첫 인상파 전시회에 출품되어 (혹평에도 불구하고) 그림 애호가인 한 직물상인에게 800프랑에 팔렸던 〈인상, 해돋이〉는 이제 값을 칠 수 없을 만큼 미술사의 귀중한 자산이 되었다. 그만큼 표적이 되기도 했으니, 1985년 10월 27일 아침 권총을 든 갱단이 침입해 보안경비와 관람객들을 위협하고 다른 여덟 점의 그림들과 함께 이 그림을 훔쳐갔다. 감옥에서 한솥밥을 먹은 일본 야쿠자와 프랑스 미술전문 절도범들로 구성된 이들은 경찰의 끈질긴 추적 끝에 5년 후 코르시카의 작은 마을에서 체포되었으며, 〈인상, 해돋이〉도 무사히 제 집으로 돌아왔다. 그리고 이 작품은 어떤 경우에도 해외 원정전시를 나갈 수 없게 되었다. 그러므로 마르모탕 미술관에 온 이상 최대한 잘 감상하고 가야 한다. 언제 또 이 그림을 볼 수 있겠는가.

모네 전문미술관답게 이곳에는 한 화가의 시대적 변화가 일목요연하게 보인다. 전 세계에 퍼져 있는 〈루앙 대성당〉 연작의 일부도 이곳에 걸려 있다. 그러나 박물관의 하이라이트는 화가로서의 명성과 입지를 굳혔던 모네의 말년 작품들이다. 지베르니에서 작업한 〈수련〉 연작 중 1915년 전후의 작품들이 벽과 천장에서 광채를 내고 있다. 그림 사이를 걸어갈 때마다 형형색색의 꽃들이 술렁인다. 형태가 색채 속에 잠기고 수평선 없는 수면이 공기와 합쳐진다. 우리는 그림들에 둘러싸인 채 긴 나무의자에 자리를 잡고 앉았다. 침묵 속의 감상이 꽤 오래 이어졌다.

"지베르니에 언제 간다고 했지?" T가 그림에서 눈을 떼며 말문을 열었다. 모네가 궁금해진 모양이다.

"여행 마지막 주에."

"오늘 집에 가면서 오랑주리에 다시 가보자고. 전기 공사를 끝냈겠지?"

나는 고개를 끄덕이며 일어났다. 그러나 그 전에 들를 데가 있다. '모네' 전에 '마네'의 흔적을 더 볼 필요가 있다. 16구 동쪽 끝, 지하철 두 정거장이면 될 것이다.

16

트로카데로Trocadero 역에 내렸을 때 하늘에는 잿빛 구름이 자욱하게 깔려 있었다. 앞에는 넓은 원형도로가 펼쳐지고 그 뒤로 에펠탑의 실루엣이 보였다. 그러나 길을 건널 생각은 없었다. 옆에 있는 높고 둔탁한 담벼락이 더 내 관심을 끈다. 그 벽을 따라 둥글게 걸어갔다. 길은 섬뜩하리만큼 잠잠하다. 한낮의 파리 시내에서 지금 이곳을 찾는 이는 우리뿐이다. 허연색 돌기둥들을 거쳐 입구로 들어서자 방금 지나온 세상이 철커덕 문이 닫히듯 뒤로 사라졌다. 그리고 눈앞에는 이승을 떠난 영혼들이 잠자고 있다.

"햇빛은 없었다. 하늘에는 엷은 구름이 부드러운 회색빛을 흩뿌리며 거리의 풍경을 만들었다. 영구차가 덜커덩거리며 (몽마르트르 집을 떠나) 천천히 길을 나섰다. 검은색 관을 뒤덮은 라일락, 제비꽃, 팬지와 장미가 온 주변에 향기를 뿌렸

Paris, France

다. 수많은 지인들이 그들의 '영웅적인 친구'의 시신을 따라갔다. 또 500여 명의 조문객이 긴 애도의 띠를 만들며 생루이 당텡 교회Église Saint-Louis d'Antin까지 함께했다. 촛불이 반짝이는 제단에 관이 놓이자 성가대의 합창소리가 울려 퍼졌다. 장례식이 끝난 후 영구차는 오스만 대로를 지나 여러 길들을 거쳐 트로카데로로 들어섰다. 날씨는 씻은 듯이 맑게 개었고, 우리는 고단하고 슬픈 와중에도 이 갑작스런 변화에 기분이 좋아졌다. 파리의 청명한 하늘, 나무들의 초록빛 실루엣과 어린 이파리들. 우리 머리 위로 한 줄기 햇살이 내려왔다. 곧이어 도착한 공동묘지는 너무나 간소하고 화사했다. 잔디밭은 마치 작고 하얀 꽃무늬가 새겨진 초록색 옷과도 같았다. 이제 묘지 전체가 보였다. 화려하거나 거창하지 않았다. 깊고 진지한 그림처럼 완벽한 톤을 유지한 그곳, 빛과 감성으로 채워진 이 땅에서 마네는 긴 안식을 취할 것이다."

『마네 자신에 의한 마네의 초상과 그의 동시대 인물들』에 수록된 「쥘카미유 드 폴리냐크의 마네 장례식 묘사」 중에서, 1953년.

1883년 5월 3일, 파시 공동묘지Cimetière de Passy 앞으로 영구차 한 대가 들어왔다. 그 안에는 51세로 세상을 떠난 에두아르 마네의 관이 실려 있었다. 모네와 에밀 졸라, 어릴 적 친구인 앙토냉 프루스트, 미술평론가 뒤레Théodore Duret 등 여섯 명이 운구하며 잔디밭을 지나 묘지로 향했다. 그 뒤를 드가와 르누아르, 피사로와 모리조 등이 따랐다. 비탄에 잠긴 이들 위로 말간 햇살이 비쳤다. 마네의 마지막 길만 아니라면 참으로 아름다운 봄날이었다.

40대 중반을 넘기면서 마네의 관심은 카페에 집중되었다. 친구들과 미술에 대해 토론하고 술 한잔 걸치며 음악을 듣는 일은 삶의 활력이자 최상의 행복이었다. 작업에 대한 욕구는 날이 갈수록 더해져 몸의 이상 징후를 느끼면서도 휴식을 취하지 않았다. 그런 그에게 어느 날 매독의 말기 증세인 심각한 보행 장애가 찾아왔다. 아직 삶의 연민이 강한 나이였다. 이루고 싶은 꿈도 표현하고 싶은 그림도 많았다. 그러나 다리가 마비되면서 집 안에만 틀어박히게 된 마네는 점점 세상 밖으로 밀려났다.

1882년 1월 오랜만에 마네의 스튜디오로 지인들이 몰려들었다. 어쩌면 그의 마지막 대작이 될 수도 있는 〈폴리베르제르의 술집〉의 작업을 격려하기 위해서였다. 그러나 영원한 댄디맨 마네는 이들 앞에서 약한 모습을 보이고 말았다. 작업하던 붓을 내려놓고 지팡이에 의지한 채 몸을 바르르 떨던 그가 결국 벽을 짚으며 간신히 소파에 주저앉은 것이다. 그러나 마네는 마네였다. 이 자리에 있었던 후배 화가 자니오 Georges Jeanniot는 여전히 유머와 당당함을 유지하려 했던 마네를 경이롭게 바라봤다. "그럼에도 불구하고 그는 유쾌했다. 예전처럼 미술과 빛과 자연에 대해 얘기했다. 나는 그의 눈빛에서 섬광처럼 빛나는 감성을 보았다. 어떤 병마도 그의 활기찬 기운을 막을 수는 없었다 조르주 자니오, 저널《라 그랑드 레뷔(La Grande Revue)》에 수록, 1907년." 마네는 그로부터 1년 후 눈을 감았다.

누구보다 슬픔에 잠겼던 모리조는 마네가 죽은 지 12년 후 폐렴을 앓다가 세상을 떠났다. 그녀의 남편 외젠이 죽은 지 3년 후였다. 끝까지 마네의 극진한 병간호를 했던 아내 쉬잔은 1906년 조용히 이들의 뒤를 따랐다. 에두아르 마네, 쉬잔 렌호프, 외젠 마네, 베르트 모리조는 파시 공동묘지 가족묘의 같은 석관 아래에 함께 묻혔다.

마네의 두상이 파리의 하늘을 향해 있다. 거무죽죽하게 때가 묻은 석관 위

Paris, France

파시 공동묘지, 마네의 무덤 위에 조각된 청동 두상.

에 동생 부부의 이름이 나란히 새겨져 있다. 수백 개의 묘지들 속에서도 유난히 단출하고 허름하다. 묘 주변에는 들풀들이 성기게 자랐고 묘비 옆에는 초라한 화분 하나가 놓여 있다. 나는 너무나 뭉개져 버려 글씨의 형태를 인식하기조차 어려운 마네 가족의 이름들을 한참이나 들여다봤다. 보불전쟁에 참전했던 마네는 폭격이 쏟아지는 파리에서 매일매일 펜을 들어 아내에게 편지를 썼다. 전운의 공포 속에서도 그는 아내의 안전만을 걱정했다. 네 사람이 어떤 운명의 소용돌이 속에서 살았다 한들 이제는 과거를 덮는 하나의 우산 밑에서 함께 잠들어 있다. 우리가 할 일은 그림 속에서 그들의 한때를 만나는 것이다. 그보다 더 순수하고 영원한 것은 없을 테니까.

  파시 공동묘지에서 나왔을 때도 먹구름은 여전히 군데군데 뭉쳐 있었다. 트로카데로 광장에 있는 샤요Chaillot 궁전까지 오자 에펠탑이 스카이라인의 특출

샤요 궁전 광장에서 바라본 에펠탑 전경. 모리조는 이곳에서 그림 〈트로카데로에서 본 파리 풍경〉을 완성했다.

한 주인공이 되었다. 파리에서 가장 높은 탑을 가장 잘 볼 수 있다는 이유에서인지 이곳의 전망대는 관광객들로 넘쳐난다. 1872년 부모와 함께 이곳에 살았던 모리조도 샤요 궁전의 언덕에 서서 보불전쟁 후 다시 평화를 찾은 파리의 전경을 바라봤다. 그녀가 그린 극소수의 풍경화 중 하나인 〈트로카데로에서 본 파리 풍경〉에는 모리조의 두 여동생과 조카가 등장한다. 가족을 동반한 동네 외출이 여성 화가가 할 수 있는 야외 작업의 유일한 통로였고, 트로카데로 광장은 요조숙녀에게 딱 어울리는 안전하고 쾌적한 장소였다.

센 강의 둥근 강줄기, 아치형 기둥이 떠받치고 있는 이에나 다리Pont d'Iéna, 어렴풋한 윤곽의 개선문, 둥근 지붕의 팡테옹 사원과 성당들, 열브스름한 보라와 파란색으로 덮인 하늘. 나는 모리조의 그림을 연상하며 전망대 뒤편에 자리를 잡았다. 그녀의 그림 속에는 등장하지 않는 (1889년에 세워진) 에펠탑이 시간의 차이를 명백히 구분시킨다. 날쌘 자동차와 벌 떼같이 몰려든 관광객들과 고층의 콘크리트 구조물들도 그녀가 보지 못했던 미래의 부산물이다. 그러나 모리조의 그림 속에는 희미하지만 면밀한 움직임들이 있다. 강 위의 보트와 육지의 마차, 거리를 활보하는 사람까지. 비록 마네처럼 친구들과 카페에 앉아 그림과 음악에 대한 이야기로 밤을 지새울 수는 없었겠지만, 모리조는 그녀 방식대로 변화무쌍한 파리를 받아들였다. 캔버스를 앞에 놓고, 검은 눈동자를 반짝이며, 섬세한 관찰력과 호기심에 감정을 맡긴 채.

우리는 언덕에서 내려와 잔디밭에 너부러지듯 앉았다. 신발과 양말까지 다 벗었다. 반바지에 맨발을 한 나는 어떤 제약도 없이 공원 한복판에 비스듬히 누웠다. 우리는 바게트 샌드위치를 다 먹고도 한참을 쉬었다. 그런데 어디에 눈을 둬도 에펠탑에서 자유로워지지 않는다. 마치 내 시야에 단단히 고정돼 있는 것 같다. 그러나 긴 줄을 서서 계단을 오를 만큼의 호기심은 생기지 않는다. 바라보는 것만으로도 충분하다.

"에펠탑에 올라갈 필요는 없겠지?" T가 내 의중을 아는 듯 이렇게 물었다. 여전히 에펠탑에서 눈을 떼지 못한 나는 동문서답을 했다.

"만일 모리조가 저 탑을 봤다면 어떻게 그렸을까?"

"모리조? 내 생각에는 오랑주리도 다음으로 미루는 게 좋겠어."

**모리조, 〈트로카데로에서 본 파리 풍경〉, 1872년,
미국 산타바바라 미술관 소장.**

여성 화가의 행동반경이 자유롭지 못했던 시절, 부모와 함께
트로카데로 지역에서 살던 29세의 모리조는 집 근처인 이곳에
이젤을 펴고 풍경화 한 점을 완성했다. 보불전쟁 후 파리의
평화로움을 담은 이 그림은 모리조 특유의 섬세한 감성과
부드러운 역동성이 그대로 드러나 있다.

Paris, France

17

하루의 일정은 대부분 그날그날 아침, 커피 한 잔과 빵 한 조각을 놓고 무작위로 결정되었다. 오랜만에 파리가 보슬비를 뿌려 주고 있다. 이런 날은 카유보트의 '비 오는 거리'로 들어가야겠지만 무한정 오르세 박물관을 미룰 수는 없는 일이다. 탐나는 보물단지 덮개를 미리 열기 싫었던 걸까. 나는 열흘이 넘도록 주저하고 있었다. 내게 오르세는 그랬다. 이 여행을 준비하면서 수백 번도 더 들여다봤던 그림들. 책 속의 인쇄물 또는 인터넷에서 접한 작품들은 조금씩 색감이 달랐고 크기도 제멋대로였다. 밀가루 한 포대 뒤집어쓴 듯 뿌연 게 있는가 하면, 먹을 뿌려 놓은 듯 거무칙칙한 것도 있었다. 같은 작품 속 하늘의 색깔은 파란색에서 누런색까지 잔인하도록 다양했다. 내가 감상할 수 있는 가장 시원한 크기는 A4 용지의 절반을 넘지 않았다. 물론 21년 전에도, 그리고 어느 출장길 오후에도 허겁지겁 오르세 문턱을 넘었겠지만 그때는 감상의 자세도 시간의 여

20세기 초에 오르세 기차역으로 시작해 수많은 변모를 거듭한 후 1986년에 문을 연 오르세 박물관.
연간 관람객이 300만 명을 넘어설 만큼 파리의 대표적 명소다.

유도 호기심이나 기본 상식마저도 갖춰져 있지 않았다.

 20세기의 서막과 함께 센 강변에 세워진 아름다운 건축물 오르세 기차역Gare d'Orsay은 프랑스 남서부 노선의 종착역으로 전성기를 누렸다. 그러나 세상은 빠르게 변해 갔고 한때 화려한 팡파르를 울렸던 이 건물에도 싸늘한 바람이 불기 시작했으니, 1940년경에는 본연의 업무를 상실한 채 전쟁포로들을 위한 우체국으로, 또 〈카프카의 심판〉 등 몇몇 영화의 촬영장소로 활용되었다. 1970년대 들어서는 몸뚱이만 크고 할 일은 없는 애물단지로 전락해 버렸다.

 보다 못한 프랑스 정부가 두 팔을 걷어붙였다. 진행은 급속도로 이루어졌다. 우선 역사 기념물로 지정해 놓은 후, 기차역 특유의 구조를 현대적으로 재설계하고, 루브르를 비롯한 여러 미술관의 소장품 일부를 이관시키고, 1848년부터 1914년 사이의 컬렉션(특히 인상파 회화작품)으로 독자적인 성격을 굳히고, 초창기 사진작품들을 '고급예술'로 승화시키고, 비인기종목인 19세기의 조각들을 창고에서 끌어내 화려한 조명 아래 세운 오르세 박물관. 1986년 12월 9일 드디어 세상에 당당한 출사표를 던졌다. 동시에 파리 국립박물관에서 문전박대를

당하면서 세계 각지에 흩어졌던 인상파 걸작들도 속속 고향으로 향했다. 이제 오르세 박물관은 '세계에서 가장 방대한 규모의 인상파 컬렉션'이라는 독보적 타이틀을 등에 업게 되었다. 그리고 이 과정에서 상징적 역할을 한 사람이 있었으니, 이미 고인이 된 카유보트였다.

 30세가 되기 전에 부모를 여의면서 막대한 유산을 거머쥔 카유보트는 마네와 모네 등 인상파 화가들의 작품을 사들이기 시작했다. 그러나 1894년(그의 나이 46세일 때) 카유보트는 자신이 가장 두려워했던 '너무 이른 죽음'과 맞닥뜨렸고, 그는 미리 작성한 유언장대로 동료들의 그림 68점을 프랑스 정부에 기증하기로 결정했다. 단 몇 가지 단호한 조건을 내걸었다. 이 작품들은 영원히 보존되어야 하며, 지방의 후미진 미술관이나 창고에 처박혀서도 안 되고, 뤽상부르 박물관Musée du Luxembourg에 전시된 후 루브르로 이전되어야 한다는 것이었다(당시 뤽상부르 박물관에는 생존 화가들의 작품이 소장되었으며, 사후 10년 시점에서 엄격한 심사를 거쳐 루브르로의 이관이 결정되었다). 그러나 이 시절, 인상파는 보수적인 예술학회가 주도권을 잡은 파리 미술계에서 여전히 '저주받은 탕아'였다. 카유보트가 죽은 후에도 여러 해에 걸쳐 신랄한 토론과 심사가 거듭됐지만 겨우 38점만이 받아들여졌다. 이 주옥같은 작품들은 후에 뤽상부르를 거쳐 루브르에서 또 오르세 박물관으로 옮겨졌으며, 현재는 전 세계인의 마음을 흔드는 '축복받은 총아'가 되었다.

 우리는 초기 인상파 작품들부터 감상하기 위해 5층으로 향했다. 드디어 세상에서 하나뿐인 오리지널 그림들을 만나게 되었다. 머릿속에서 화가들의 이름이 붕붕 떠다녔다. 제목들도 뒤죽박죽 섞였다. 마네·모네·드가·피사로·르누아르·세잔·카유보트…, 올랭피아·뱃놀이·발레·카드놀이·루앙 성당·

Paris, France

압생트…. 나는 전시장 앞에 도착해서야 이 중얼거림을 멈출 수 있었다. 꽉 들어찬 사람들 사이로 벽면에 걸린 그림들이 희끗희끗 보이기 시작한다. 가장 먼저 1863년 미술 스캔들의 주인공이자 충격의 낙선작으로 불리는 그 작품, 마네의 〈풀밭 위의 점심식사〉가 첫 길목에서 나를 기다리고 있다. 오르세 박물관의 세 개 층에 걸쳐 있는 인상파 그림 여행, 이제부터 시작이다.

마네 〈풀밭 위의 점심식사(1863)〉 여신도 요정도 아닌 보통 여자들이 공공장소에 나체로 등장했다. 부르주아 신사들이 그녀들과 소풍을 나왔다. 깊이와 원근법이 무시되고 명암의 은은한 흐름도 사라졌다. 전통적 주제에서 자유로워지고 회화적 가치가 강조되었다. 마네의 용감한 선택, 현대미술의 서장을 열었다.

모네 〈풀밭 위의 점심식사(1866)〉 마네의 동명 작품에 대한 존경과 도전을 담았다. 강렬한 명암 대비와 빛의 효과를 강조했다. 그러나 이 작품의 행로는 험난했다. 살롱전 출품을 앞두고 집세가 밀린 모네는 가로 6, 세로 4미터짜리 대작을 집주인에게 넘겨줬고, 18년 후 돈을 마련한 모네가 되찾으러 갔을 때 그림은 지하실에 처박힌 채 곰팡이가 슬어 있었다. 모네는 그림을 여러 번 잘라 낸 후 세 조각만을 보관했으며, 그중 하나는 행방불명되었다. 스케치 과정에 없던 인물이 완성작에 들어간 것으로도 유명하다. 왼쪽에 앉은 수염 난 남자, 당시 아방가르드 회화의 선봉장이었던 귀스타브 쿠르베Gustave Courbet'를 쏙 빼닮았다.

1865년 살롱전에 출품돼 평론가들로부터 '노란 똥배를 가진 오달리스크신고 전주의 화가 앵그르의 작품에 등장하는 여인, 터키 황실의 여자 노예를 일컫는다'라는 조롱을 들은 마네의 〈올랭피아〉. 누드로 누워 있는 여인은 우아한 미소의 비너스가 아니라 무미건조한

모네, 〈풀밭 위의 점심식사〉

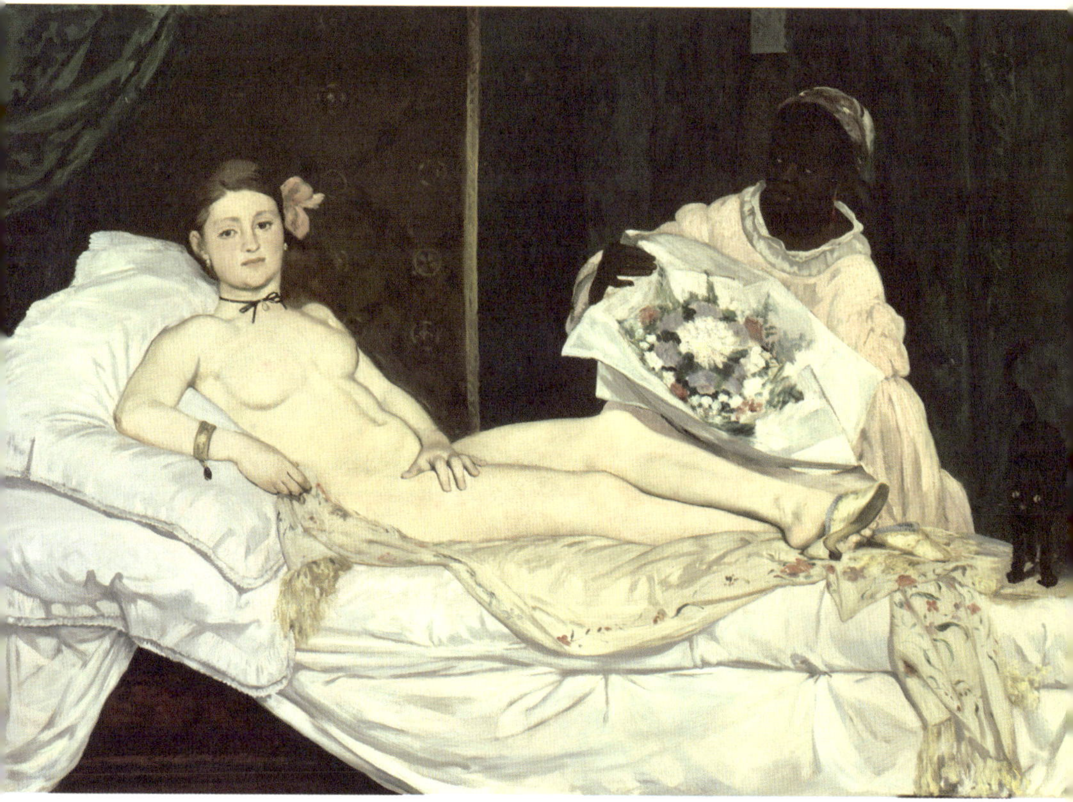

마네, 〈올랭피아〉

Paris, France

표정의 매춘부다. 충격적인 인물묘사와 파리의 얼룩진 뒷모습을 적나라하게 드러냈다는 이유로 대중과 평론가들로부터 철저히 외면당했던 이 작품은 프랑스 국립박물관에 전시되는 것조차 금지되었다. 마네가 죽은 지 7년 후, 모네는 후원자들과 모금운동을 벌여 〈올랭피아〉를 사들인 뒤 프랑스 정부에 헌납했다. 이때 교육부장관에게 보낸 모네의 강력하고 끈질긴 청원서에는 이런 내용이 담겨 있었다. "프랑스 예술에 절대적 공헌을 한 애국자 마네의 역사적인 작품은 반드시 루브르에서 책임져야 합니다." 이후 오르세 박물관으로 이전된 〈올랭피아〉는 박물관 1층 최고의 상석에 고이 모셔져 있다.

모네는 풍경화다. 자연은 평생 그를 감동시킨 마르지 않는 샘물이다. 진홍과 초록으로 물든 〈양귀비 들판〉은 풍요와 활기가 넘친다. 그 속을 거니는 아내 카미유와 어린 아들의 모습은 30대의 모네가 누렸을 어느 날의 평화다. 〈아르장퇴유의 연못〉에는 돛단배들이 잔잔하게 떠간다. 풀밭 산책로에는 무성한 나무줄기가 긴 그림자를 드리운다. 센 강변의 여가 풍경이다. 50대의 모네가 본 지베르니의 들녘은 소박하고 정적이다. 태양 빛을 받아 오묘하게 변해 가는 〈건초더미〉 연작. 젊은 칸딘스키Wassily Kandinsky를 추상화에 눈뜨게 한 그 작품이다.

앙리 팡탱라투르 Henri Fantin-Latour **〈바티뇰의 아틀리에(1870)〉** 젊고 혁신적인 예술집단의 우두머리 마네가 이젤 앞에 앉았다. 모네와 르누아르, 에밀 졸라와 바지유 등이 경의의 마음을 담아 그를 에워쌌다. 화가보다 출연진의 면면으로 더 알려진 작품. 늘 가혹한 비평에 시달리던 마네가 여기서만큼은 천군만마를 얻은 듯 당당하다.
바지유 〈바지유의 아틀리에(1870)〉 바지유가 자신의 작업실을 배경으로 마네를 포함한 지인들을 그렸다. 그러나 팔레트를 든 키 크고 호리호리한 바지유의 모습은

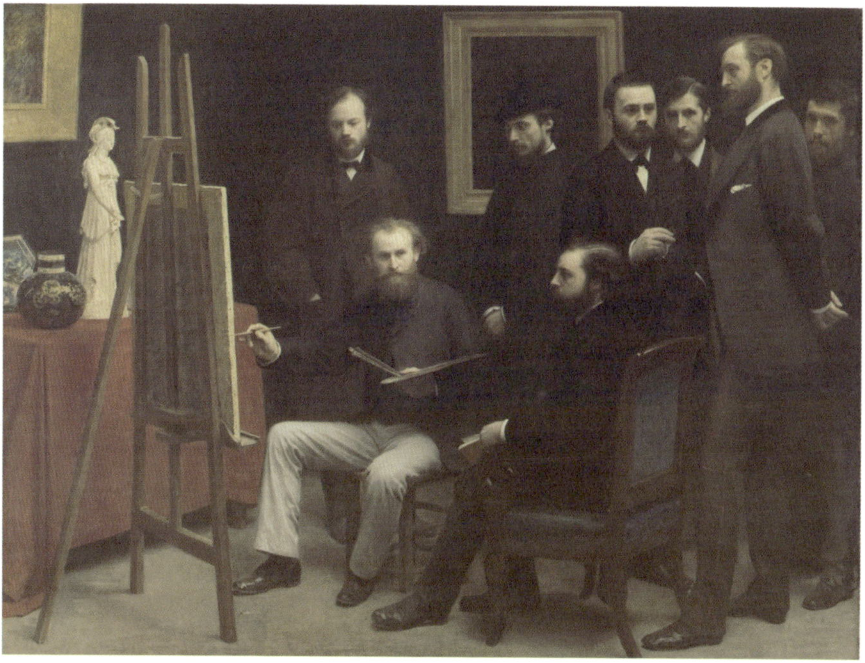

팡탱라투르, 〈바티뇰의 아틀리에〉

바지유, 〈바지유의 아틀리에〉

Paris, France

후배의 간청을 들어준 마네의 솜씨다. 벽에는 친구들인 모네와 르누아르의 그림이 걸려 있다. 29세의 바지유는 이 그림을 완성한 지 몇 달 후 보불전쟁에서 사망했다.

바지유, 모네, 르누아르의 우정이 작품 속에서도 드러난다. 퐁텐블로 숲에서 다리 부상을 당한 모네를 호텔 방 침대에 눕히고 응급처치를 해준 바지유. 이 광경을 〈임시 야전병원〉에 담았다. 바지유와 르누아르는 비스콘티 길에 있는 화실에서 서로의 초상화를 교환했다. 젊은 그들의 풋풋했던 시절이다.

드가 〈발레 수업(1871-1874)〉 발레의 거장 쥘 페로Jules Perrot가 학생들 앞에서 긴 지팡이를 꼿꼿이 세우고 있다. 발레 연습생들은 자연스런 동작을 취하며 스승의 말을 경청한다. 시선이 위에서 바닥 쪽으로 향한다. 드가가 즐기던 구도다. 무대 위가 아닌 무대 밖의 현실을 보여 준다. 드가가 좋아하는 소재다. 모델들의 표정, 그들의 눈빛과 몸놀림이 이야기를 담아낸다. 드가만이 할 수 있는 영화적 시각이다.

르누아르 〈도시의 무도회(1883)〉와 〈시골의 무도회(1883)〉 이탈리아 여행을 마치고 돌아온 40대의 르누아르가 다시 고전 화법에 빠져들 무렵 탄생된 작품이다. 두 쌍의 남녀가 춤을 추고 있는 두 작품은 크기와 구도가 쌍둥이처럼 닮았다. 은빛의 세련된 드레스를 입은 쉬잔 발라동이 우아한 도시 편을, 풍성한 드레스의 알린 샤리고가 잔치 분위기의 시골 편을 맡았다.

카유보트 〈눈 덮인 지붕(1878)〉 색다른 원근법과 현대적 감각, 도시에 뿌려지는 빛의 효과. 카유보트를 열광시켰던 아이콘들이 이번에는 서정적인 풍경화를 위해 뭉쳤다. 아파트 발코니에서 내려다본 눈 덮인 회색 지붕과 담갈색 굴뚝들. 그 위를 덮고 있는 무거운 하늘. 모노톤의 쓸쓸함이 오히려 낭만적이다. 형태와 윤곽선은 불확

실하지만 디테일이 살아 있다. 한 장의 운치 있는 흑백사진과도 같다.

드가의 〈압생트〉 속에서 두 남녀는 무슨 생각을 하고 있을까. 눈빛은 무심하고 카페는 적적하다. 파리 한복판에서 느껴지는 공허와 슬픔이다. 르누아르의 〈물랭 드 라 갈레트의 무도회〉에서는 남녀가 뒤섞여 파티를 벌인다. 파리의 생기와 여유다. 새로 건설되는 아파트 바닥에서 열심히 대패질을 하는 일꾼들. 카유보트의 〈마루 깎는 사람들〉은 불편할 만큼 사실적인 파리의 고단함이다.

세잔 〈카드놀이 하는 사람들(1894-1895)〉 세잔의 빛나는 후반기를 열어 준 전주곡과도 같은 작품. 총 다섯 점의 연작 중 마지막에 제작된 것이다. 나머지 작품들 중 하나는 중동의 카타르 왕족에게 약 2억 5천만 달러약 2,800억 원에 팔려 '세계에서 가장 비싼 그림'이라는 영예의 왕관을 차지했다. 누런 탁자를 마주한 채 카드에 열중하는 두 남자. 안정돼 보이지만 긴장이 맴돈다. 구도는 단순하고 색감은 간결하나 멀리서도 눈에 띌 만큼 선이 굵직하다. 크기는 달랑 가로 57, 세로 47.5센티미터에 불과할 뿐.

세잔 〈사과와 오렌지(1899)〉 뉴턴의 사과만큼 유명한 세잔의 사과들이 각기 다른 시점으로 그려졌다. 피카소가 가장 존경했던 화가, 20세기 모더니즘의 선구자, 다중 시점의 개척자. 이 모든 타이틀 뒤에는 그가 평생 매달려 온 일련의 정물화들이 있다.

반 고흐 〈오베르쉬르우아즈의 교회(1890)〉 반 고흐의 마지막 거처 오베르 마을. 작은 교회 하나가 그의 혼란스런 마음으로 들어왔다. 두 갈래 길에 진흙이 흘러내리듯 격렬한 붓질이 보인다. 땅과 건물이 출렁이고 하늘에는 먹구름이 소용돌이친다. 형태는 단순하고 빛의 인상도 묻혔다. 주관과 본능만으로 채색된 신비로운 그림 한 점. 인상파 후기에 파리에 도착한 반 고흐는 오베르에서 야수파의 시작을 열고 떠났다.

고갱 〈브르타뉴의 풍경(1894)〉 빛은 흐르지 않는다. 변해 가는 인상도 중요하지 않다. 그림 속의 모든 사물들은 영속적인 자세로 멈춰 있다. 에메랄드 빛을 띤 초록색 목초지와 오렌지 빛 언덕. 담백하게 채색된 농가와 들판. 뒤늦게 시작한 화가의 삶이 버거울 때면 브르타뉴에 머물며 시골 정취에 빠졌던 고갱. 동화 같은 이미지 속에 자신의 생각을 담았다. 바로 에덴의 동산, 그 속에 깃든 원시적 매력이다.

나는 화가들의 초상화 앞에서 유난히 긴 시간을 보냈다. 〈바티뇰의 아틀리에〉는 내 코끝을 찡하게 했다. 화가들의 작품보다 그들이 등장한 그림이 나를 더 뭉클하게 했다. 혹평에 상처 받고 절망과 맞서며 얻어 낸 그들만의 세상은 담담한 표정과 몸짓에서 더 간절했다. 모네가 그린 노르망디의 바다와 절벽은 이제 곧 떠나게 될 나의 다음 여정에 대한 기대를 높여 주었다. 피사로의 시골 풍경화는 그의 인자한 모습처럼 푸근했고, 드가의 조각은 섬세했으며, 쇠라와 시냐크가 구현한 '작은 점들의 예술'은 여전히 신선했다. 센 강, 몽마르트르, 오페라, 퐁네프, 기차역…. 파리의 거리 한편에서 상상만 하던 그림의 원작들이 나와 1미터 간격 안에 들어왔다. 미술책 안에서 '획기적인, 기념비적인'이란 수식어를 달았던 걸작들이 민낯의 캔버스로 다가왔다. 나는 건물 전체를 메운 전시장 안에서 내가 살아 보지 못한 시대, 내가 가져 보지 못한 열정을 경험하고 있다.

박물관 밖으로 나오자 어느새 비가 그쳤다. 강둑에 앉은 사람들 뒤로 센 강이 흐른다. 늦은 오후로 접어들고 있지만 나는 아직 이 언저리를 떠날 생각이 없다. 튈르리 정원이 저 너머에 있을 것이다. 그 끝에 있는 또 하나의 박물관이 여태 뜸을 들여온 내 마음을 잡아당긴다. 아무래도 오늘은 모네의 〈수련〉을 제대로 보고 가야 할 것 같다.

세잔, 〈카드놀이 하는 사람들〉

반 고흐, 〈오베르쉬르우아즈의 교회〉

Paris, France

빛의 화가 모네는 지나친 빛 때문에 점점 시력을 잃어 갔다. 시시각각 빛의 흐름을 따라가기 위해 온종일 야외에서 이젤을 펼치고 작업했던 그는 자신의 눈을 백내장이라는 몹쓸 병에 내주고 말았다. 눈이 멀어 가는 화가. 모네의 말년에 씌워진 이 굴레는 아이러니하게도 그의 작품을 기기묘묘한 색으로 뒤덮이게 했다.

지베르니에 정착한 모네는 50세를 넘기면서 물 위의 정원인 연못 가꾸기에 몰두했다. 일본풍의 아치형 다리를 만들고 물에는 수련을 심었다. 채광이 잘 되는 새 스튜디오를 짓고 자연의 빛이 쏟아지는 연못을 관찰했다. 시간이 흘러 눈의 초점이 흔들리고 시야가 뿌옇게 흐려져도 그는 '빛의 데생'을 멈출 수가 없었다. 각기 다른 시간에 다른 시각으로 바라보며 그린 〈수련〉 연작은 1897년부터 모네가 86세로 세상을 뜨기 직전인 1926년까지 계속되었다. 형태와 색감과 빛은 오직 모네 자신에서 시작되고 끝났다. 이렇게 제작된 〈수련〉 연작은 총 250여 점에 달했다. 그중에서도 가장 특별한 작품이 바로 오랑주리 박물관의 두 개의 방을 장식한 여덟 점의 대형 패널화다. 제1차 세계대전이 끝난 직후, 전사자들을 추모하고자 프랑스 정부에 기증하기로 결정한 후 모네가 혼신을 다해 매달린 생애 마지막 작품이다.

나는 타원형 방 한가운데에 놓인 의자에 앉았다. 이 공간에서는 이런 자세가 정답인 것 같다. 전시장에 반드시 자연채광이 들어오도록 요구했다는 모네, 그가 원했던 것도 한 발짝 뒤에서의 감상이 아니었을까. 높은 천장에 뚫린 투명한 창문에서 햇빛이 내려온다. 하얀 방이 무념의 경계를 넘는다. 벽면에 걸린 긴 패널들만이 자신의 목소리를 낸다.

첫 번째 방은 나무와 물이 만들어 내는 리듬이다. 두 그루의 버드나무, 버드나무가 드리워진 맑은 아침, 버드나무 가지가 흔들리는 아침, 물에 비친 나무들의 그림자. 모네는 쇠약해진 몸을 이끌고 매분매초, 바람이 불 때나 잠잠할 때나 연못가에 앉아 흐릿한 눈으로 버드나무의 세밀한 움직임을 관찰했을 것이다. 두 번째 방에서는 하루가 시작되고 끝난다. 초록빛 반사, 아침, 구름, 해질녘. 물과 하늘과 땅이 하나로 합쳐진다. 모네의 우주다.

"고여 있는 물의 잔잔함을 응시하다 보면 긴장된 신경들이 풀어질 겁니다. 이 방은 꽃이 만발한 수족관 한가운데에서의 평온한 사색을 선사할 것이라오." 전쟁 후 피폐해진 파리지앵들에게 평화의 안식처를 제공하고 싶었던 모네는 그의 말대로 오랑주리를 찾아올 관람객들에게 거창한 감상평을 바란 게 아니었다. 그저 편히 쉬었다 가라고. 잠시 현실의 짐을 내려놓고 꿈을 꾸듯 명상에 잠겨 보라고.

눈을 감기 직전까지는 이 그림들이 지베르니의 집, 자신의 품을 떠나지 못하게 해달라는 요청 때문에 1927년 5월에서야 오랑주리로 영구 안착할 수 있었던 마지막 수련들. 모네 자신은 정작 전시장에 앉아 이 아름다운 광경을 보지 못하고 떠났다. 그러나 인생의 황혼기로 접어들었던 그는 작업하던 내내 이미 묵상의 경지를 수도 없이 넘나들었을 것이다. 우리는 두 개의 방에 각자 혹은 함께 앉아 시간을 보낸 후 박물관이 문을 닫을 즈음에서야 일어났다. 중년의 나이를 넘긴 탓일까. 누군가의 초연한 마음을 읽게 되면 자꾸만 눈물이 난다.

Paris, France

18

생제르맹의 아파트에서 보내는 마지막 날 아침, 나는 이 근처에서 못다 한 일들의 목록을 작성해 봤다. 지척에 두고도 가보지 못한 곳들이 계속 머릿속을 맴돌았다. 이름만 들어도 설레는 인물들이 '인상파'가 아니라는 이유로 (나로부터) 외면당하게 할 수는 없었다. 지도를 펴고 아파트를 기점으로 남쪽의 몽파르나스까지 비스듬한 타원형으로 노선을 그렸다. 내가 메모를 하고 있는 사이 T는 노트북으로 파리 관광 웹사이트들을 뒤적이더니 이렇게 물었다.

"그런데 왜 셰익스피어 서점을 못 찾았지? 생미셸까지 가놓고서."

한 귀로는 그의 말을 들으며 한 손으로는 굵직하게 번호를 달아 첫 번째 동선을 확정지었다.

"그러니까, 오늘 그곳부터 시작하려고." 나는 자신 있게 대답을 한 후 우리가 머물고 있는 리브 고슈 La Rive Gauche, 센 강의 왼쪽 기슭 지역에서 대여섯 군데를 뽑았

다. 외출 채비를 끝내고 밖으로 나와 일단 동쪽으로 향했다. 영화 〈비포 선셋〉에서 에단 호크가 독자 간담회를 하던 그 오붓하고 고전적인 서점은 생미셸 지하철역에서 불과 100여 미터 떨어져 있었다.

오래된 책들의 냄새가 풍긴다. 오래된 사진과 메모들이 추억을 만든다. 오래된 책꽂이들이 다닥다닥 들어차 있다. 바닥에서 천장까지, 문학과 영화와 사진과 음악에 대해서, 역사와 여행을 얘기하고 삶을 다루며, 그렇게 영어로 쓰인 책들이 한가득 모여 나지막한 목소리를 낸다. 서점의 직원은 친절하고 서점의 공간은 너무 작고 그래서 서점을 찾은 이들은 살금살금 다닌다. 지나갈 때마다 서로의 어깨가 부딪치지만 개의치 않는다. 편하게 기대거나 혹은 주저앉아 책을 들척이는 건 더욱 어렵다. 그러나 이 공간에서는 불편함이 더 어울린다.

> "셰익스피어 앤 컴퍼니Shakespeare and Company는 꼬불꼬불하고, 비틀려 있고, 등산을 하듯 기어오르는 책들의 미로다. 이곳은 문학의 공동체이고 작가들의 은신처이며 애서가들의 안식처다. 창립자인 나의 아버지가 말했듯 세 단어(셰익스피어, 앤, 컴퍼니)로 된 장편소설이다."
>
> 실비아 휘트먼 창립자의 딸, 서점의 현재 운영자, 『셰익스피어 앤 컴퍼니의 역사Shakespeare and Company: a Brief History of a Parisian Bookstore』 중에서, 2012년.

미국에서 태어나고 자란 조지 휘트먼George Whitman은 제2차 세계대전이 끝난 직후 파리로 여행을 왔다. 이미 40달러를 들고 중앙아메리카까지 횡단했던 그는 모험심 강한 청년이었다. 파리의 매력에 빠진 그는 1951년 센 강변에 있는

17세기 건물에 '르미스트랄Le Mistral'이라는 이름의 서점을 냈다. 누구든 올 수 있고 머물 수 있는 곳. 휘트먼의 희망대로 이곳은 젊은 작가들의 온상이 되었다. 이들은 서점 뒤편의 골방에 모여 두런두런 문학 이야기를 나누고 선반과 책꽂이에 둘러싸인 간이침대에서 밤을 보내기도 했다. 휘트먼은 이들을 '가능성의 바람에 이리저리 표류하는 굴러가는 엉겅퀴' 같다고 여겨 '텀블위드Tumbleweeds'라 부르고는 자투리 공간까지 무료로 내주었다.

1964년 휘트먼은 파리에서 먼저 영어권 문학 서점 '셰익스피어 앤 컴퍼니'를 설립했던 미국인 실비아 비치Sylvia Beach가 세상을 떠나자 그녀에 대한 존경을 담아 서점의 이름을 변경했다. 앙드레 지드와 헤밍웨이가 드나들고 제임스 조이스의 『율리시즈』를 출간했던 오데옹 거리의 유서 깊은 서점은 다른 장소에서 다른 문학 애호가에 의해 맥을 잇게 된 것이다. 휘트먼은 노년에 얻은 외동딸의 이름도 실비아로 지었다. 아침이면 어린 딸아이에게 책을 읽어 주며 하루를 열었던 그는 2011년 서점 위층의 아파트에서 98세로 세상을 떠났다. 지난 60년 간 '젊거나 젊은 심장을 지닌' 2만여 명의 작가들이 묵어 간 은신처Shelter를 그대로 남겨 둔 채.

나는 딱히 살 책도 없으면서 미로 속을 헤매고 다녔다. 등을 굽히고 발꿈치를 올려 가며 책의 제목들을 훑어보고 표지를 넘겼다. 이 안에서 조금이라도 더 머물고 싶어서였다. 주위를 살펴보니 적극적으로 책을 구입하기보다 나처럼 책을 구경하는 사람들이 더 많은 것 같다. 그렇다고 해서 눈치를 주는 직원 하나 없다. 휘트먼의 서가 벽면에는 이런 글귀가 적혀 있었다고 한다. "낯선 이들을 절대 홀대하지 마라. 그들은 몰래 변장한 천사들일 수 있다."

서점을 나온 우리는 지하철을 타고 남쪽으로 이동했다. 10여 분 후 라스파이Raspail 역에 내렸을 때는 목적지를 찾기 위해 굳이 두리번거릴 필요가 없었다. 성곽처럼 생긴 긴 담벼락이 길 건너편에서 바로 눈에 띄었다. 그것은 산 자와 죽은 자의 세상을 가르는, 약 19만 제곱미터약 5만 7천 평에 달하는 몽파르나스 공동묘지 Cimetière du Montparnasse의 견고한 울타리였다.

입구에 들어서서 안내판부터 확인했다. 친절하게도 너무 많은 유명인들의 무덤 위치를 표시해 놓고 있었다. 이 널찍한 땅에는 총 30개의 구획이 있고 각각의 영역 안에 수십 수백 개의 무덤이 산재해 있으니, 예상 위치에서 일일이 확

인하는 수밖에 없겠다. 나는 오로지 내 관심의 기준에서 뽑아 놓은 고인들의 명단을 놓고 구획 번호를 메모했다. 첫 대상은 정문 가까이에서 순조롭게 찾았다.

20세기 중반 철학자와 페미니즘 작가의 계약 결혼으로 세상을 놀라게 했던 사르트르Jean Paul Sartre와 보부아르Simone de Beauvoir가 이승에서의 까다로운 계약 조건들을 다 버리고 사이좋게 묻혀 있다. 이들의 무덤에서 몇 미터 떨어진 곳에는 소설『연인』의 작가 뒤라스Marguerite Donnadieu가 잠들어 있다. 허름한 무덤 앞에서 나는 오래전에 읽은 책 한 권을 떠올렸다. 27세의 노르망디 청년이 뒤라스 여사에게 답신도 없는 편지를 보내면서 시작된 운명적 사랑 이야기. 얀 앙드레아Yann Andréa는 38년 연상인 뒤라스의 임종을 지켜봤고, 이후 서로의 편지와 이야기를 담은 책『나의 연인 뒤라스』를 펴냈다. 그러나 지금은 묘석에 빛바랜 이름 하나만이 새겨져 있을 뿐이다. 서쪽 끝에서는 부부의 다정한 사진이 놓인 행복한 무덤이 기다리고 있었다. 다다이즘과 초현실주의의 대표주자 만 레이Man Ray가 아내와 합장돼 있다. 미국에서 태어나 파리에서 활동하고 생을 마친 그는 자신의 '아방가르드적' 삶을 꽃피웠던 이 도시를 영원히 떠나지 못하고 있었다.

우리는 이제 모파상을 찾기 위해 반대편인 동쪽으로 향했다. 그러나 뙤약볕이 뜨겁게 내리꽂히는 공동묘지 한가운데에서 뭉개지고 파이고 지워져 버린 글씨들을 수없이 확인했지만 결국 기 드 모파상의 이름은 눈에 들어오지 않았다. 과대망상증으로 정신병원에 수용돼 죽음을 맞았던 그가 마법이라도 부린 걸까. 26번 구획의 중앙부분. 우리는 홀리기라도 한 듯 몇 번이나 주변을 맴돌았으나 헛수고였다. 그러다 나는 어이없게도 이곳에서 가장 궁금했던 사람을 잊을 뻔했다. 다시 한참을 걸어 서쪽으로 되돌아온 나는 단숨에 보들레르를 찾았다. 평생 홀로 살다 간 그의 묘비에는 의붓아버지의 이름이 같이 새겨져 있었다. 두 사

시계 방향 보들레르의 가족묘, 만 레이 부부의 무덤, 사르트르와 보부아르의 무덤, 뒤라스의 무덤.

Paris, France

람의 성姓은 다르지만 이곳은 보들레르의 가족묘였다.

1865년 파리에는 보들레르를 숭배하는 젊은 문인들이 나타나기 시작했다. 오랫동안 고행의 길을 걸어온 시인은 이 기이한 현상이 당황스럽고 두렵기까지 했다. 그는 스스로를 저주 받은 인생의 종점에 와 있다고 생각했다. 아편과 알코올중독, 반신불수와 실어증, 가난과 절망에 시달리던 그에게 유일한 낙은 바그녀의 음악을 듣는 것이었다. 1867년 8월 31일, 정신은 살아 있지만 몸은 거의 마비되고 입은 벙어리가 된 보들레르는 이승에서 지내 온 마흔여섯 해의 고달픈 삶을 모두 내려놓았다.

"내 정신은 내 등뼈처럼,
휴식을 열렬히 기원한다.
마음은 서글픈 꿈 가득한 채.
나는 반듯이 드러누워
네 장막 속에서 뒹굴련다.
오, 원기를 되살려 주는 어둠이여!"

보들레르, 시집『악의 꽃』에 수록된「하루의 끝」중에서, 1861년.

숱한 사연을 품은 망자亡者들의 무덤 위로 햇살이 내리꽂힌다. 땅속의 칠흑 같은 어둠이 무색하도록 바깥세상은 너무나 창창하다. 공동묘지를 나와 큰길가로 나왔을 때는 살아 있는 이들의 하루가 펼쳐졌다. 장 콕도와 헤밍웨이가 드나들었던 르 셀렉트 카페Le Select는 바글거리는 손님들로 발 디딜 틈이 없다. 길 건너 뒤편의 노트르담데샹Notre-Dame-des-Champs 거리는 죽음의 손끝도 보이지 않던 시절의 모네와 르누아르와 바지유의 스무 살이 담겨 있다. 누군가 도착하고 누군가 떠나갔던 파리. 꿈을 꾸고 이루고 또 무너지게도 했던 곳. 무명無名은 천재가 되고 천재는 다음의 신인에게 자리를 내주었던, 문화의 시작이자 종착역. 피 끓는 청춘에게 등불이 되기도 혹은 매서운 칼을 들이대기도 했던 양면의 세상. 그리고 불나방처럼 날아들었던 예술가들의 주름진 흔적을 차곡차곡 간직한 빛의 도시. 나는 몽파르나스 대로에 서서 파리의 공기를 길게 들이마셨다. 오늘, 이들의 얘기는 끝나지 않았다. T와 나는 생제르맹으로 돌아가기 위해 북적이는 거리를 가로질러 지하철역으로 향했다.

1 마네 생가 5 Bonaparte
2 에콜 데 보자르 14 Bonaparte
3 오스카 와일드 호텔 13 Beaux-Arts
4 바지유 스튜디오 20 Visconti
5 조르주 상드 집 31 Seine
6 팔레트 카페 43 Seine
7 바그너 집 14 Jacob
8 들라크루아 박물관 6 Furstenber
9 생제르맹데프레 성당
10 마고 카페와 플로르 카페
11 피카소 집 7 Grands Augustins
12 세익스피어 앤 컴퍼니 37 Bûcherie
13 생쉴피스 교회
14 뤽상부르 정원

19

팔레트 카페Café La Palette 역시 과거의 명성을 오늘도 움켜잡고 있다. 대부분의 좌석에 빈틈이 없다. 그나마 남아 있는 자리는 햇빛을 온전히 받고 있어 보기만 해도 얼굴이 화끈거린다. 저 속에 비집고 들어가 땀을 뻘뻘 흘리며 어깨를 웅크리고 포크와 나이프를 휘두르고 싶지는 않다. 아무리 세잔과 피카소가 단골손님이었다고 해도 할 수 없다. 우리는 만사 제쳐놓고 식당부터 찾았다. 골목을 두 번 돌았을 뿐인데 한산한 카페가 곧 눈에 띄었다. 메뉴도 적당하고 웨이터도 서글서글하다. 물론 햇빛에 무대책으로 노출될 염려도 없다. 식탁들 사이도 최소 30센티미터는 된다. 서로 마주앉아 옆자리에 가방을 놓거나 팔꿈치를 넓게 벌릴 수도 있다. 샐러드와 수프와 샌드위치까지 섭렵하며 푸짐하게 식사를 끝낸 나는 다시 지도를 폈다. 19세기를 풍미했던 세 예술가가 각각 살았고, 머물렀고, 죽어 간 건물들은 모두 반경 300미터 안에 있다. 그중 첫 번째 인물은, 때때로 그녀의 작품보다 쇼팽과의 연애 사건으로 더 유명세를 떨치곤 했던 작가 조르주 상드George Sand다.

'조르주 상드1804-1876, 1831년에 이 집에 살다.' 센 길 31번지. 얼룩이 군데군데 스며든 건물 앞면에 이런 명판이 걸려 있다. 18세에 결혼해 두 아이를 낳고 살던 오로르 뒤팽Aurore Dupin, 상드의 본명이 불행했던 9년의 결혼생활을 청산하고 작가가 되기 위해 파리에 상경한 후 정착한 첫 아파트다. 이때부터 그녀는 '낭만적인 반항 기간'을 갖는다. 본격적으로 글쓰기에 몰입했고, 자유를 누렸으며, 연하의 문학청년 쥘 상도Jules Sandeau와 사귀면서 소설 『장미와 백색』을 함께 펴냈다. 이때 사용된 'J. 상드'라는 필명을 유지하면서 주부 오로르 뒤팽은 사라지고 작가 조르주 상드가 남게 되었다. 1년 후 경제적 여유가 생긴 그녀는 더 넓은 아파트로 이사를 했다.

이 앞을 지나는 행인 누구도 저 평범한 집을 눈여겨보는 사람이 없다. 명판을 유심히 살피지 않는 한 다른 건물들과의 차이점을 발견할 수가 없다. 눈여겨본들, 한 소설가가 달랑 1년을 살다 간 아파트가 무슨 큰 의미가 있겠는가. 그러나 집이란 게 가끔 생명체로 다가올 때가 있다. 누군가의 인생에서 중요한 길목이 된 곳이라면 더더욱 얘기가 달라진다. 남편과 아이들을 떠나(후에 정식 이혼을 하면서 아이들을 파리로 데려온다) 혈혈단신 파리에 도착한 상드는 저 아파트 창가에서 무슨 결심을 하며 밖을 내다봤을까. 상처는 무엇으로 보듬고 희망은 어떻게 쌓아 갔을까. 두렵고 외롭지만, 또 얼마나 설렜을까.

한편 1900년 11월 이 장소에서 불과 150미터 떨어진 보자르 길 13번지에서는 아일랜드 태생의 세계적인 극작가가 벼랑 끝 인생을 향해 급속도로 곤두박질치고 있었다. 옥스퍼드 대학에서 쌓은 탄탄한 기본기, 탐미주의를 주창한 시

왼쪽 보자르 길 13번지, 오스카 와일드가 말년에 살다 세상을 떠난 호텔.
오른쪽 센 길 31번지, 조르주 상드가 살았던 아파트.

와 희곡들, 날카로운 위트와 능란한 말솜씨, 훤칠한 생김새와 화려한 옷차림. 오스카 와일드 Oscar Wilde는 데뷔 때부터 주목을 받으며 유럽과 미국에서 이름을 날렸다. 문학의 전 분야를 망라하며 왕성한 활동을 했지만, 서른 후반에 핸섬한 옥스퍼드 대학생과 동성애를 시작하면서 삶 전체가 뒤죽박죽돼 버렸다. 남자친구의 부친으로부터 '심각한 풍기문란죄'로 기소당해 실형을 선고받은 그는 2년간 런던 교도소에 수감되었고, 출옥 후에는 친구들의 도움으로 파리에서 근근이 생활했다. 저 주소에 있던 알자스 호텔 Hotel d'Alsace, 현재 'L'hotel'로 바뀌었다로 옮겨 온 것은 1899년으로, 심각한 뇌막염에 시달리다 이듬해 세상을 떠났다. 그리고 잠깐의 회복 기간 중 병문안을 온 친구들에게 와일드는 이런 유명한 말을 남겼다. "(방 안의) 벽지와 내가 사생결판을 하고 있다. 우리 중 하나가 먼저 죽어야만 할 것이다."

Paris, France

생제르맹 거리는 오래전 예술가들의 풍취를 담아낸 듯 거리 곳곳에 화랑들이 즐비하게 들어서 있으며 다양한 미술 이벤트들도 수시로 열린다.

19-20세기를 풍미했던 화가와 작가들이 드나들던 카페들, 쇼윈도를 장식한 화구들, 독특한 색으로 치장된 상점 디자인과 벽화들이 생제르맹을 특별하게 만드는 주인공들이다.

두 블록 남쪽에 있는 자콥^{Jacob} 길 14번지는 1841년 10월 말부터 5개월간 독일에서 건너온 젊은 작곡가 바그너$^{Richard\ Wagner}$가 아내와 함께 살았던 곳이다. 빚에 쪼들려 해외 도주를 해야 했던 그들은 영국을 거쳐 파리까지 왔지만 돈 문제는 해결되지 않았다. 그러나 예술적 영감은 더 솟구쳤는지, 바그너는 이 집에 있는 동안 영국행 항로 중에 만났던 (죽을 만큼) 거센 폭풍우의 경험을 떠올려 오페라 〈방황하는 네덜란드인〉을 작곡했다. 이후 독일 드레스덴에서 그의 초기작 〈리엔치〉가 초연되면서 꿈에 그리던 고향 땅으로 돌아갈 수 있었다.

지금의 우리들이 '거장'이라고 부르는 예술가들이다. 그들의 천재성과 성공, 심지어 방황과 고뇌마저도 부러워하게 만든 자유로운 영혼들이다. 그러나 인간이기에, 또 특출한 꿈과 재주를 지녔기에 겪어야 했던 험한 날들도 분명 이들 삶 속에 있었다. 우리는 아파트로 돌아가기 전 마치 작별인사라도 하듯 굵직한 이웃집 한 곳을 거쳐 갔다. 데뷔 때부터 세상을 뒤흔들기 시작해 92년의 인생을 마감할 때까지 '20세기의 가장 위대한 예술가'란 타이틀을 고수했던 파블로 피카소. 그랑 오귀스탱$^{Grands\ Augustins}$ 길 7번지는 이미 독보적 위치에 올라선 한 중견화가의 전성기를 19년간 함께한 곳이다. 이 스튜디오에서 피카소는 스페인 내전 당시 나치의 폭격을 맞은 게르니카 마을의 참상을 그린 〈게르니카〉를 완성했다. 우리에게는 오늘 찾은 집들 중 가장 번듯한 과거를 지닌 곳이기도 하다.

숙소로 돌아온 우리는 내일의 이동을 위해 밀린 빨래를 하고 짐을 정리하고 휴식을 취한 뒤 남아 있는 음식들로 저녁식사를 끝냈다. 가방까지 대충 싸놓고 나니 밤 10시. 그러나 해가 뉘엿거릴 뿐 어둠은 오지 않았다. 잠도 오지 않는다. 나는 자료들을 들척이고 T는 인터넷을 했다. 그런데 와인 한 잔을 마시기 위해 부

오른쪽 그랑 오귀스탱 길 7번지, 피카소가 19년간 살았던 곳.
왼쪽 아래 자콥 길 14번지, 독일에서 온 리하르트 바그너가 잠시 머물던 거처.

엌에서 잔을 꺼내 오던 중 보들레르가 또 내 뒷덜미를 잡아당겼다. 마네의 생가를 찾아가던 날 무심코 '다음에'라고 미뤄 놓고는 까마득히 잊고 있던 그의 생가. 무덤까지 봤으면서도 왜 아직 보들레르에 집착하는 걸까.

우리는 결국 밖으로 나갔다. 오트푀유 Hautefeuille 길까지는 도보로 10분밖에 걸리지 않았다. 그러나 13번지는 지상에서 사라졌다. 길은 끊어지고 한 블록 전체가 공사장으로 변했다. 자료들에 의하면 건물은 헐렸다고 했지만 그래도 상상을 부추길 만한 분위기는 남아 있을 줄 알았다. T가 스마트폰의 GPS로 위치 추적을 해보더니 이렇게 말한다. "지금 우리가 밟고 있는 이 땅이야. 여기 깜빡이는 거 보이지?" 나는 바리케이드 너머에 있는 크레인과 흙더미들을 물끄러미

생제르맹과 센 강변의 밤 풍경. 늦게까지 불을 켠 서점이 보이고 강독에는 늦은 밤을 즐기는 사람들이 각자의 시간을 보내고 있다.

쳐다보다가 돌아섰다. 1821년 4월 9일, 이곳은 분명 보들레르가 태어나 아버지가 사망하기 전까지 '별 탈 없이' 6년간 살았던 곳이라 믿기로 했다.

드디어 햇빛이 긴 노역을 마치고 수면에 들어갔다. 밤 11시 이후에 거의 외출을 하지 않았던 우리는 검은 하늘이 너무 반가워 무작정 골목 속으로 들어갔다. 허옇던 건물들이 거무죽죽한 색을 뒤집어썼다. 심야극장은 썰렁하고 매표소 직원만이 꾸벅꾸벅 졸고 있다. 어디선가 숨 가쁜 소리가 들려온다. 한밤중 달리기에 나선 여자가 잽싸게 골목 밖으로 사라진다. 셔터가 내려진 상점 앞에는 막 잠자리에 든 노숙자가 몸을 웅크리고 누워 있다. 생미셸 광장이 가까워지자 자동차의 불빛이 거리를 흔든다. 한낮의 열기에 후끈했던 도로가 그늘로 덮이고, 햇빛에 푸석하던 나무 이파리들도 고마운 바람을 맞는다.

센 강이 내려다보이는 다리 난간에서는 양복차림의 남자가 샌드위치와 생수 한 통을 꺼내 늦은 식사를 한다. 저 아래 강둑은 오늘도 잠을 설친 연인들 차지다. 모퉁이 카페에서는 애잔한 음악이 흘러나오고 한 노인이 마지막 와인 잔을 비운다. 강물에는 가로등 불빛이 아른거리고 텅 빈 버스 정류장에는 광고판이 번쩍이고 영업이 끝난 상점에서는 쇼윈도가 광채를 낸다. 우리는 퐁네프까지 왔다. 난간에 기대어 강에서 불어오는 여름의 바람을 즐겼다. 달빛이 수면을 비추고 별들은 하늘을 밝힌다. 그늘진 어둠도 이들의 낭만을 몰아내지 못한다. 어느새 자정을 넘기고 있다. 그러나 우리는 여전히 강변을 떠나지 못하고 있다. 시간은 무심히 흘러가고 나는 곧 과거가 되어 버릴 현재에서 아쉬움에 허덕이고 있다. 아, 언제 다시 퐁네프에 올 수 있을까.

Paris, France

marchand de peintures et de pinceaux. Progressivement, un groupe de jeunes artistes se forme autour de lui : Bazille, Degas, Renoir, Fantin-Latour, Pissaro, Monet, Cézanne et bien d'autres. Ils se réunissent tous les vendredi soir, toujours à la même place : deux petites tables à gauche de l'entrée. Souvent des amis écrivains comme Zola ou Duranty participent à ces réunions

1 생라자르 기차역
2 유럽 광장
3 마네 스튜디오 4 Saint-Pétersbourg
4 더블린 광장
5 마네 집 39 Saint-Pétersbourg
6 클리시 광장
7 게르부아 카페 9 Avenue de Clichy
8 바지유 스튜디오 9 Condamine
9 에밀 졸라 집 14 Condamine
10 빌라 데자르 15 Hégésippe Moreau
11 몽마르트르 공동묘지 20 Rachel
12 모네 스튜디오 20 Vintimill
13 모네 스튜디오 17 Moncey

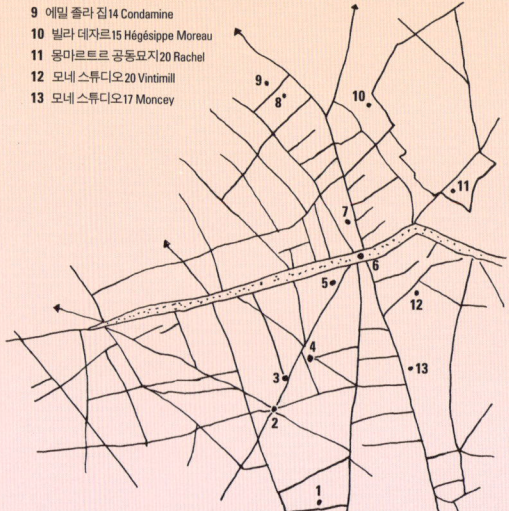

20

택시에 짐들을 싣고 생제르맹을 떠난 지 30분도 걸리지 않았다. 파리에서의 두 번째 숙소인 롱드르 에 뉴욕Londres et New York 호텔은 오스만 대로에서 북쪽으로 두어 블록 올라간 8구와 9구의 경계선에 있다. 도심 교통의 요지답게 땅 위에서는 자동차와 오토바이들이, 땅 밑에서는 지하철이 요란스럽게 꿈틀댄다. 사방에서 짐을 든 사람들이 튀어나온다. 울퉁불퉁한 돌바닥 위로 여행용 트렁크 끌리는 소리가 이어진다. 센 강변의 운치는 어젯밤으로 끝났다. 골목에 다닥다닥 붙어 있던 야외 카페들도 패스트푸드점으로 대체되었다. 택시에서 부지런히 짐을 꺼낸 우리는 지하철역 입구와 3미터 떨어져 있는 호텔로 들어섰다.

    탁자와 의자 두어 개가 놓인 1층 로비. 프런트데스크에 있는 남자가 짤막하게 체크인 수속을 끝낸다. 구식 엘리베이터에 가방들과 엎치락뒤치락하며 올라탄 후 3층에 내려 방문을 열고 들어섰다. 오래된 비즈니스호텔의 무덤덤한 객

실이 내 예상에서 전혀 빗나가지 않았다. 온라인 예약 시 내 마음을 쏠리게 한 결정적 요소까지 맞아떨어졌다. 두 발을 아슬아슬하게 디딜 정도로 앙증맞지만, 분명 발코니가 있다. 나는 창문을 활짝 열었다. 거리의 불규칙한 소음들이 한꺼번에 밀어닥쳤다. 발 아래로 수많은 인파가 총총걸음을 하고 있다. 그리고 이 거리의 특출한 주인공, 생라자르Saint-Lazare 기차역 정면이 바로 앞에 보인다. 인상파 화가들을 사로잡았던 '근대화의 상징', 그들을 파리 교외와 노르망디로 떠나게 했던 매혹적인 운송수단의 집결지. 우리는 기차역을 처음 본 것처럼 참을 수 없는 호기심을 안고 곧장 호텔 밖으로 나왔다.

플랫폼 천장을 덮은 대형 유리 캐노피가 반쯤 열려 있다. 가는 금속 뼈대가 기하학적인 선을 만들며 지붕을 아로새긴다. 그 아래로 긴 철로들이 뻗어 있다. 바닥과 천장을 잇는 검은 선들, 투명한 유리창으로 들어오는 하늘의 빛, 플랫폼 너머의 자연광이 절묘하게 합쳐진다. 1837년에 개장한 이후 연간 1억여 명의 승객들을 소화하는 서부 열차노선의 허브 생라자르 기차역은 규모보다 먼저 빼어난 건축미로 나를 압도했다.

내가 태어나면서부터 세상에 존재해 온 기차는 절대 불가사의한 대상이 아니다. 길쭉한 강철덩이가 쇠바퀴를 굴리며 철로 위를 질주하지만 그 엄청난 동력의 메커니즘을 신기하게 바라본 적은 없다. 너무나 당연한 기술이었다. 그러나 기차역은 익숙함의 기준과 무관했다. 그곳에는 이야기가 있다. 한곳을 중심으로 밀물과 썰물처럼 드나드는 여행자들의 표정은 삶의 일부다. 그래서 기차의 출발과 도착은 달릴 때보다 더 드라마틱하다. 19세기의 화가들에게는 한 가지가 더 보태졌을 것이다. 그림에 담고 싶을 만큼 '기차'는 분명 충격적인 신제품이었을 테니까. 그 시커먼 쇳덩어리 주변에 풍경화의 감성을 불어넣은 화가도 있다. 한동안 도시를 외면했던 37세의 모네다.

20대 초에 파리에서 화실을 다니며 파리지앵으로 살 뻔했던 모네는 자신의 뿌리를 대도시에 내리지 못했다. 그를 편안하게 해준 것은 메마른 건물이 아닌, 어릴 적부터 봐온 자연이었다. 노르망디와 파리 교외를 오가며 작업하던 그는 30세를 넘기면서 센 강변에 있는 아르장퇴유^{Argenteuil} 마을에 아내와 아들을 데리고 정착했다. 그런 그가 시골생활 7년 만에 파리로 눈을 돌렸다. 다양성에 대한 욕구도 있었지만 에밀 졸라가 권고한 '현대 생활의 화가'가 돼보는 것도 나쁘지 않았다. 그런 모네에게 생라자르 역은 친근하면서도 놀라운, 도시적이면서도 감각적인 대상이었다.

당시 이름 석 자만 대도 알 만큼 절대 유명하지 않았던 화가 모네는 어렵게

모네, 〈생라자르 역〉, 1877년, 미국 하버드대학 포그 미술관 소장.
근대적 삶을 상징하는 기차역에 관심을 갖게 된 모네는 생라자르 역 근처에 작업실을 마련하고 총 11점의 작품을 완성했다. 증기기관차가 뿜어내는 뿌연 연기와 수증기가 극적 효과를 자아내는 이 작품은 제3회 인상파전에 출품되었다. 주로 자연을 그렸던 모네가 파리 한복판에서 만들어 낸 근대산업 현장의 풍경은 그의 작품 목록에서 아주 특별한 위치를 차지한다.

Paris, France

기차역장의 허가를 받아 냈다. 영국 낭만파 미술의 대가 터너 William Turner가 그렸던 〈비, 증기, 속도〉의 기법을 연구하기도 했다. 한곳에 이젤을 세우고는 빛들의 역동성과 증기기관차가 뿜어내는 연기의 움직임을 주시했다. 같은 앵글 속에서 여러 색감들을 포착하기 위해 꾸준히, 그리고 면밀히 관찰했다. 그에게 기차역은 도시의 풍경화였다.

나는 모네가 서 있었을 법한 자리를 찾아 두리번거렸다. 1877년에 완성된 〈생라자르 역〉의 뿌연 배경은 기대할 수조차 없다. 증기기관차의 주원료인 석탄만이 뿜어낼 수 있는 탁한 연기는 물론이고 새벽녘의 안개도 지금은 불가능한 요소다. 그러나 한순간, 그림 속의 삼각형 유리덮개가 비슷한 구도로 다가왔을 때 나는 정지했다. 136년이 지났지만 플랫폼의 틀이 거의 그대로다. 천창에서 흘러들어오는 태양빛이 철로 위를 나긋이 감싼다. "기차가 저 멀리서 다가오면 금상첨화일 텐데." T가 그림과 비교하며 아쉬워한다. 그러나 밀려드는 사람들을 피해 가며 오랫동안 한자리에 서서 같은 장소의 다양한 상황을 경험할 만큼 우리는 지구력이 없었다. 안타깝지만 우리는 모네가 아니었다.

호텔로 돌아온 후에는 서울에서 올 손님을 기다리며 오후를 보냈다. 오늘은 나의 책 여행에 또 한 번 동참하게 될 친구 P와 그녀의 동료 교수 W 씨가 합류하는 날이다. 나는 침대에 비스듬히 누워 자료를 들척였다. T는 케이블들을 정리하느라 창가 쪽을 어슬렁거렸다. 그때 그의 몸 뒤로 햇빛이 어슴푸레 들어왔다. 창문 밖 건물들도 선명하게 보였다. 카유보트가 동생 르노를 그린 〈창가의 젊은 남자〉가 어설프게 연상되는 순간이었다. 몇 분 후 내 카메라에는 이런 장면이 담겼다. 검은 슈트에 깔끔한 헤어스타일을 한 20대 남자 대신 헐렁한 셔츠에 캡 모자를 쓴 맨발의 중년남자가 창밖을 바라보며 서 있는 뒷모습. 더 엉성

왼쪽 카유보트, 〈창가의 젊은 남자〉, 1875년, 개인 소장.
생라자르 역 서쪽 미로메닐 거리에 있는 자신의 집에서 동생 르노의 뒷모습을 그린 작품.

한 착각에 빠지기 전에 빨리 카유보트의 그림 배경을 찾아가는 게 낫겠다.

얼마 후, 먼저 도착한 W씨가 여장을 풀자마자 지친 기색도 없이 우리의 다음 행로에 동참했다. 오후 5시가 넘었는데도 햇빛은 제철 맞은 물고기처럼 펄펄 뛴다. 나는 생라자르 역에서 클리시 광장까지 에둘러 갔다 오는 왕복 3킬로미터의 도보 여정을 짰다. 거리는 짧지만 그 영역 안에는 인상파 화가들의 소중한 기록들이 담겨 있다. 보불전쟁 동안 드가와 함께 국민방위대 포병으로 자원입대해 조국을 위해 맹렬히 싸운 후 파리의 회복을 지켜보던 마네도 1872년 여름, 이 동네 주민이 되었다.

생라자르 역을 끼고 언덕길을 올라 롱드르Londre 길에서 왼편으로 꺾어지자 쇠창살 사이로 철로 지붕이 내려다보였다. 여인과 아이가 등장하는 마네의 그림 〈철도〉의 이미지가 순식간에 떠올랐다. 나는 돌난간에 대충 걸터앉았다. 나름 포즈를 취해 보지만 마네의 단골 뮤즈 빅토리앙이 되기에는 무리가 있겠다. 길 저편 광장에서는 급변하는 파리의 현대 생활을 포착한 카유보트의 시선으로 들어갔다. 노동자 계급의 남자가 물끄러미 철로를 내려다보고, 상류층 신사와 화려한 숙녀가 다리를 지나고, 누런 개가 저벅저벅 걸어가고, 육중한 철골 구조물이 우람차게 뻗어 있다. 유럽 다리Le Pont de l'Europe에서 완성된 그림 〈유럽 다리〉의 장면이다. 그림에서는 상반된 두 계층이 도시의 상징물에서 일상을 보내고 있다면, 지금의 나는 계층조차 구분이 안 되는 행인들 속에서 그때보다 훨씬 왜소해진 철창 옆을 걷고 있다.

생페테르스부르그Saint-Pétersbourg 길 4번지는 40대의 마네가 스튜디오로 사용하던 곳이다. 채광이 좋은 큰 창문, 유럽 다리가 훤히 보이는 환상적인 전망, 넓고 쾌적한 공간. 마네는 이곳에서 모리조를 비롯한 많은 여성들의 초상화를 완성했다. 속옷 차림의 젊은 매춘부와 나이 지긋한 신사가 등장하는 1877년 작 〈나나Nana, 같은 해에 출간된 에밀 졸라의 소설 『목로주점』의 여주인공에게서 영감을 받았다. 3년 후 졸라는 동명 소설 『나나』를 펴낸다〉도 이 중 하나였다. 이 파격적인 그림은 살롱전에서 당연히 낙선했다.

더블린Dublin 광장에서는 '19세기의 도시 생활을 보여 주는 위대한 작품'이라 불리는 카유보트의 〈파리 거리, 비 오는 날〉의 배경 속으로 들어갔다. 비록 우산보다 양산이 필요한 날이지만, 그래서 빗물이 고인 돌바닥에 건조한 아스팔트길이 들어서고 물안개는 쾌청한 하늘로, 마차바퀴는 자동차바퀴로, 수염 난 신사는 힙합바지의 젊은이로, 광장의 낙낙함은 분주한 행인들로 바뀌었지만

오른쪽 위 생페테르스부르그 길 39번지, 마네가 숨을 거둔 마지막 거처.
오른쪽 아래 생페테르스부르그 길 4번지, 마네의 마지막 스튜디오가 있던 건물.

나는 충분히 감동받았다. 거대한 군함 앞머리를 닮은 세 개의 기묘한 건물들이 다행히 그대로 버티고 있었기 때문이다. 목숨 걸고 차도로 뛰어들기 전에는 카유보트가 바라봤을 절묘한 각도를 경험할 수 없다는 게 아쉬울 뿐이었다.

생페테르스부르그 길 39번지. 이제 마네의 마지막 집까지 왔다. 발병증세를 보이던 1878년부터 숨을 거둘 때까지 5년간 살았던 곳이다. 그는 파리의 변화를 체감할 수 있는 이 동네가 마음에 들었다. 카유보트와 모네가 이웃에 살았고 생라자르 역과 클리시 광장도 가까웠다. 그는 50세를 간신히 넘겼을 때 이 거리

카유보트, 〈파리 거리, 비 오는 날〉, 1877년, 미국 시카고 아트 인스티튜트 소장.

과감하고 기하학적인 구도, 중앙의 초록색 가로등이 만들어 낸 대담한 면 분할, 강렬한 수직과 수평축의 균형, 빗물에 젖은 돌바닥에 반사된 빛, 흐린 날씨를 나타낸 오묘한 색감, 등장인물들의 생생한 의상 및 소품의 묘사. 더블린 광장의 비 오는 날을 담은 이 작품에는 카유보트의 독창적인 표현기법과 현대적 주제가 완벽하게 드러나 있다.

그림의 배경이 된 더블린 광장의 현재 모습.

Paris, France

여러 화가들의 그림 배경이 되었던 클리시 광장의 분주한 거리 모습.
파리 북서쪽에 위치한 네 개의 행정구역이 교차하는 교통의 요지다.

가 내려다보이는 침실에서 죽음을 맞았다. 마네가 수없이 걸어 다녔을 길도 끝나 간다. 그때 어디선가 시끌벅적한 소리가 들려왔다. 발길을 옮길수록 골목의 음침함이 사라진다. 클리시 광장이다.

한창 현대적 삶에 재미를 붙였던 마네는 북적이는 거리를(1878년), 샤투 섬을 드나들던 르누아르는 인물 위주의 낭만적인 거리를(1880년), 파리 생활 2년차의 반 고흐는 화사한 거리를(1887년), 후기 인상파 대열에 합류한 시냐크는 흰눈 쌓인 겨울 거리를(1886년) 그렸다. 다양한 시간과 계절에 네 명의 화가들이 표현한 클리시 광장은 제1제정 시절 파리 서북쪽의 요충지였다. 광장에 우뚝 선 청동상의 주인공 몽세Moncey 장군은 나폴레옹 1세 집정 말년, 성안으로 진격해 온 연합군들과 끝까지 맞서 싸웠던 인물이다.

우리는 건널목 앞에서 허둥댔다. 행인들이 밀려들고 자동차들이 달려 나왔

왼쪽 마네와 젊은 화가들의 아지트였던 게르부아 카페가 있던 자리.
오른쪽 마네, 〈게르부아 카페에서〉, 1874년, 미국 매사추세츠 스터링 앤 프랜신 클라크 아트 인스티튜트 소장.
그물무늬가 있는 종이에 '지오타주Gillotage, 사진 아연 철판술' 방식으로 제작한 작품.
1869년에 그린 〈카페 게르부아〉의 드로잉을 새로운 기법으로 다시 제작한 것이다.

다. 파리의 행정구들 중 네 개의 구8, 9, 17, 18가 만나는 이곳은 교통의 전쟁터다. 나는 여섯 갈래의 길들 중 클리시 애비뉴로 방향을 잡았다. 신호등을 두어 번 건넌 후 비로소 일정 위치에 안착했을 때 9번지를 찾아 두리번거렸다. 아, 그러나 인상파 화가들의 아지트들 중에서도 가장 '원조'에 해당되는 게르부아 카페Café Guerbois 자리는 달랑 '역사적 장소'라는 안내판 하나만을 내건 채 허접한 건물로 변해 있었다.

    1860년대 중반 이곳을 개척한 마네를 필두로 드가와 모네, 르누아르와 바지유(피사로와 세잔은 가끔 참석해 조용히 머물다 갔다) 등의 급진파 화가와 작가 에밀 졸라, 또 마네를 따르는 평론가와 저널리스트들이 매주 두 차례씩 만나 열띤 토론을 하면서 게르부아 카페는 문화운동의 온상이 되었다. 또 인상파 역사의 두 주인공 마네와 모네도 이곳에서 처음 만났다. 1866년 마네는 살롱전에 출품된 〈녹색 드레스를 입은 여인〉이라는 작품을 유심히 들여다보던 중 자신의 이름과 단 한 개의 철자만이 다른 '모네Monet'의 서명을 발견하고 충격에 빠졌다. 평론가들이 '마네, 모네'를 혼동하며 놀려 대는 바람에 당황했지만 이 정체불명의 신인에 대한 궁금증을 떨칠 수가 없었다. 3년 후 마네는 게르부아 카페 모임에 모네를 공식적으로 초대했고, 두 사람의 끈끈한 우정도 이때 시작되었다. 마네는 모네가 어려움을 겪을 때마다 물심양면 도와줬고, 모네 역시 그에 대한 존경과 의리를 끝까지 지켰다. 뛰어난 분별력과 명쾌한 리더십으로 그룹의 대장이 되었던 마네. 살롱전에서 내쳐지고 예술학회와 평론가들로부터 핍박받아 온 그는 반대편 세상에서는 영웅이었다.

나는 호텔로 돌아가기 위해 남쪽으로 발길을 돌렸다. 마지막 목적지에 들르기 위해 이번에는 동쪽으로 에둘러 가는 노선을 택했다. 몽세 길 17번지. 생라자르 역을 작업할 당시 모네가 사용했던 스튜디오다. 아르장퇴유에서 가족을 부양해야 했던 모네는 기차역 근처에 스튜디오를 얻고 싶었지만 수중에는 돈이 한 푼도 없었다. 이때 그의 앞에 구세주가 나타났으니 역시 카유보트였다. 이 의리파 청년 갑부는 저 평범한 5층짜리 건물 속에서 모네가 편히 이젤을 펼 수 있도록 매달 175프랑씩, 작업이 진행되는 1년간 꼬박꼬박 월세를 내줬다.

 19세기의 흔적 찾기를 끝낸 우리는 현실 속에 존재하는 호텔로 향했다. 걸어서 약 20분이 걸렸다. 화구를 든 모네가 급히 걸어갔을 그 방향으로, 또 아르장퇴유의 그리운 가족을 만나기 위해 서둘러 기차역으로 갔을 발걸음보다는 조금 여유롭게, 그리고 여전히 (저녁 8시의 경이로운) 태양열에 허덕이며 생라자르 역에 다다랐다.

밤 10시가 넘어서야 P가 호텔에 도착했다. 밤을 새워도 못다 할 얘기들이 쌓여 있지만 일단 나는 반가운 친구에게 내일의 일정부터 알렸다. 파리에서의 여정도 이틀밖에 남지 않았다. 방으로 돌아온 나는 발코니에 간신히 두 다리를 걸친 채 바깥 풍경을 내다봤다. 기차역 정면에 붙은 시계가 보름달처럼 훤하다. 이 밤중에 짐을 끌고 역을 빠져나오는 여행객들이 있다. 늦게까지 문을 연 패스트푸드점들이 현란한 불빛을 쏟아 낸다. 새 숙소에서의 첫날 밤, 나는 여행지에서 다시 여행을 떠나는 설렘에 젖는다. 이곳은 역전驛前 호텔임에 틀림없다. 그리고 1871년 8월경 영국과 네덜란드 외유를 마치고 전후戰後의 황폐해진 파리로 돌아온 모네 부부가 임시로 거처했던 호텔이기도 하다. 그때도 저 둥근 시계가 파리의 밤하늘을 밝히고 있었을까. 그러나 거리 곳곳에서는 시커먼 잿더미들이 흉흉히 바람에 날리고 있었겠지.

Paris, France

21

에밀 졸라는 1840년 이탈리아 출신의 토목기사 아버지와 프랑스인 어머니 사이에서 태어났다. 에밀이 세 살 때 액상프로방스Aix-en-Provence 운하 건설에 참여하게 된 그의 아버지는 가족을 이끌고 파리에서 남부로 이사했지만, 4년 후 어린 아들과 경제력 없는 아내를 남긴 채 세상을 떠났다. 쥐꼬리만 한 연금으로 간신히 끼니를 때우면서도 에밀의 어머니는 아들을 부르봉 중학교현재는 미네 중학교에 진학시켰고, 이곳에서 에밀은 생애를 통틀어 가장 가까운 친구가 될 폴 세잔과 만났다. 두 아이는 스스로를 세상 규율에 적응 못하는 방랑자라 여기며 틈만 나면 시를 낭송하거나 액상프로방스의 시골길을 하염없이 걷곤 했다.

에밀 졸라가 18세 되던 해, 가계를 꾸려 나가기 힘들었던 두 모자는 일자리를 찾아 파리로 상경했고 이때부터 생존을 위한 필사적인 돈벌이에 나섰다. 그 와중에도 고등학교에 다니며 대입 자격시험을 치렀으나 두 번이나 낙방한 졸라는 아예 직업 전선에 뛰어들었다. 그에게 문학의 서광이 비춘 것은 2년 후 아셰트Hachette 출판사 영업부에 취직하면서부터다. 수많은 책을 접하고 글쓰기 훈련을 하면서 졸라는 비로소 자신의 문학적 재능을 깨달았다. 시보다는 소설이 더 맞았다. 특히 예술평론은 논리적이고 비판적인 그의 기질에 아주 잘 어울렸다. 24세에 첫 작품집 『니농에게 주는 이야기』에 이어 소설 『클로드의 고백』을 출간했지만 이 책은 외설스럽다는 이유로 경찰의 추궁을 받게 되고, 결국 출판사에서 해고당하고 만다. 그러나 이 사건은 오히려 졸라를 본격적인 전업 작가로 만드는 데 일조했다. 1866년 26세에 불과한 졸라는 성역이나 다름없는 구태의연한 파리 살롱전과 심사위원단을 정면으로 비판하고 나섰다. 대중일간지 《레벤망L'évènement》에 연재한 비평기사들은 미술계를 발칵 뒤집어 놓고도 남았다.

"오늘날 살롱전은 예술가들을 위한 축제가 아니다. 그것은 심사위원들을 위한 것이다. 그래서 나는 차갑고 어슴푸레한 긴 전시실의 실질적 주인공인 심사위원들을 먼저 평하고자 하는데, 이들이 만들어 낸 공간에는 강렬한 조명 아래 온갖 종류의 보잘것없는 초라함과 도둑질한 명성이 모두 전시되어 있다."
에밀 졸라, 《레벤망》 칼럼 중에서, 1866년 4월 27일.

"기질 있는 예술가들은 한 번 거부당했다고 사라지지 않는다. 나는 그들의 신념을 옹호한다. 왜냐하면 그들이 옳다고 생각하니까. 우리의 아버지들은 쿠르베를 비웃었지만 우리는 지금 그의 작품 앞에서 넋을 잃고 있다. 우리는 지금 마네를 비웃고 있지만 우리의 아들들은 그의 그림 앞에서 넋을 잃게 될 것이다."
에밀 졸라, 《레벤망》 칼럼 중에서, 1866년 5월 4일자.

졸라는 이 비평을 쓴 이후 독자들로부터는 몰매를, 불우한 화가들(특히 마네)에게서는 찬사를 받게 되었다. 이제 그는 '마네 패거리'의 절대적 지지자이자 게르부아 카페 모임의 골수 멤버로 이름을 올렸다. 세상을 떠난 보들레르의 빈자리에 혈기왕성한 지원군이 탄생한 것이다. 또한 작가로서의 활동도 쉴 틈 없이 이어 갔는데, 총 20권으로 연결된 '루공마카르 총서^{프랑스 제2제정 시대를 살아가는 한 가족의 자연적·사회적 역사를 다룬 연작소설로 『목로주점』, 『나나』, 『제르미날』 등이 이에 속한다}'를 20여 년에 걸쳐 완성함으로써 자연주의 문학의 정점을 찍는다. 후미진 다락방에 기거하며 옷가지들을 전당포에 저당 잡혀 가면서까지 빈궁하게 살아야 했던 20세의 졸라는 어느덧 진실과 정의로 무장된 정신과 뛰어난 필력, 성실한 생활습관까지 더해져 30대 후반에는 『목로주점』의 폭발적인 성공과 함께 파리에서 고료가 가장 비싼 문인 중의 한 사람이 되었다.

나는 어제에 이어 클리시 광장 위쪽으로 노선을 잡았다. 지하철을 타고 푸르슈^{Fourche} 역에 내린 후 콩다민^{Condamine} 길로 꺾어지자 골목 어귀부터 음침함이 감돌았다. 폭이 좁은 길에 바싹 얼굴을 맞대고 들어선 건물들이 오전의 햇살을 차단한다. 이곳에서 14번지를 찾는 것은 너무 쉬웠다. 초록색 대문이 있는 흰색의 3층 건물. 29세의 에밀 졸라가 2년간 살았던 집이다. 이곳에 거주하는 동안 걸어서 15분 거리에 있는 게르부아 카페를 드나들었고, 루공마카르 총서의 첫 책을 출간했으며, 파리로 돌아온 세잔과 변함없는 우정을 나눴고, 또 결혼을 해서 가정을 꾸렸다. 그리고 앞집에는 배려 깊은 또래 친구 바지유가 작업실을 갖고 있었다. 물론 그 공간에는 늘 돈이 궁했던 르누아르가 함께 기거하고 있었다.

그림 〈바지유의 아틀리에〉의 그 아틀리에가 있었을 건물은 분명 7번지로 알고 있는데, 홀수로 떨어지는 왼편 집들의 주소가 5번에서 9번으로 넘어간다. 도무지 숫자 '7'은 보이지 않는다. 그때 우편물을 든 집배원이 우리 앞을 지나가는 것을 보며 T가 기막힌 생각을 해냈다. "저 사람이라면 동네 주소를 훤히 꿰뚫고 있겠지." 나는 집배원에게 다가가 주소를 보여 주었다. 남자는 당연하다는 듯 짧게 말했다. "이 건물이에요. 7번지와 9번지가 같이 써요." 이 황당한 사실에 우리 모두 어리둥절했지만, 어쨌든 나는 찾았다. 바지유가 전쟁터로 나가기 직전까지 머물렀던, 그리고 두 번 다시 돌아오지 못했던 작업실을.

"제가 얼마나 견뎌 낼 수 있을지, 또 여기서 보고 들은 모든 것과 인간에 대한 제 감정이 어떤지 부모님께 다 말씀드릴 시간이 없어요. 나중을 위해 간직해 놓을게요. 언제쯤 그럴 날이 올지 확신할 수는 없지만요. 저는 지금 가혹한 훈련을 받고 있답니다. 육체적으로는 괜찮아요. 잘 먹고 잘 자고 있어요. 그런데 실은 혐오스럽고 역겨워요. 이 시간이 지나갈 수만 있다면 한두 방이라도 빨리 총을 쏴대고 싶어요."

바지유, 본라롤랑드Beaune-la-Rolande, 프랑스 중부 루아레 지방에 있는 마을 전쟁터에서 부모에게 보낸 편지 중에서, 1870년 11월 16일.

보불전쟁이 터졌을 때 사명감에 불타고 있던 바지유는 기꺼이 보병부대에 자원입대했다. 그러나 두 달이 지나도록 실제 교전을 치루지 못한 그는 내심 아쉽기까지 했다. 그에게 운명의 날이 다가온 것은 11월 초, 프로이센 병사들이 득실거리는 최악의 교전지 본라롤랑드로 진군하던 때였다. 바지유는 편지를 쓰며 스스로를 위로했지만, 결국 11월 28일 퇴각하는 도중에 무참히 사살 당했다(프

왼쪽 콩다민 길 7번지, 바지유의 마지막 아틀리에. **중앙** 클리시 광장 위쪽 콩다민 길 골목 풍경.
오른쪽 콩다민 길 14번지, 에밀 졸라가 2년간 살았던 집.

랑스군은 이 전투에서 대패했다). 아들의 마지막 전쟁터로 달려간 바지유의 아버지는 시신을 찾아 몇날 며칠 눈으로 꽁꽁 얼어붙은 땅을 파헤치며 샅샅이 뒤졌고, 결국 그는 죽은 자식을 짐수레에 싣고 고향 몽펠리에로 돌아와 공동묘지에 묻어 주었다. 바지유의 29번째 생일이 막 지났을 때였다.

죽음의 과정에도 과연 '행복'의 혜택이 주어질 수 있을까. 그러나 최소한 우리 모두 '불행한'이란 수식어를 단 채 숨을 거두고 싶지는 않을 것이다. 나는 바지유의 안타까운 삶을 뒤로하고 골목을 나와 동쪽으로 향했다. 그가 살아남았다면 분명 긴 우정을 나눴을 르누아르와 세잔이 19세기 말에 세 들어 살던 일종의 연립 주택, 빌라 데자르Villa des Arts까지 왔다. 그런데 공사가 한창이다. 대문 옆에 걸린 유명 거주자의 명판에서 세잔의 이름을 확인한 나는 흙먼지 날리는 앞마당에서 멈칫하다 돌아섰다. 파리 북쪽에서 망자들을 책임지는 몽마르트르 공동묘지까지는 500미터도 남지 않았다.

이번에는 입구에 설치된 지도를 카메라로 찍었다. 여기서 찾고 싶은 두 인물의 구획번호를 확인한 후 위치를 자세히 기록했다. 에밀 졸라의 무덤은 정문에서 50여 미터 떨어진 언덕 위에 있었다. 그리고 지금까지 내가 공동묘지에서 만난 고인들 중 가장 크고 웅장한 비석을 지녔다. 졸라의 흉상 주변으로 황금빛 대리석 테두리가 둘려 있고 비석 위의 이름도 뚜렷하다. 내 머릿속에 입력된 졸라의 이미지와 너무나 다르다. 나는 그의 20대에 머물러 있었던 것이다.

『목로주점』의 성공 이후 작품성과 대중성 모두를 거머쥐며 프랑스 최고의 인기 작가로 자리매김한 졸라는 1898년 1월, 자신의 경력을 송두리째 무너뜨릴 수 있는 일을 터뜨린다. 유대인이라는 비공식적 이유로 독일 간첩 누명을 쓰고 투옥된 육군 참모본부 드레퓌스 대위의 무죄를 밝히기 위해 「나는 고발한다」라는 제목으로 대통령에게 보내는 공개서한을 신문에 기고한 것이다. 바로 몇 달 전 모네는 '자네는 말해야만 하는 것들을 말할 수 있는 유일한 사람이네'라는 내용의 편지를 졸라에게 보낸 적이 있었다. 오랜 친구의 격려에 부응이라도 하듯 그는 안락한 삶을 뒤로하고 용기 있는 작가의 길을 선택했다. 그 대가는 치명적이었다. 프랑스 군부로부터 명예훼손죄로 기소되어 유죄 판결을 받게 된 졸라는 최종 재판이 열리던 날 아침 아내와 함께 영국으로 도피했다. 1년 후 드레퓌스 대위가 대통령 특사로 석방되면서 프랑스로 돌아온 졸라는 작가로서의 활동을 재개하며 서서히 안정된 생활을 찾아갔다. 그러나 1902년 9월 30일 아침, 일간지 《가디언Guardian》에는 이런 비극적인 기사가 실렸다.

"오늘 아침 에밀 졸라 씨의 시신이 그의 집에서 발견되었다. 난로 연통에 문제가 생기면서 발생된 독가스 질식사로 보인다. 의사는 다행히 부인의 생명은 구할 수 있었다. 졸라 부부는 지난 3개월간 시골에 머물고 있었으며 어제 파리 집으로 돌아왔다. 오래 비어 있던 큰 아파트는 매우 추워서 졸라 여사는 하인을 시켜 벽난로에 불을 지피도록 했다. 저녁식사를 끝낸 부부는 밤 10시경 잠자리에 들었다. 그러나 아침에 하인이 방문을 따고 들어갔을 때 이미 졸라 씨는 침대에 몸을 반쯤 걸친 채 사망한 상태였다. 아마도 창문을 열기 위해 일어나려고 했던 것으로 추정된다."

　62세로 세상을 떠난 그의 장례식에는 수천 명의 조문객이 참석했다. 프랑스 곳곳에서 애도의 물결이 일었다. 그들 모두가 국민 작가 에밀 졸라의 갑작스런 죽음을 안타까워했다. 특히 16년 전 졸라의 소설 『작품 L'OEuvre』에 등장하는 '실패한 천재 화가'가 자신을 모델로 한 것이라 여겨 35년 우정에 결별을 선언했던 세잔은 친구의 사망 소식에 고통과 회한의 눈물을 흘렸다. 졸라의 유해는 몽마르트르 공동묘지에 묻힌 지 6년 후 빅토르 위고가 있는 팡테옹 신전의 국립묘지로 이장되었다. 그러나 비석만큼은 이곳, 그가 사랑하던 몽마르트르 하늘 아래 그대로 남아 있다. 나는 졸라의 어떤 작품들보다도 20대의 그가 거침없이 써

왼쪽 마네, 〈에밀 졸라의 초상〉, **1868년, 오르세 박물관 소장.** 당시 졸라의 나이는 28세였다.
오른쪽 몽마르트르 공동묘지에 있는 졸라의 비석과 동상.

내려 간 독창적이면서도 신랄한 미술비평을 잊을 수가 없다. 그래서일까. 엄숙한 동상과 근엄한 묘비 위로 그의 낭만 시절이 겹쳐졌다. 마네가 자신의 스튜디오 의자에 앉혀 놓고 그렸던 문학청년 에밀의 초상이었다.

드가의 무덤은 한 시간이나 헤맨 후에 나타났다. 방대한 몽마르트르 공동묘지의 구조는 숲속에서 외딴 오두막집을 찾아다니는 것과도 같았다. 온 길을 또 가도 알아차릴 수 없을 만큼 방향감각을 잃었다. 지도도 소용없었다. 계단을 오르내리고 언덕길을 들락거리며 수많은 고인들을 지나 북쪽 끄트머리까지 왔을 때 4번 구획이 나타났다. 지친 우리 앞으로 오솔길이 굽이쳤다. 드가의 가족묘는 길 한편, 쭉 뻗은 나무 한 그루 밑에 호젓하게 자리하고 있었다.

집 모양으로 된 묘실 외벽에는 모자를 쓴 드가의 얼굴이 부조로 새겨져 있다. 마치 어린아이가 스케치한 것처럼 간결한 선으로 표현된 그의 해맑은 모습을 보며 쌓였던 노곤함이 풀렸다. 공동묘지에 와 있다는 사실도 잊었다. 오솔길은 아늑하고 나무들은 풍성한 그늘을 드리웠다. 우리는 드가의 얼굴과 마주하며 돌바닥에 다리를 쭉 뻗고 앉았다. 그제야 가방에서 물을 꺼내 마셨다. 한 사람씩 돌아가며 드가 옆에서 기념사진을 찍었다. 밀렸던 얘기도 하나둘 풀었다.

"만일 불행한 누군가에게 아직 위로해 줄 게 있다면, 그래서 그 아픈 마음을 달래 줄 무언가가 있다면, 그건 사람과 사물의 움직임일 걸세. 만일 이파리들이 더 이상 살랑거리지 않는다면 그 나무는 얼마나 슬프겠는가. 우리 인간들도 마찬가지겠지. 바람에 흔들리는 이웃집 정원의 나무들을 볼 때마다 나는 자신에게 이렇게 말한다네. 저 친구는 나를 참 기분 좋게 해주는구나!"

드가, 52세 때 친구인 앙리 루아르Henri Rouart 에게 보낸 편지 중에서, 1886년.

솔솔바람이 분다. 영롱한 이파리들이 서로에게 노래를 불러 주듯 팔락인다. 이마에 맺힌 땀방울이 조금씩 말라 간다. 어디론가 더 나설 계획이 없는 오늘, 나는 좋아하는 이들과 숲길에 앉아 있다. 드가 선생님이 슬그머니 곁눈질을 한다. 이런 말을 건네는 것 같기도 하다. 저 잎사귀가 하느작거릴 때 열심히 바라보게나. 인생이 유쾌해지고 싶다면 말일세.

Paris, France

22

창밖의 풍경이 휙휙 변한다. 얽히고설킨 철로들, 공장의 가건물들, 전봇대와 가로수, 흐드러진 잡풀과 후리후리한 나무들, 누군가의 앞마당과 빨랫줄, 잔잔한 강물과 울창한 숲, 그리고 퐁투아즈Pontoise 표지판. 생라자르 역을 출발한 기차가 30분 만에 목적지에 도착했다. 이곳에서 완행열차로 갈아탄 후 다음 장소로 이동해야 한다. 동네를 제대로 살필 여유는 없지만 그래도 우리는 남은 한 시간을 알뜰히 보내기 위해 역 밖으로 나왔다.

피사로 박물관Musée Camille Pissarro 간판이라도 보려고 부지런히 발길을 옮겼지만 개장시간은 오후 2시부터라는 말만 듣고 돌아섰다. 1872년 이 목가적인 땅에 둥지를 틀었던 피사로. 존경하는 멘토에게서 '한 수' 배우려고 찾아온 세잔. 퐁투아즈에서 두 사람의 흔적을 살피는 일은 불가능하지만 그들의 한순간을 따라가 볼 수는 있겠다. 옆 마을에 살던 정신과 의사 가셰Paul Gachet 박사를 방문하기 위해 길을 나섰을 그들의 어느 날은, 우리가 지금 역무원의 호루라기 소리를 들으며 막 기차에 올라탄 느낌과 비슷했을 것이다. 그리고 15분 후, 우아즈Oise 강가의 소박한 마을 오베르쉬르우아즈Auvers-sur-Oise 역에 도착했을 때는 가셰 박사에게 마지막 희망을 걸기 위해 이곳까지 온 반 고흐의 그날에 와 있었다.

"(나의 아주버님) 빈센트는 1890년 5월 17일, 남쪽(프로방스)에서 파리로 돌아왔어요. 그 전에 전보가 왔는데 밤새 기차를 타고 아침 10시에 도착할 예정이라 하더군요. 그날 밤 테오는 혼자 여행길에 오른 형한테 무슨 일이 생길까 봐 밤잠을 설치고는 리옹 역으로 마중을 나갔지요. 한참 후 집 앞에 도착한 마차에서 두 남자가 내렸어요. 병색이 완연한 모습을 예상했는데 아주 건장하고 혈색 좋고 어깨가 딱 벌어진 남자가 내 앞에 미소를 지으며 서 있는 거예요. 테오보다도 건강해 보였어요.

남편은 생후 석 달 된 우리 '꼬마 빈센트(테오의 아들 이름도 빈센트였다)'의 요람이 있는 방으로 형을 데리고 갔답니다. 형제는 잠들어 있는 아이를 묵묵히 내려다보더니 서로 얼굴을 마주 보며 하염없이 눈물을 흘리는 거예요. 다음날 아침 빈센트는 우리 집을 가득 메운 자신의 그림들을 바라보고 있더군요. 식당에는 감자 먹는 사람이, 거실에는 아를의 풍경이 걸려 있었죠. 침대와 소파 밑에는 프레임조차 안 된 캔버스 더미들이 수북이 쌓여 있었고요. 그는 이것들을 다 꺼내 놓고 골똘히 들여다봤죠. 빈센트는 우리 집에 머무는 사흘 내내 아주 쾌활하고 명랑했어요. 생레미 병원에 대해서는 언급조차 안 했답니다. 그런데 파리의 북적임이 자신에게 좋지 않다는 걸 깨닫고 말았죠. 시골을 그리워했어요. 그는 다시 그림을 그리고 싶어 했어요."

요한나 반 고흐 봉헤르Johanna van Gogh-Bonger, 테오의 부인, 「빈센트 반 고흐에 대한 회고록」 중에서, 1913년.

파리에 도착했을 때부터 빈센트는 테오에게 누누이 말했다. 곧 오베르로 떠날 거라고. 그러나 속마음은 이곳에서 동생 가족과 오래 머물고 싶었다. 황폐해진 삶의 유일한, 그리고 가장 간절한 소원이었다. 파리의 현대적인 모습도 그려보고 싶었다. 생레미에서부터 등짝에 짊어지고 온 이젤과 캔버스로 신나게 작업하고 싶었다. 그러나 사흘 후, 빈센트는 갑자기 짐을 싸서 기차역으로 돌아갔다. 동생의 얼굴이 너무 창백해 보였다. 몸은 앙상했고 목에서는 계속 기침이 쏟아져 나왔다. 오랫동안 형을 돌봐 온 일에도 많이 지친 듯했다. 무엇보다 테오에게는 새 가족이 생겼다. 빈센트는 동생의 삶에 들어갈 자리가 없다고 여겼다. 파리의 소음들도 불편했다. 그의 이젤은 결코 세워진 적이 없었고, 화구 박스는 한 번도 열리지 않았다. 1890년 5월 20일 아침, 빈센트는 오베르로 향하는 기차에 올라탔다. 한 시간 후 마을 역에 도착한 그는 다시 혼자가 되었다.

나는 기차에서 내려 사람들이 뿔뿔이 흩어질 때까지 머뭇거렸다. 역사가 금세 휑해졌다. 바깥 분위기도 크게 어긋나지 않았다. 얌전한 길가에 나무들이 우거졌다. 자동차와 행인도 뜸하다. 우리는 간격을 두며 천천히 걸어갔다. 반 고흐 공원Parc Van Gogh 안의 동상이 한 남자의 존재감을 가장 먼저 드러냈다. 몸은 말랐고 얼굴은 야위었다. 등에는 묵직한 이젤과 캔버스가, 어깨에는 화구 박스가 매달려 있다. 바로 이 모습이었을까. 네덜란드에서도 그리고 프랑스에서도.

곧게 뻗은 길은 반 고흐가 하루에 3프랑 50센트씩 내고 70일간 머물렀던 라

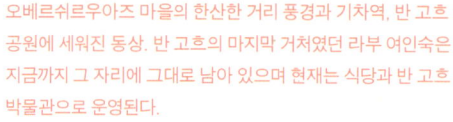

오베르쉬르우아즈 마을의 한산한 거리 풍경과 기차역, 반 고흐 공원에 세워진 동상. 반 고흐의 마지막 거처였던 라부 여인숙은 지금까지 그 자리에 그대로 남아 있으며 현재는 식당과 반 고흐 박물관으로 운영된다.

부 여인숙Auberge Ravoux으로 이어졌다. 우리는 1층 레스토랑에서 식사를 한 후 사무실로 올라갔다. 여기서부터 위층까지는 대여섯 사람씩 출입을 통제했고 사진 촬영은 금지되었다. 5월 20일에 들어와 7월 29일에 시신이 되어 떠난 반 고흐의 두 평짜리 다락방은 비록 공개는 하고 있었지만 비밀스러움이 감돌았다. 나는 조심스럽게 나무계단에 발을 디뎠다.

> "반 고흐 씨는 저희 여인숙 2층, 계단참과 마주한 방에 묵었어요. 항상 푸른색 리넨 재킷에 챙 넓은 모자를 쓰고 다녔죠. 체격은 좋았는데 상처 난 귀 쪽으로 어깨가 약간 기울어져 있었어요. 신사답고 조용한 분이었어요. 별로 사교적이지는 않았지만 누군가 말을 걸면 늘 미소를 띠며 친절하게 답하곤 했지요. 또 규칙적인 생활을 했는데, 오전 9시에 이젤과 화구 박스를 들고 시골로 나가면 정오에는 어김없이 돌아와 집에서 식사를 했답니다. 오후에도 방이나 야외에서 작업을 했는데 이때도 저녁식사 시간을 꼭 지켰죠. 메뉴는 그날그날 식당에서 만들어진 것들이었는데 아무 불평 없이 무엇이든 잘 드셨어요. 그리고 술은 입에도 대지 않았죠. 이 부분은 정말 강조하고 싶군요."

아들린 라부Adeline Ravoux, 라부 여인숙 주인장의 딸로 반 고흐는 이 소녀의 초상화를 세 차례 그렸다. 「빈센트 반 고흐에 대한 회고록」중에서, 1956년.

복도 천장에 노란 등불 하나가 매달려 있다. 불에 탄 듯 검게 그을린 벽에는 금이 가 있고 누런 얼룩과 희끗희끗한 점들이 주위를 산만하게 둘러쌌다. 첫 번째 공간에는 나무의자 하나가 덩그러니 놓여 있다. 천장은 다락방 구조에 맞춰 중앙에서 아래로 비스듬히 내려앉았고 이 방의 유일한 빛의 통로인 왜소한 천

Paris, France

ⓒ사진 | 조 코니시 Joe Cornish, 메종 드 반 고흐 Maison de Van Gogh 제공

계단참에서 바라본 라부 여인숙 2층, 반 고흐가 머물던 다락방 공간.

창이 사선으로 뚫려 있다. 엉기게 짜인 나무판자 바닥에서는 발을 옮길 때마다 삐거덕 소리가 났다. 벽을 사이에 둔 옆 공간에는 용수철이 튀어나온 앙상한 침대가 있다. 그래도 이곳에는 노란 도트 무늬의 벽지가 발라져 있다. 천창에서 흘러들어 오는 햇살이 벽 일부를 밝힌다. 침침한 갈색 바닥과 구석 의자 위에도 고운 빛이 퍼진다. 그러나 나는 밤을 상상해 본다. 흐리고 비 오는 날을 떠올린다. 화창한 날에도 저 천창만으로는 밖을 제대로 내다볼 수 없었을 다락방의 하루를 생각한다. 이곳에 반 고흐가 앉아 있었고 편지를 쓰고 책을 읽고 그림을 그리고 잠을 잤다.

건물 밖으로 나오자 햇빛이 푸짐하게 내리쬔다. 오후로 들어서면서 태양의 열기가 수위를 높여 간다. 라부 여인숙 뒤편 언덕진 골목으로 들어섰다. 그림 〈오베르의 계단〉은 이쯤에서 그려졌을 것 같다. 푸르른 나무들 사이에 고즈넉한 돌계단이 보인다. 골목 끝에서 지도를 보며 주저하던 나는 가셰 박사 집이 있는 서쪽으로 방향을 틀었다. 1.5킬로미터 정도는 쉽게 걸을 수 있을 것이다. 좀 더 올라가면 세잔의 〈목매단 사람의 집〉의 배경도 볼 수 있을 것이다. 물론 돌아오는 것까지 염두에 둬야겠지만.

    길은 한산하다. 집들만이 가지런히 들어섰을 뿐이다. 정지된 골목으로 색깔이 흐른다. 바람은 없지만 꽃들이 얕은 숨을 쉬며 너풀거린다. 반 고흐를 첫눈에 사로잡았던 '아름다운 오베르, 온갖 색으로 물들어 있는 곳'은 퇴색하지 않았다. 단지 너무 뜨거울 뿐이다. 우리는 고개를 숙이고 말없이 걸었다. '나이는 많고 어딘지 아파 보이고 산만하고 괴팍하고 또 나만큼이나 상처받고 고통스러워 보이는, 그러나 의사로서의 오랜 경험으로 스스로를 잘 관리할 것 같은 가셰 박사,테오에게 보낸 5월 20일자 편지 중에서'와 의외로 쉽게 친해진 반 고흐가 라부 여인숙에서 그의 집까지 숱하게 걸어 다녔을 길이다.

그러나 우리는 절반 조금 넘어서 걸음을 멈췄다. 이 시골길을 걷고 있는 사람이 왜 우리뿐인지 이해가 갔다. 모두의 얼굴이 벌겋게 타올랐다. 온몸이 땀으로 흥건해지고 두 발은 가마솥에 들어가 있는 것처럼 불이 났다. 나는 가셰 박사의 집을 포기하기로 했다. 모두의 얼굴에서 안도감이 배어나왔다. 세잔과 반 고흐가 17년 간격으로 그려 냈던 목가적 주택의 흔적은 한여름의 치명적인 더위 앞에서 그림으로만 남았다. 우리는 라부 여인숙 쪽으로 되돌아갔다.

오베르의 교회L'église Notre-Dame d'Auvers는 여인숙을 지나 동쪽으로 향하는 언덕 위에 있었다. 그림 속 형태와 많이 닮았다. 저리도 담백한 고딕 건축물이 반 고흐의 붓놀림 속에서는 격정적으로 변했다. 교회 뒤편 오솔길로 접어들면서 나는 가슴이 두근거렸다. 지금은 나무에 가려져 있지만 곧 거대한 무언가가 나타날 분위기였다. 언덕을 올라 흙길로 들어섰을 때 갑자기 시야가 확 트였다. 그나마 보이던 낮은 건물도, 돌담도, 나무들도 순식간에 사라졌다. 끝이 보이지 않는 광야에 초록과 황금빛 풀들만이 세찬 바람에 펄럭이고 있었다.

"나는 내가 뭘 원하는지 정확히 알고 있단다. 그래서 세 개의 커다란 캔버스에 그림을 그렸지. 바로 거친 하늘 아래 펼쳐진 광활한 밀밭이란다. 이 그림 속에 슬픔과 극도의 외로움을 담아내려고 노력했어. 너도 곧 이 그림들을 보게 되겠지. 말로 다 할 수 없는 내 감정들을 이 그림들이 전해 줄 수 있을 거라 믿는다. 시골에서 내가 얼마나 강인하고 건강해졌는지 말이다."

반 고흐, 테오에게 보낸 편지 중에서. 1890년 7월 10일.

목가적인 풍경과 아름다운 자연,
그림 〈오베르쉬르우아즈의 교회〉의 배경이 되었던
교회 등 마을 곳곳에 반 고흐의 흔적이 남아 있다.

우리는 밀밭 한가운데로 걸어갔다. 누군가 저만치 앞서가면 곧 뒷모습이 안 보일 만큼 억센 풀들에 가려졌다. 푸석한 흙바닥에서는 메마른 엉겅퀴와 덤불들이 굼실댔다. 하늘은 맑지만 하늘 밑은 요동쳤다. 햇빛은 풀 위를 물들이지만 바람은 더 모질게 그들을 흔들어 댔다. 구름 아래의 밀밭, 까마귀가 있는 밀밭, 하얀 집이 보이는 밀밭, 비 온 뒤의 밀밭, 초록 빛 밀밭…. 반 고흐는 지평선으로 둘러싸인 이 벌판에서 13점의 〈밀밭〉 연작을 완성했다. 그 대부분은 오늘 같은 7월의 어느 날들, 오베르 마을의 밀 수확이 한창일 때였다. 이젤을 펼치고 캔버스에 스케치를 하며 지켜봤을 풍경은, 비록 슬픔으로 채워졌겠지만 경쾌함도 있었다. 가족에게 보낸 편지들은 시간이 흐를수록 열정과 희망으로 채워졌다. 고독마저 담담하게 받아들였다. 새로운 그림 소재들에 흥분해 있었고, 그 색감을 어떻게 표현할지 고민했다. 파리와 브뤼셀 신문에서 다룬 자신의 기사를 자랑스러워했으며 이제 곧 많은 이들이 그림을 봐줄 거라 기대했다. 가끔 정신이 혼란스럽기도 했지만 "나는 여전히 예술과 삶을 사랑한다"는 말도 동생에게 할 수 있었다. 그리고 술도 끊었다. 반 고흐는 오베르 마을에 머무는 70일 동안 80여 점이 넘는 작품들을 남겼다. 거의 매일 하나씩 그려 댔다. 그런데 왜 스스로 목숨을 끊었을까. 과연 사실일까.

"7월 27일 아침에 여인숙을 나간 반 고흐 씨는 평소와 달리 황혼 무렵까지 돌아오지 않았죠. 밤 9시경 등을 구부리고 배를 움켜잡으며 걸어 들어온 그를 보고 우리 식구들은 몹시 당황했어요. 그는 괜찮다고 더듬거리며 말한 후 2층으로 올라갔지만 걱정이 된 아버지가 그의 방으로 따라 들어갔답니다. 그런데 반 고흐 씨가 무릎에 얼굴을 파묻은 채 침대 위에서 신음하고 있었던 거예요. 셔츠를 젖

마을 동쪽, 오베르 마을의 공동묘지 앞에 펼쳐진 드넓은 밀밭 풍경.

히니 심장 근처에 구멍이 나 있었고요. 아버지가 놀란 목소리로 이렇게 물었다고 합니다. 불쌍한 영혼이여, 대체 무슨 짓을 한 것이오? 그가 대답했지요. 자살하려고 했습니다."

라부 여인숙 주인장의 어린 딸 아들린은 이날로부터 66년 후에 펴낸 『빈센트 반 고흐에 대한 회고록』에서 자신이 목격한 것과 아버지가 수없이 들려줬던 그날의 상황을 이렇게 묘사했다. 그러나 증거물인 리볼버 권총은 발견되지 않았고, 2011년에 발간된 『반 고흐의 인생 Van Gogh, The Life』의 저자는 낙관적으로 돌아선 반 고흐가 자살할 이유가 없음을 새롭게 부각시켰다. 술을 마신 마을 소년들이 총 놀이를 하다 우발적으로 사고를 일으킨 것이라고 주장했다. 사고 직후 찾아온 경찰에게, "그 누구도 비난하지 마시오, 내가 원해서 스스로 목숨을 끊고 싶었을 뿐이오"라고 강조했던 반 고흐의 말에 의미를 실었다. 자살에 대한 미스터리는 지금까지 계속되고 있지만, 파리에서 달려온 테오가 죽어 가는 형에게서 들은 마지막 한마디는 의심의 여지가 없었다. "슬픔은 영원히 지속될 거란다."

들판 끝에 공동묘지가 있다. 나는 흰 창살문을 밀고 들어갔다. 바람이 잠잠해진 곳에 무거운 적막이 들어섰다. 몇몇 사람들이 입구 쪽 담장 앞에 모여 있다. 초록색 풀로 뒤덮인 아담하고 소박한 두 개의 무덤. 빈센트와 테오가 잠들어 있는 곳이다. 이 앞에 서 있는 누구든 말문을 열 수가 없다. 연달아 세상을 떠난 형제의 이름을 확인한 순간, 이미 예상했던 일이지만 숙연해진다. 형을 떠나보낸 테오는 6개월 후 질병과 우울증으로 네덜란드 위트레흐트 Utrecht에서 사망했으며, 23년이 지난 1914년에 그의 시신은 오베르로 옮겨 와 형 옆에 묻혔다.

빈센트 반 고흐와 함께했던 내 여정의 일부도 일단락되었다. 암스테르담에서 시작해 누에넨과 준데르트를 거쳐 파리에서 오베르까지, 한 남자의 곡절 많은 삶이 막을 내린 이곳에서 나 역시 여행의 문 하나를 닫아 가고 있다. 나란히 놓인 형제의 묘비 너머로 새파란 하늘이 펼쳐졌다. 공동묘지 밖으로 나왔을 때는 넓디넓은 밀밭이 두 팔로 하늘을 받치고 있었다. 삶을 버리고 싶었든 끌어안고 싶었든, 외로움의 무게가 깃털처럼 가벼웠든 납덩이처럼 무거웠든, 이제 그는 등 위에 얹힌 모든 슬픔을 날려 보내고 저 광활한 땅 위를 자유롭게 떠다닐 수 있을 것이다. 아주 오래전, 키 큰 아카시아나무가 있는 고향 준데르트의 들판에서 테오와 함께 뛰어놀던 푸른 눈의 소년 빈센트처럼.

Paris, France

반 고흐, 〈까마귀가 있는 밀밭〉, 1890년, 암스테르담 반 고흐 미술관 소장.
반 고흐의 마지막 작품으로 알려져 있지만 분명치는 않다. 격렬한 붓놀림과 어둡고 혼란스런 하늘, 요동치는 들판과 불길한 날갯짓의 까마귀 떼는 반 고흐의 절망과 불안함을 그대로 드러내고 있다. 테오에게 보낸 편지에서 '나는 이 밀밭 그림 속에 나의 슬픔과 극도의 외로움을 담아내고 싶다'고 했을 만큼 반 고흐는 오베르의 광활한 밀밭에 강한 애착을 가졌다.

Paris, France

23

저녁 6시가 다 되어서야 생라자르 역에 도착했다. T와 나는 호텔에서 옷을 갈아입고 다시 외출 준비를 했다. 아직도 반 고흐의 잔상이 절절이 남아 있지만 파리의 마지막 밤을 내버려둘 수는 없었다. 서울에서 예약해 놓은 발레 공연을 보기 위해 우리는 오페라 가르니에로 향했다. 그리고는 드가가 바라봤을 시선으로, 그의 시대에 첫 막을 올렸던 〈라실피드〉를 보며 파리의 시간들을 하나씩 접었다. 캔버스를 수레에 끌고 몽마르트르 언덕을 올라갔을 르누아르의 유쾌한 발걸음도, 튈르리 정원을 걷던 마네의 유유한 뒷모습도 그리움 뒤편에 묻었다. 한 시대를 달궜던 미술 혁명의 주인공들이 9년 만에 파리를 찾은 나의 뜨거운 기억 속으로 천천히 들어가고 있었다.

우리는 공연이 끝난 후에도 오페라 거리와 호텔 근처를 맴돌았다. 거주자와 관광객, 길거리 악사와 구경꾼, 집시와 노숙자들이 뒤엉켜 제각기 파리의 밤을

보내고 있다. 시간이 정지된 사람 옆으로 시간이 부족한 사람이 걸어간다. 체념한 표정 앞으로 희망찬 얼굴이 지나간다. 집에 온 사람과 집을 떠나온 사람이 한 공간에 머문다. 이 도시가 싫어진 혹은 좋아진 사람도 함께 기차역을 오간다. 그리고 나는 광장 한편에서 아직 완전히 어두워지지 않은 파리의 여름밤을 더 움켜쥐려고 애쓴다. 파리에서 태어났지만 노르망디를 더 사랑했던 화가. 그래서 수없이 짐을 꾸렸다 풀었다 하며 생라자르 역을 드나들었을 모네의 여정. 내일 아침, 나는 그의 발길을 따라 드넓은 바다와 뜨거운 태양의 세상으로 떠난다.

Paris, France

3부
프랑스 노르망디

1864년
노르망디

★

"친구여, 이곳은 한마디로 사랑스런 곳이라네. 매일매일 나는 어제보다 더 아름다운 모습들을 발견하곤 하지. 내 머릿속은 이들을 받아들이느라 미치고 폭발할 지경이라네. 이 사람아, 당장 짐을 싸서 이곳에 오게나. 옹플뢰르에 있을 날도 한 달 남았구먼. 내 작업들은 거의 마무리돼 가고 있지. 내가 좋아해야 하는 것과는 거리가 멀지만, 난 아주 만족한다네. 어떻게 모든 면에서 완벽할 수 있겠나. 친구여, 이제 나는 전투를 치르려고 한다네. 지금껏 해온 것들을 싹싹 문질러 없애고 원점에서 다시 시작할 걸세. 후에 내가 이 풍경들을 그리고 기록할 수 있도록, 이제 나는 내 느낌대로 자연을 관찰할 걸세."

옹플뢰르에 있던 모네가 파리에 있는 바지유에게 보낸 편지 중에서,
1864년 7월 15일.

24

파리에서 멀어질수록 평원의 몸집이 커진다. 항구 도시 옹플뢰르Honfleur에 가까워질수록 하늘의 면적이 넓어진다. 달리는 기차 뒤로 창문 밖 풍경이 날렵하게 바뀐다. 통째로 물감을 뒤집어쓴 것처럼 벌판의 색깔이 뒤섞이고 뭉개진다. 머릿속에 각인시킬 틈도 없이 달음질치지만 곧 다음 장면으로 녹아든다. 기차가 속도를 줄이면 풍경은 속내를 보인다. 구릉 위에는 납작한 농가들이, 벌판 위에는 둥글게 말린 볏짚과 펑퍼짐한 황소들이 있다. 빠른 바이올린 협주곡에서 느린 첼로 독주곡까지, 자연의 맵시는 지루할 새가 없다. 기차 여행이 끝나 갈 즈음 하늘 저편에 푸르스름한 공간이 스며들었다. 바다의 시작이다.

옹플뢰르에는 기차역이 없어서 대신 우리는 15킬로미터 떨어진 트루빌-도빌Trouville-Deauville 역에서 내렸다. 숙소를 통해 예약해 놓은 택시가 마중 나왔다. "노르망디에 잘 오셨습니다!" 스테판이란 이름의 건장한 남자가 능숙한 영어를

Normandie, France

구사하며 우리를 맞았다. 네 명의 사람과 예닐곱 개의 크고 작은 짐들이 올라타자 택시가 아래로 푹 꺼진다. 자, 그래도 모두의 기분은 날아갈 듯 상쾌하다. 달리는 자동차 앞으로 태양과 바람, 하늘과 바다가 합세한다. 하얀 집과 총천연색 꽃들이 호위한다. 그리고 바다는 내내 곁을 떠나지 않는다.

"여러분들, 저 왼편 건물에 붙은 포스터를 보세요. 여기는 빌레르빌Villerville이란 마을인데 장폴 벨몽도와 장 가뱅이 출연한 영화의 배경으로 유명한 곳이랍니다. 제목이요? 엥 썽쥐 엉 이베흐Un Singe en Hiver, '겨울 원숭이'라는 뜻예요." 스테판이 불쑥 영화 얘기를 꺼낸다. 우리는 뒤에 흘러나온 단어들을 (어쩔 수 없이) 무시한 채 프랑스의 전설적인 두 배우가 거론된 사실에 놀라며 창밖을 내다봤다. 우리의 뜨거운 반응이 놀라웠던지 스테판이 갑자기 핸들을 꺾어 마을 안으로 차를 몰았다. 동시에 수평선이 훤하게 드러났다. 깨끗한 집들과 소담한 길이 그럴싸한 전망을 선사한다. 어쩌면 이제부터 만나게 될 노르망디의 해변 마을들이 이와 비슷할 거라는 예감이 들었고, 그것은 들어맞았다. 30분 후 택시는 예쁜 가게와 집들이 즐비한 골목 안쪽, '라 프티 폴리La Petite Folie'라는 문패가 달린 건물 앞에서 멈췄다. 옹플뢰르에서의 사흘을 책임질 우리의 숙소다.

'저희 집은 엘리베이터가 없습니다. 짐을 들어 줄 포터도 없습니다. 육체적으로 버거운 분들은 다른 숙박시설을 이용하시기 바랍니다.' 온라인 예약 당시 나를 웃음 짓게 했던 이 문구를 떠올리며 계단 앞에 서 있을 때, 좀 전에 우리를 반겼던 주인장이 트렁크 하나를 덥석 들더니 위층으로 오른다. 프랑스인 남편과 미국인 아내가 운영하는 이 독특한 민박집을 발견했을 때 나는 모네가 한때 묵었다는 르 슈발 블랑Le Cheval Blanc 호텔의 예약을 과감히 취소했다. 그리고 이렇게 고즈넉한 앞마당과 목가적인 소품, 가족적인 분위기와 친절한 주인을 만

마을 중심, 생트카트린 교회 근처에 위치한 정감 있는 게스트하우스 '라 프티 폴리'.

났기에 그에 대한 일말의 후회도 생기지 않았다. 숨이 좀 가쁘긴 하지만 여행 중의 계단 오르내리기에는 이골이 나 있던 터, 그래도 3층이면 양호한 편이다. 모두가 만족한 가운데 대충 짐을 풀어 놓은 우리는 곧장 이 지역 대표 박물관으로 향했다. 동네 분위기보다 더 궁금한 건 옹플뢰르 출신의 화가 외젠 부댕의 박물관 Le Musée Eugène Boudin이었다.

르아브르에서 연필로 풍자만화를 끼적거리고 있던 18세의 모네를 바깥세상으로 이끌어 준 장본인. 소년에게 자연을 이해하고 사랑하는 법을 가르쳐 준 풍경화가. '너는 분명 재능이 있다. 더 높고 넓게 꿈을 가져라'라고 용기를 주었던 삶의 멘토. 화가는 자연 그 자체에 맞서 훈련해야 한다고 강조했던 미술의 스승. 어느새 자신의 이름 앞에 '소년 모네를 화가의 길로 이끈 가장 중요한 인물'이라는 수식어를 달게 되었지만, 독학으로 시작해 평생 영국해협이 보이는 고향 땅에서 바다와 하늘을 그리며 살다 간 그는 신고전주의 풍경화의 대가인 카미유 코로Jean-Baptiste-Camille Corot로부터 '하늘의 왕'이라는 찬사를 받은, 일찌감치 자연의 빛을 터득한 선구자였다. 그리고 더 놀라운 것은 후에 스승보다 더 유명해진 모네가 자신에게 영향을 준 부댕의 존재를 늘 공개적으로 부각시키며 감사해했다는 점이다. 이쯤 되면 두 사람 다 위대한 인물임에 틀림없다.

아홉 개의 전시장 안에는 몇 세기에 걸쳐 옹플뢰르에 머물고 작업했던 화가들의 작품이 전시되어 있다. 그들을 훑어본 후 가장 꼭대기 층에 올라가서야, 습도계와 온도계가 구비된 유리 상자 속에서 부댕의 작품들을 만날 수 있었다. 그 중에서도 1860년대에 그려진 〈트루빌 해변〉에는 그의 특징적인 요소들이 다 모여 있다. 반듯한 수평선, 모래사장의 신사숙녀들, 가로로 길쭉한 캔버스 비율. 내게 트루빌 바닷가에 대한 호기심을 먼저 심어 준 사람은 모네가 아닌 부댕이었다. 그러나 오늘은 트루빌보다 옹플뢰르 거리를 탐색하는 일이 우선이다.

16세기 무역항으로 명성을 떨쳤지만 전쟁을 겪으면서 폐허가 되어 버린 옹플뢰르에는 19세기에 들어와 강한 복구의 물결이 일어났다. 예전의 영화를 되찾아 가던 이 마을에 고마운 화가들까지 찾아왔다. 오래된 가옥과 그림 같은 항구는 터줏대감 부댕뿐 아니라 바다 건너 이웃나라와 파리에서 온 화가들에 의해 묘사되었고, 관광객들은 그 흔적을 따라 기차역도 없는 이곳까지 불편함을 감수하며 몰려들었다. 그렇다면 옹플뢰르가 준비한 선물은 무엇일까. 지역성 짙은 부댕 박물관이 문화의 선두주자라면, 프랑스에서 가장 큰 목조 교회이자 500년 역사를 자랑하는 생트카트린Sainte-Catherine은 건축 분야에 일조할 것이다. 네덜란드 풍경화의 대표 화가 요한 용킨트Johan Jongkind는 이 구조물에 회화적 영원성까지 부여했다.

나는 좁은 골목 담벼락에 기대어 서서 건물 전체를 감지하려 했지만 종탑과

위 뒤집힌 선체를 연상시키는 목조 교회 생트카트린.
왼쪽 옹플뢰르 시청과 외젠 부댕 박물관.
오른쪽 모네가 한때 묵었다는 르 슈발 블랑 호텔.

노르망디의 대표적 관광지인 옹플뢰르 중심 거리에는 경쾌하면서도 지방색이 돋보이는 상점과 식당들이 줄비하다. 특히 오래된 가옥과 골목들은 여행자의 산책을 즐겁게 해준다.

시계탑이 분리돼 있는 구조는 쉽게 시야에 잡히지 않는다. 그러나 언덕을 올라 광장 주변을 빙 둘러 걷다 보면 대번에 교회의 존재를 느낄 수 있다. 15세기 말 배를 만들던 목공들에 의해 완성된 건물답게 뒤집힌 선체를 연상시키는 외관은 고만고만한 골목들 사이에서 묵직하게 중심을 잡고 있다. 아무리 뒷걸음질을 쳐도 종탑의 품에서 벗어날 수가 없다. 나는 여러 각도에서 교회를 음미한 후에야 비로소 골목 쪽으로 눈길을 돌렸다. 개성 넘치는 화랑과 식당들, 이국적인 인테리어가 돋보이는 기념품과 옷가게들. 적당히 분주하고 기분 좋게 넉넉한 이곳에서 나는 자연스레 몸을 휘적거렸다. 오늘 아침까지도 파리의 시끌벅적한 삶을 지켜봤던 나는 잽싸게 이 분위기에 합류했다. 저녁식사 후 항구로 나갔을 때는 어느새 신발이 운동화에서 슬리퍼로 바뀌어 있었다.

1864년 5월 모네와 바지유는 파리 생라자르 역에서 기차를 탔다. 모네는 친구에게 노르망디의 자연을 보여 주고 싶었다. 자신의 어린 시절을 사로잡았던 아름다운 바다와 하늘을 공유하고 싶었다. 루앙에서 몇 시간 머물며 박물관 구경을 한 후 증기선을 타고 센 강을 따라 옹플뢰르에 다다른 두 사람은 낙원을 보았다. 푸른 이파리들이 파도치듯 너울거리고 센 강의 마지막 줄기를 품은 바다가 그 뒤에서 출렁거렸다.

그들은 마을 빵집에 방 하나를 얻었다. 그리고 자연으로 나갔다. 날마다 해안가에 나란히 이젤을 세우고 바다와 절벽과 하늘을 그렸다. 그들의 눈은 먼 곳까지 하염없이 내달렸고, 그들의 캔버스에는 여과되지 않은 빛들이 보물처럼 쌓여 갔다. 그림의 열정은 샘물처럼 솟구쳤고 눈앞의 세상은 보답이라도 하듯 매일매일 감동을 안겨 주었다. 아침 5시에 일어나 밤 8시까지 쉬지 않고 작업했지만 심장은 두근거렸고 몸은 지치지 않았다. 그들은 20대였고, 영혼은 자유로웠으며, 자연의 빛들은 고갈되는 법이 없었다. 얼마 후 바지유는 '지독하게 밉고 두려운' 의대시험을 치르기 위해 파리로 돌아갔고, 여전히 옹플뢰르에 남아있던 모네는 친구를 다시 불러들이고 싶어 장문의 편지를 보내곤 했다.

잔잔한 물결이 웅덩이에 고인 것처럼 제자리걸음을 한다. 둥글게 만(灣)을 이룬 선창가에는 색색의 건물들이 서로를 압박하듯 촘촘히 붙어 있다. 이들이 뿌린 총천연색 빛이 수면 위에 너울댄다. 그림에서 보던 그림 같은 장면이다. 저녁노을은 어둠과 밝음을 갈라놓는다. 그늘에 묻힌 집들은 검은색으로, 태양에 안긴 교회와 놀이터는 황금빛으로 변한다. 싸늘한 바닷바람이 항구를 에워싼다. 우리는 부둣가 근처를 배회했다.

노르망디에서의 첫날, 매년 300만 명의 관광객이 방문한다는 옹플뢰르의 중심에서 나는 휴양지의 안락함에 만족했다. 소음이 사라지고 공기는 맑고 시야가 넓어지고 바람은 한없이 선선하다. 그리고 며칠 전부터 부어 있던 내 목 상태가 갑자기 가라앉고 있다. 나는 오래전 모네와 바지유를 설레게 했던 그 '낙원'이 주는 첫 선물이라 믿기로 했다.

센 강과 영국해협이 합쳐지는 지점에 위치한 옹플뢰르는 오래전부터 무역항이 발달했다. 항구를 촘촘히 에워싼 건물들은 옹플뢰르만이 갖는 특유의 풍경, 바로 수 세기에 걸쳐 화가들의 발길을 잡았던 '그림 같은 장면'이다.

Normandie, France

부댕과 모네가 사랑했던 옹플뢰르 항구.
이제는 또 다른 지역 화가들이 그 자리를 대신하고 있다.

Normandie, France

25

오전 10시, 게으르게 하루를 여는 우리 앞에 시끌벅적한 옹플뢰르가 첫 아침을 알린다. "보트부터 탈까요?" 흰색 매표박스를 가리키며 T가 세 여자에게 의견을 묻는다. 달리 반대할 이유가 없다. 이 동네에서는 이런 활동이 어울린다. 우리는 단순하고 즐겁고 왁자지껄한 분위기에 한 표를 던졌다. 그러고는 표를 산 후 30분, 배에 올라탄 후 30분 만에 육지를 떠날 수 있었다. 마이크를 잡은 가이드가 그간 수백 번은 읊조렸을 내용을 일정한 톤으로 쉼표도 없이 말한다. 물론 프랑스어다. 우리를 포함한 대부분의 외국 관광객들은 귀동냥으로 들으며 제할 일을 했다. 사진 찍기, 바라보기, 동행자와 얘기하기 등등. 차양 없는 갑판 위는 햇빛에 무방비로 노출되었고, 피부에 자신 있는 사람들은 해바라기처럼 얼굴을 치켜든다. 이제 보트는 옹플뢰르 부둣가를 둥글게 돌아가고 있다. 대형 선박들, 어망이 늘어진 낡은 고기잡이배, 흰색과 파란색의 요트와 범선들. 그리고

Normandie, France

교회와 박물관, 식당과 상점, 광장과 공원들. 물과 육지의 경계선에서 오순도순 예쁜 풍경을 만들고 있는 이 마을 주역들이다.

    45분의 투어가 차분하고 담담하게 끝났다. 나는 더 이상 잔잔한 수면에 만족할 수가 없었다. 허옇게 거품을 일으키는 파도의 과격함이 보고 싶어졌다. "이제 트루빌 해변에 가볼까요?" 이번에는 내가 다음 일정을 제안했다. 이 역시 누구의 반대가 있을 리 없다. 우리에겐 시간이 남아돌았다. 버스터미널을 향해 부둣가를 거치고 골목들을 통과하는 동안 점심시간을 맞은 식당들이 심하게 고소한 냄새를 풍겼지만 우리는 곁눈질도 하지 않았다. 새로운 동네에서 식사를 하고 싶은 욕구가 너무 강했다.

    그러나 트루빌행 출발 시간을 확인한 다음 곧바로 티켓을 사고 줄을 서 버스에 올라탔을 때 나는 바다보다 더 급한 게 한 끼의 식사라는 것을 깨달았다. 무사태평한 버스는 마을 정류장마다 어김없이 정차했다. 버스기사에게는 한 떼의 관광객보다 소수의 마을사람이 더 중요했다. 할머니가 탑승할 때는 좌석에 무사히 안착할 때까지 미동도 하지 않았고, 저만치서 학생들이 달려올 때는 그들이 무사히 문고리를 잡을 때까지 절대 떠나지 않았다. 덕분에 신호등도 교통

체중도 없는 시골길 15킬로미터를 가는 데 한 시간이나 걸렸다. 트루빌-도빌 역 표지판이 창밖으로 보였을 때 승객들은 일제히 환호성을 질렀다.

　역에서 내려 중심가로 들어서자마자 우리는 처음 등장한 식당 앞에서 한마음이 됐다. 오후 2시 30분. 늦어도 한참 늦었다. 다양한 소스의 홍합요리와 해물샐러드, 노르망디 특산음료인 사과주 시드르Cidre까지, 식탁이 무너지도록 가득 놓인 음식들을 게걸스럽게 비우고 나서야 우리는 이 마을을 주제로 대화를 펼칠 수 있었다. 식당 밖 거리 풍경이 조금씩 눈에 들어왔다. 길 건너편의 해산물 시장도 불필요하게 또렷이 다가왔다. 신선한 새우와 게, 굴과 조개들이 좌판을 메우고, 옆에는 즉석요리를 즐길 수 있는 간이식당까지 마련되어 있었다. 더 싸고 더 맛있고 더 푸짐하며 더 재밌어 보이기까지 했다.

　후회와 아쉬움이 밀려왔지만 이미 위장은 한껏 불러 온 상태였다. 함께 서로를 위로하며 떨어지지 않는 발걸음을 재촉해 부둣가까지 갔다. 여기서는 한창 어부들의 퍼포먼스가 이뤄지고 있었다. 방금 도착한 고기잡이배에서 오늘의 수확물이 요란하게 내려지고, 어부들이 걸쭉한 목소리로 외쳐 대고, 스티로폼 상자들이 바닥에 철퍼덕 놓이고, 어망이 걷히고, 그 위를 수십 마리의 갈매기들이 힘차게 날며 먹이를 달라고 아우성을 친다. 이들이 무대 위의 배우라면 우리 같은 관광객들은 신기한 눈빛으로 입을 헤벌리고 쳐다보는 관객이다. 그러나 이럴 때가 아니다. 바닷물은 눈앞에 있지만 방파제만 보일 뿐 역동적인 해변의 모습은 드러나지 않았다. 나는 지도를 펴고 지름길을 살폈다. 그렇게 발을 들여놓은 주택가 골목. 짙은 그늘에 휩싸인 건물들이 끝나갈 즈음 어디선가 빛이 들어왔다. 칙칙한 벽들 사이에서 희멀건 공간이 튀어나왔다. 바다가 분명했다.

　트루빌의 해변은 벨벳처럼 매끈한 모래들로 메워져 있었다. 넓은 하늘과 바

Normandie, France

현재의 트루빌 해변은 눈부신 햇빛과 황금빛 모래사장, 푸른 하늘과 바다를 즐기려는 피서객들로 붐빈다. 150년의 간극은 사람들의 옷차림을 극단적으로 변화시켰다. 또 1세기가 흐른 후에는 어떤 장면들이 펼쳐질까.

부댕, 〈트루빌 빌레르빌의 해변〉, 1864년, 미국 워싱턴 국립미술관 소장.

"모든 것들은 그 자리에서 직접 그려진다. 현장은 힘이 있다. 역동적이고 활기가 넘치는 촉감은 화실에서 결코 얻을 수 없는 것이다. 자연 속에서 이뤄지는 세 번의 붓질은 화실에 이젤을 펴고 앉아 있는 이틀보다 훨씬 가치 있다."

외젠 부댕

다의 완벽한 만남은 수평선의 교과서 같았다. 화려한 줄무늬의 파라솔들이 해안선에 띠를 만들었다. 그런데 넋을 놓고 부댕의 그림 속 파노라마 장면을 연상하던 나는 등장인물들의 달라진 면면에 주춤했다. 몸의 80퍼센트 이상을 드러낸 사람들이 일광욕과 물놀이를 즐기고 있다. 나는 가느다란 비키니 수영복 앞에서 그림과 현실의 이미지를 분리시키느라 혼란을 겪었다. 어쨌든 몸의 80퍼센트 이상을 가린 우리도 의연하게 모래밭 한가운데로 걸어 들어갔다.

"저들이 우리를 쳐다보며 무슨 생각을 할까?"

검은색의 긴 바지와 셔츠, 그 위에 재킷을 걸친 P가 말했다. 나머지 세 사람의 묵직한 의상도 크게 다르지 않았다. 노르망디의 기후는 일교차가 심했다. 한낮에도 태양이 조금만 자취를 감추면 곧 쌀쌀한 바람이 불어와 체감온도를 낮춘다. 한여름 최고 기온이 23도를 넘지 않는다고 하니, 일단 숙소를 나선 여행자는 하루를 책임질 든든한 의상이 필요하다.

"독감에 걸렸을 거라고 이해하겠지." 말은 이렇게 하면서도 나는 조금씩 셔츠 소매를 걷어 올렸다. 그나마 햇빛 내구력이 강한 내가 감당해야 할 몫이었다. 트루빌 해변에 여장을 풀었다면 저들처럼 해수욕장에 걸맞은 노출 패션에 도전해 볼 수 있었을 텐데. 나는 방문객의 입장에서 최선을 다하기로 했다. 운동화와 양말을 벗고 바지를 돌돌 말아 허벅지까지 올렸다. 그러고는 저벅저벅 바다 쪽으로 걸어가 물속에 다리를 첨벙 담갔다. 파도가 출렁일 때마다 바짓단이 축축해진다. 셔츠에 물똥이 튀고 코끝으로 비린내가 스민다. 태양의 열기가 순식간에 이들을 증발시키고 나면 다시 파도가 밀려든다. 내가 원하던 '움직이는' 바닷물이다. 나의 눈을 멀리 달리도록 해주는 망망대해다. 이제야 노르망디가 실감났다.

1870년 6월, 30세가 된 모네는 아버지가 며느리로 인정하지 않는 카미유와 결혼식을 단행한 후 노르망디로 향했다. 파리에서는 보불전쟁의 기운이 슬슬 감돌고 있었다. 모네는 생사를 가늠할 수 없는 무자비한 전쟁터에서 목숨을 내걸고 싶지 않았다. 이제는 혼자의 몸이 아니었다. 곁에는 자신이 지켜야 할 아내와 어린 아들이 있었다. 트루빌로 신혼여행을 온 그는 비교적 저렴한 티볼리 호텔에 묵으며 작업에 몰두했다. 파리에서 200킬로미터 떨어진 바닷가 휴양지는 전쟁과 무관해 보였다. 근사하게 옷을 빼입은 관광객들이 여가를 즐기고 있었다. 오래전 스승인 부댕 부부까지 함께하면서 모네는 파리와 친구들과 전쟁을 잊은 채 가족과 그림 속에 파묻혀 꿈같은 시간을 보냈다. 이때 완성한 〈트루빌의 로슈 누아르 호텔〉과 〈트루빌 해변의 카미유〉 등은 모네에게는 본격적인 풍경화의 서막과도 같았다.

양산을 들고 흰색 크리놀린 드레스를 입은 신부 카미유의 뒤로 푸른 바닷물과 황금빛 모래사장이 펼쳐졌다. 모네에게는 언감생심 그림의 떡과도 같았던 트루빌 최고의 호텔 로슈 누아르Roches Noirs는 풍요와 화려함이 넘쳤다. 빛이 갈라놓은 양지와 음지의 대비, 바람에 펄럭이는 깃발, 활기찬 붓놀림과 낭랑한 색감은 풍전등화와 같은 파리의 삶과 당연히 대비되었다. 군복을 입은 마네와 드가가 폭격 속을 질주할 때 이곳에서는 싱그러운 대화가 오고갔다. 전쟁의 두려움과 징집의 우려, 가장으로서의 책임감에 짓눌려 있던 모네에게는 극단의 감정이 더 솟구쳤을 수도 있다. 그건 바로 '바캉스Vacance'였다. 그러나 평화로운 날들은 오래 가지 못했다. 호텔 숙박비는 계속 밀려 주인의 얼굴을 마주하기조차 불편해졌고, 전쟁의 공포는 프랑스 전역으로 파고들었다. 모네 가족은 가을이 시작될 무렵 영국으로 떠나는 피난민 배에 몸을 실었다.

모네, 〈트루빌 해변의 카미유〉, 1870년, 미국 예일대학교 미술관 소장.

모네는 신혼여행 중에도 아내 카미유의 모습을 캔버스에 담았다. 그림 오른쪽 뒤편에 보이는 아이는 결혼 전에 이미 두 사람 사이에서 태어난 세 살배기 아들 장Jean이라는 일설이 있다.

왼쪽 모네, 〈트루빌의 로슈 누아르 호텔〉, 1870, 오르세 박물관 소장.
자유롭고 간결한 붓놀림과 압축적인 이미지, 바람에 흘날리는 깃발의 자연스런 움직임, 밝고 경쾌한 색감이 두드러진 이 작품은 30세를 여는 모네의 상징적인 풍경화.
오른쪽 트루빌 해변에 있는 호텔과 식당들의 풍경.

Normandie, France

우리는 모래사장을 끼고 산책로를 걸었다. 웃통을 벗은 소년들이 공놀이에 열중하고 있다. 그보다 덜 성숙한 아이들은 주저앉아 모래집을 만든다. 몸을 쓰는 일이 귀찮은 어른들은 책을 읽거나 해를 쪼인다. 시대는 흘렀어도 변하지 않은 게 있다. 이곳에서는 투쟁적인 삶을 찾아볼 수가 없다. 시간은 늘어지고 인생은 아름답다. 혹여 저들 중 떠나온 집에 세금고지서나 은행 빚 독촉장이 잔뜩 쌓여 있다 해도 이 순간만큼은 고민의 굴레에서 벗어나고 싶을 것이다. 그만큼 해변은 찬란하다.

나는 맨발에 묻은 모래를 털어 내고 다시 운동화를 신었다. 얼굴이 벌겋게 달아올랐다. 모네가 사랑했던 트루빌 해변은 내게 딱 두 시간의 일탈을 안겨 주었다. 그리고 아이스크림을 먹으며 온 길을 되돌아가 버스를 타고 옹플뢰르에 도착했을 때는 달랑 하룻밤 묵은 이 마을이 내 집처럼 편안해졌다. 슈퍼마켓에서 음료수와 과자를 사들고 숙소로 향할 때는 모두의 얼굴에 화색이 돌았다. 우리의 휴양지는 후줄근한 옷가지와 세면도구, 그리고 편히 누울 침대가 있는 옹플뢰르였다.

"노르망디에 왔으니까 칼바도스Calvados를 마셔야겠죠." 저녁식사를 끝내고 숙소로 돌아온 우리 앞에 W 씨가 언제 준비했는지 자그마한 술병 하나를 꺼내 놓았다. 레마르크의 소설 『개선문』에서 외과의사 라비크가 밤마다 들이켰던 바로 그 술, 노르망디가 자랑하는 사과 브랜디다. 우리는 그녀의 탁월한 선택에 찬사를 보냈다. 그 지역에 머무는 동안 그 지역 특산물을 체험하는 것은 여행자만의 특권이다. 미국에서는 맥주, 지리산에서는 막걸리, 이탈리아에서는 와인을 마셨던 것처럼 노르망디에서는 칼바도스를 마셔 줘야 한다. 그러나 40도가 넘는 알코올 도수 앞에서 이 갈망은 결국 이뤄지지 않았다. 다만 시청각적 음미만큼은 뒤지지 않게 했다. 불그스름해지는 하늘과 창밖의 정원을 내다보며 지저귀는 새소리에 귀를 기울였다. 갈색의 칼바도스 술병을 열심히 바라보면서.

늦은 밤 T와 나는 살그머니 계단을 내려와 숙소를 빠져나왔다. 그 사이 해가 기울었다. 부둣가를 뒤덮은 하늘이 새까매졌다. 줄지어 들어선 식당들은 손님이 있건 말건 집 안의 등불을 다 켜놓았다. 수면에 반사된 빛들이 폭죽의 잔해처럼 번쩍인다. 정박해 있는 배들의 돛대가 현악기의 줄처럼 가지런하다. 한 바퀴를 돌고 나니 자정이 넘었다. 드디어 등불들이 하나둘 꺼진다. 사람들의 발걸음도 뜸해진다. 모두가 잠자리에 들어간 시간, 성당의 종소리가 항구의 정적을 깬다. 형체가 보이지 않는 갈매기들의 울음소리가 사이사이 구슬픈 반주를 넣는다. 나의 바캉스는 지금이다. 불과 이틀 만에 파리가 잊혀졌다.

Normandie, France

26

아마도 반 고흐가 살았던 누에넨 마을의 비 내리는 저녁이었을 것이다. 그가 걸어갔을 어느 오솔길에서 나는 에릭 사티의 〈짐노페디Gymnopédies〉를 허밍으로 부르고 있었다. 간결하고 반복적이면서도 애달픈 멜로디는 묘한 중독성이 있어 반 고흐를 떠올릴 때면 자동적으로 내 입가에 맴돌았다. 두 사람이 실제 만났었는지, 친분 관계가 있었는지는 알 수가 없다. 정확히 알려진 바도 없다. 1887년 반 고흐가 2년째 몽마르트르 아파트에 살고 있을 때 막 20대로 접어든 사티 역시 아버지 집이 있는 그 동네로 이사했다는 사실 정도가 남아 있다. 보헤미안들의 사랑방이었던 샤누아 카바레에서 피아노를 치던 사티, 그리고 로트레크와 친했던 반 고흐의 동선을 생각하면 충분히 그들은 카바레 구석진 자리에서 술 한잔 기울이며 미술과 음악과 시에 대해 얘기를 나눴을 거라 짐작한다. 그러나 내게는 두 사람이 실제 가졌을 연대감보다 더 중요한 게 있다. 사티의 음악을 들

Normandie, France

는 현재의 내 느낌이다.

1866년 옹플뢰르에서 태어나 네 살 때 부모를 따라 파리로 이사했지만 곧이은 어머니의 죽음으로 다시 조부모가 있는 고향으로 돌아온 사티는 이미 어린 나이에 평탄치 못한 삶을 시작했다. 열두 살 때는 할머니마저 세상을 떠나는 바람에 다시 재혼한 아버지가 있는 파리로 갔고, 이때부터 10년간 좌절 속에서 방황해야 했다. 파리 음악원에서는 '재능 없고 쓸모없으며 나태한 학생'이란 평가를 받았고, 자원한 군대에서는 적응하지 못해 중도하차했다. 그러나 몽마르트르에서 꽃을 피운 사티의 재능은, 비록 불안정하고 반항적인 성격이었지만, 빛을 발했다.

그는 고전적인 피아노곡의 틀을 뒤엎었다. 그리고 생애 최고의 명곡으로 꼽히는, '비통하게·슬프게·장중하게'라는 표제를 단 세 곡의 연작 피아노곡 〈짐노페디〉를 완성했다. 불과 22세 때의 일이다. 그러나 사티의 성공은 객관적인 것과는 거리가 멀었다. 지금은 미니멀리즘 음악, 가구음악 Furniture Music, 단조로운 멜로디가 특징인 일종의 배경음악의 선구자로 꼽히지만, 그 시대의 사티는 음악의 이단아였다. 괴팍하고 냉소적인 성향과 실험적인 작품, 그리고 화가 쉬잔 발라동과의 뼈아픈 이별은 그를 평생 고독 속에 가둬 놓고 말았다.

나는 박물관의 전형을 기대했었다. 작품과 기록물 및 사진들이 전시돼 있고 그 위에 친절한 설명이 덧붙여진 공간을 생각했다. 건물의 이름이 '메종 사티 Maisons Satie, 사티의 집'라고 했을 때 눈치 챘어야 했다. 단순히 음악인의 범주에서 벗어나 글을 쓰고 그림을 그리고 연기도 했던 인물임을 생각했어야 했다. 입구 벽에 그려진 캐리커처 자화상 옆에 "당신은 무엇을 더 좋아하는가? 음악? 혹은 돼

'메종 사티'는 한 편의 연극을 관람하는 것 같은 생생한 시청각적 즐거움을 선사한다.

"지고기?"라고 적힌 사티의 글에서 이 요상하고 비범한 집을 예감했어야 했다.

관람객이라고는 우리밖에 없는 로비. 매표 데스크의 여자가 티켓과 함께 헤드폰을 넘겨주며 귀에 꼭 대라고 한다. 마치 그렇게 하지 않으면 무진장 후회하게 될 거라는 표정이다. 좁고 침침한 통로 속으로 한 발 내디디면서도 나는 두 귀를 덮은 답답한 장치가 귀찮아 여러 번 손을 올렸다. 그러나 첫 번째 방이 나타나고, 동시에 헤드폰을 통해 피아노 소리가 흘러나왔을 때 정신이 번쩍 들었다. 눈과 귀에서 울리는 사티의 꿈같은 여행이 막을 올리고 있었다.

서양배를 닮은 커다란 원뿔 모양의 오브제가 공중에 매달려 있다. 센서가 설치된 공간은 내 동작을 감지하자마자 환영의 메시지를 보낸다. 오브제의 몸통이 노란 빛으로 바뀌고 양옆에 매달린 다리들이 곤충처럼 천천히 위아래로 휘

Normandie, France

젓는다. 구석에 쌓인 신문 뭉텅이들 속에 '사티는 죽었고, 또 오래도록 살아 있다'는 문구가 파묻혀 있다. 자화상이 새겨지고, 음악과 빛이 내 뒤를 따른다.

　나는 헤드폰이 흘러내릴까 봐 손으로 고쳐 잡으며 다음 방으로 넘어갔다. 벽 전체가 스케치북이 된다. 흰 의자들이 기우뚱거리며 바닥에 붙어 있다. 탁자 위에서는 사진이, 벽에서는 휘갈겨 쓴 낙서들이 튀어나온다. 사티의 옷과 모자가 홀로그램이 되고, 샤누아 카바레의 엎어진 술잔에서는 붉은 와인이 흘러내린다. 나무줄기에 매달린 것처럼 긴 막대기에 세워진 모니터들에서는 악보와 그림들이 스친다. 흰색으로 뒤덮인 '피아노 연습실'에서는 마술이 펼쳐진다. 보이지 않는 손이 신나게 피아노 건반을 두드린다. 음악은 담백한 〈짐노페디〉에서 애잔한 〈그노시엔느 Gnossienne〉로, 왈츠 곡 〈나는 너를 원해 Je Te Veux〉로 넘어간다. 우리는 이곳에서 두 팔을 휘저으며 피아노 주위를 돌아다녔다. 익살스럽고 환상적인 사티의 집이 우리를 춤추게 한다. '나는 너무 낡은 시대에 너무 젊게 이 세상에 왔다 사티의 캐리커처 자화상에 첨가된 '생각(Pensée)'의 문구 중에서'는 에릭 사티. 그러나 후세인들은 안다. 소수의 누군가는 그런 운명을 지녀야 한다고. 그래야 세상은 한 번씩 진화할 테니까.

　사티의 집을 나와 평범한 인간사로 돌아오기까지 시간이 좀 걸렸다. 선택받은 재능을 갖고 있지 않는 한 그 시대에 알맞게 살아가는 일도 중요하다. 요즘은 모두가 너무 특별해지려고 안간힘을 쓰는 바람에 세상이 점점 시끄러워진다. 영웅과 천재가 있다면 비록 용기와 재능은 뒤쳐져도 일상의 행복을 얻는 사람들도 있다. 우리는 숙소 앞에서 마주친 안주인 페니에 이끌려 앞집 옆집 가게들 구경을 했다. 옷가게와 공예품 화랑과 식당의 주인들이 카메라 앞에서 포즈를 취

Normandie, France

한다. 그들도 웃고 우리도 웃고 지나가는 관광객들도 웃는다. 세상이 굳이 슬퍼 보이지 않아도 되는 시간이다.

골목을 한 바퀴 돌고 다시 숙소로 돌아왔을 때는 페니의 남편을 만났다. 그때 옆에 있던 W 씨가 내가 슬쩍 미뤄 놨던 숙제 하나를 일깨워 준다. 옹플뢰르 일정을 짤 때부터 알아내기 힘들었던 보들레르 어머니의 집 주소였다.

"시인 보들레르가 머물던 곳이 있다고 들었는데…"

"아, 메종 주주Maison Joujou, '장난감집'이라는 뜻요? 주소는 잘 모르지만 어딘지는 알아요. 부댕 박물관 아시죠? 거기서 위쪽으로 올라가다가 골목이 나오면 꺾어져서 언덕을 더 오르다가…."

내 질문이 채 끝나기도 전에 그는 동네사람 방식으로 가뿐히 설명을 끝냈다. 우리 역시 숨겨진 보물지도를 손에 쥔 것처럼 그의 대답이 끝나자마자 단숨에 길을 나섰다. 중간에서 멈칫하고, 헤매고, 주저했지만, 결국 찾아냈다. 오래전에 집 전체가 산사태로 무너지면서 대문과 벽돌담만 덩그러니 남아 있지만, 보들레르가 누렸을 전망 좋은 위치는 150년간 그대로였을 것이다.

『악의 꽃』 출간 이후 '여전히 낡은 시대에 살고 있는 사람들'로부터 정신 상태까지 의심 받아야 했던 보들레르는 '공중도덕과 미풍양속을 해치는 책'의 악명 높은 저자가 되어 길고 험한 소송을 치러야 했다. 1859년 그는 쫓기듯 파리를 떠나 어머니가 있는 옹플뢰르로 정신적 피난을 왔다. 바다가 보이고 정원이 있는 집에서 오래오래 안락하게 살았으면 좋으련만, 불우한 천재는 몇 달 후 다시 애증의 도시 파리로 돌아갔다. 그러나 1861년에 출간된 『악의 꽃』 제2판에 첨가될, 여행에 대한 뜨거운 시 한 편은 바로 이곳에서 완성되었다.

보들레르가 잠시 머물렀던 어머니 집 '메종 주주'의 현재 모습.
지금은 대문과 벽돌담만이 남아 있다. 집 근처에는 그의 이름을 딴 '보들레르 길'이 있다.

"… 어느 아침 우리는 떠난다. 머릿속은 활활 타오르고

마음은 원한과 서글픈 욕망으로 가득한 채,

우리는 간다. 물결치는 파도의 선율을 따라,

유한한 바다 위에 무한한 우리 마음을 흔들며.

… 그러나 진정한 여행자들은 오직 떠나기 위해

떠나는 사람들. 마음도 가볍게, 풍선처럼,

주어진 숙명을 빠져나가지 못하면서,

까닭도 모르는 채 늘 '가자!' 하고 외친다."

보들레르, 시집 『악의 꽃』에 수록된 「여행」 중에서, 1861년.

늦은 저녁, 나는 옹플뢰르의 또 다른 언덕 꼭대기에서 이번에는 그림의 천재 모네의 눈이 되어 경치를 감상했다. 승객들을 실은 관광열차 '프티 트렝 Petit Train'이 항구를 출발해 긴 몸뚱이를 기우뚱거리며 골목을 지나고 숲길을 올라 평화를 기원하는 코트 드 그라스 Côte de Grâce 언덕에 다다랐을 때, 운전기사가 이렇게 외

쳤다. "20분입니다!"

나는 먼저 언덕 끝으로 갔다. 영국해협과 합쳐지기 직전의 센 강이 옹플뢰르 항구를 끼고 시원하게 흐른다. 전망대는 그 아래 풍경이 무엇이든 간에 마음에 박힌 가시를 빼내 주는 효능이 있다. 세상은 이토록 넓은데…로 시작되는 관대함이다. 나는 깊은 숨을 들이마시며 너그러운 기운을 받아들였다. 그러나 무한정 머무를 수 없다는 게 단체 투어의 맹점이다. 주어진 20분의 자유 중 나머지 절반을 할애하기 위해 숲속으로 갔다.

산책로 옆에 17세기의 교회가 서 있다. 젊은 모네와 노련한 용킨트가 나란히 이젤을 놓고 그린 노트르담드그라스 예배당 Chapelle Notre-Dame-De-Grâce이다. 1864년 9월, 20대와 40대의 두 화가는 같은 장소에서 다른 그림을 완성했다. 모네는 자유로운 화법의 유화로, 용킨트는 전통적인 방식의 수채화로 이 건물을 묘사했다. 그리고 1918년 지베르니에 살던 70대의 모네는 파리의 유명한 화상 베른하임 Georges Bernheim이 갖고 온 이 그림을 반세기만에 접했다. 옹플뢰르에 머물 때 밀린 외상값을 갚기 위해 그림을 양도했던 모네는 후에 돈을 주고 되찾으려 했으나 어딘가에 헐값으로 팔렸다는 소문만 들었을 뿐이었다. 풋풋한 시절의 작품을 다시 보게 된 모네의 반응은 어땠을까.

"허허, 내 젊은 날의 그림이구려. 교회가 아주 잘 그려졌구먼. 그런데 왼편의 나무들이 영 마음에 들지 않아. 그 부분을 확 잘라 냈으면 좋겠는데…."

"그건 불가능합니다, 선생님. 이 작품은 그간 여러 손들을 거쳐 현재 '파리 카지노'의 매니저 샤를 씨 소유거든요." 베른하임은 저작자의 요청을 일언지하에 거절하고 말았다.

관광열차에 올라타려던 나는 아직도 전망대 앞에 서 있는 T를 발견했다. 그

옹플뢰르 서쪽에 위치한 코트 드 그라스 언덕에 오르면 노르망디 다리와 센 강의 마지막 줄기가 훤히 내려다보인다. 숲길 한편에 있는 노트르담드그라스 예배당.

를 부르기 위해 언덕 끝으로 급히 달려갔다. 그리고 찰나였지만, 부연 강물 너머로 아까는 미처 보지 못했던 매끈한 구조물 노르망디 다리Pont de Normandie를 발견했다. 저 건너편에 분명 르아브르가 있을 것이다. 나는 출발 신호를 알리는 운전기사의 목소리를 들으며 약 5초간 더 멈칫했다. 모네에게 풍경의 초심을 되살려 주곤 했던 어릴 적 고향. 내 마음이 일찌감치 그곳으로 달려가고 있었다.

Normandie, France

27

여행 전 노르망디에서 렌터카를 하지 않기로 결정한 후에도 나는 몇 번씩 오락가락했다. 일단 마을에 짐을 풀면 차를 쓸 일도 없을 텐데 주차장에 멀뚱히 세워 놓은 채 비싼 임대료와 주차료를 물고 싶지 않았다. 성수기의 살벌한 주차난도 문제였다. 자동변속기 차량을 구하는 일은 더 난관이었다. 그러나 짐을 끌고 기차와 완행버스를 갈아타며 이동하는 것 역시 그리 즐거운 상상은 아니었다. 그러나 이 모든 갈등은 여행을 떠나오기 직전 내게 합류 의사를 밝혔던 두 명의 동행자 덕분에 깔끔히 해결되었다. 인원이 늘어나면서 택시의 경제성이 급부상된 것이다.

일요일 아침, 스테판이 가족과의 단란한 시간을 포기하고 영업 전선에 뛰어들었다. 그는 휴일에 돈을 벌어 좋고, 우리는 합리적인 가격에 소통까지 가능한 기사와 동행할 수 있어 좋다. "르아브르에서 두어 시간 머문다고 했죠?" 스테판

왼쪽 옹플뢰르 숙소 '라 프티 폴리'에서의 아침식사. **오른쪽** 옹플뢰르와 르아브르를 잇는 노르망디 다리.

이 일정부터 확인한다.

    푸짐한 아침식사를 마치고 떠날 채비를 끝낸 나는 지도를 보여 주며 첫 번째 목적지부터 알려 주었다. 숙소 앞에서 페니와 헤어지는 데에만 15분이 걸렸다. '이별 의식'만큼은 프랑스인이 다 된 그녀가 선물로 수제 잼들을 안겨 준다. 드디어 스테판을 포함한 다섯 명의 성인과 짐들이 한가득 택시에 올라탔다. 옹플뢰르의 골목들이 점점 멀어져 간다. 그림 같은 항구가 획획 지나간다. 언덕과 집들도 어제처럼 사라졌다. 그리고 다리가 나타났다.

    높은 기둥 꼭대기에서 수 갈래의 케이블들이 뻗어 있다. 늘씬한 구조물이 쇠줄들을 단단히 붙잡으며 육중한 무게를 지탱하고 있다. 7년간의 공사를 끝내고 1995년에 개통된 2,143미터의 노르망디 다리는 그 당시 세계에서 가장 긴 현수橋懸垂橋, 케이블들에 의해 매달려 있는 다리였다. 이후 더 길고 강인해진 동생들에게 영광의 자리를 빼앗겼지만 건축적인 맵시는 여전하다.

    다리를 통과하는 데에만 한참이 걸렸다. 강을 건너고 산과 들판을 지날 즈음, 도회지의 냄새가 났다. 제2차 세계대전 때 독일군 해군기지가 들어서면서

왼쪽 모네의 그림 〈인상, 해돋이〉의 배경을 알려 주는 안내판. **오른쪽** 앙드레 말로 현대미술관의 전경.

최전방 역할을 했던 곳. 나치와 연합군이 쏟아내는 '철과 불의 폭풍'을 뒤집어 쓴 채 수천 명이 죽고 수만 명이 다쳤으며 건물들은 모두 파괴되고 항구는 초토화된 곳. 택시가 르아브르 안으로 진입했을 때 나는 책에서 읽었던 '전후戰後에 가장 탁월하게 재건된 도시의 전형'을 실감했다.

거주자에게는 살기 좋고 편리한 도시일 것이다. 콘크리트의 잠재력을 최대한 활용한 도시계획은 유네스코가 인정한 '세계유산'으로 선정되고도 남는다. 그러나 관광객은 아쉽다. 길은 너무 반듯하고 건물은 너무 말끔하다. 도심에는 획일적인 주상복합건물들이 들어섰고 항구는 산업시설의 발전상을 뽐내고 있다. 기차역이 있는 르아브르를 놔두고 옹플뢰르에 행락객들이 몰리는 데에도 다 이유가 있었다. 그러나 나는 이곳에 온 당위성을 스스로 상기시켰다. 죄면을 걸어서라도 19세기, 클로드 모네에게 시골의 정취와 자연의 감성을 일깨워 준 시절로 돌아가야 한다.

해변에서 뛰어놀고, 중학교에 다니고, 어머니의 임종을 지켜보고, 사춘기를 겪고, 캐리커처를 그려 용돈을 벌고, 외젠 부댕을 만나고, 자연에 눈을 뜨고, 화

위, 중앙 제2차 세계대전을 겪으면서 도시 대부분이 파괴된 르아브르는 이후 방대하고 치밀한 도시계획을 통해 현대적으로 재탄생하였다. 그러나 유서 깊은 항구의 모습은 여전히 남아 있다.
아래 르아브르에서 북쪽으로 20여 킬로미터 떨어진 생타드레스의 해변. 모네가 유년기를 보냈던 곳이다.

가가 되기로 결심하고, 홀로 파리행 기차를 타고, 그리고 다시 돌아와 이젤을 편 곳. 그중에서도 1872년 32세의 모네가 바라봤을 어느 날의 인상을 놓쳐서는 안 된다. 훤한 대낮이 아닌 일출을 앞둔 새벽녘으로, 대형 선박보다는 고즈넉한 돛 단배에 상상의 고리를 풀어야 한다. 나는 모네의 〈인상, 해돋이〉 작품설명이 적 힌 안내판 앞에서 눈을 게슴츠레 뜨고 시선을 멀리 했다. 삭막하게 변해 버린 선 착장 광경이지만 가슴이 벅차올랐다. 선명한 화력발전소 굴뚝이 뽀얀 물안개 속 돛대들로 둔갑하기도 했다.

　방파제 옆으로 고요한 바다가 펼쳐졌다. 건물들은 풍랑의 세월을 겪어 왔지 만 자연은 전쟁과 도시계획 속에서도 꿋꿋했다. 바닷가에는 물고기와 신경전을 벌이는 낚시꾼들만 있을 뿐이다. 우리는 제각기 흩어져 사색의 시간을 보냈다. 옹플뢰르와 트루빌에서는 미처 해보지 못한 빈자리의 경험이다.

　해변 뒤쪽에는 소설가 앙드레 말로의 이름을 따서 세워진 매끈한 건축물, 앙 드레 말로 현대미술관Musée d'art Moderne André Malraux이 있다. 그 앞으로 다가가면서 나는 노르망디 전역에서 열리고 있는 인상파 축제의 하나인 '피사로 특별전'을 기대했다. 퐁투아즈에서 놓친 안타까움을 보상받고 싶었다. 그러나 문은 굳게 닫혀 있었다. 입구에는 '혁명기념일 휴관'이라는 안내문이 붙어 있었다. 우리는 전시회를 알리는 대형 포스터 앞에서 온갖 포즈를 취해 가며 기념사진을 찍었 다. 지금으로서는 이것만이 유일한 해결책이었다.

　자동차로 3킬로미터쯤 더 달려 생타드레스Sainte-Adresse 해변이 등장했을 때 우리는 차에서 내렸다. 여기서부터는 산책로를 따라 일정 거리를 걸어야 한다. 아버지와 고모가 있는 이 마을에서 한동안 머물곤 했던 모네의 시선을 경험하 려면 나의 두 발이 해변에 정착할 필요가 있다. 잔잔한 바닷물과 촘촘한 자갈밭,

모네, 〈생타드레스의 정원〉, 1867년, 미국 뉴욕 메트로폴리탄 박물관 소장.
27세의 모네가 그린 초창기 작품. 1867년 여름, 유년과 소년시절의 추억이 있는 생타드레스로 휴가를 온 모네는 한동안 가족과 지내면서 이 작품을 완성했다. 그림 속 의자에 앉아 있는 사람은 모네의 아버지. 1868년 이 그림을 처음 접한 에밀 졸라는 '이처럼 개성이 강하고 독창적인 작품은 본 적이 없다'고 극찬했다.

예쁘장한 파라솔과 투명한 하늘. 휴양지의 요소들이 골고루 갖춰졌다. 길 중간에 잠시 들렀다는 사실을 잊고 싶을 만큼 신경이 느슨해졌다. 해변을 벗어나 바다가 보이는 식당에서 점심식사를 한 후에야 우리의 여행가방들이 아직 자동차 안에 있으며, 북쪽으로 30킬로미터를 더 올라가야 한다는 현실이 다가왔다.

"이제 마지막 장소로 갑니다. 호텔 주소 다시 한 번 보여 주시겠어요?" 스테판의 요청에 나는 종이 한 장을 내밀며 말했다.

"아마 바닷가에 있을 거예요. 지도에 그렇게 나와 있었거든요."

반드시 그래야만 한다. 아침이고 밤이고 꼭 봐야 하는 대상이 있다. 노르망디 여행을 준비하면서 가장 나를 들뜨게 했던 곳이다. 그것으로도 부족해 T에게 사진과 영상자료들을 보여 주며 은근슬쩍 공감대를 강요하기도 했었다. 르아브르에 머물며 반나절 정도 버스 타고 다녀와도 될 만큼 작은 어촌이지만 나는 2박 3일의 일정을 할애하기로 했다. 그 결심 뒤에는 전설적인 절벽들이 있다. 그 위로 쏟아지는 하루 동안의 다양한 빛을 온전히, 제대로 보고 싶었다. 얼마 후 마을 입구를 알리는 표지판이 보이기 시작했을 때 T가 외쳤다.

"에트르타 Étretat 네!"

나는 창문에 얼굴을 바싹 대고 정신없이 바깥을 내다봤다. 달리 할 말이 없었다. 다른 두 동행자도 어느새 이 기분에 동화되고 있었다.

28

안뜰을 중심으로 두 채의 오래된 건물이 들어서 있다. 이탈리아계 미국인인 주인장 쿠퍼 씨가 객실을 안내한다. 집 안의 계단이 좁고 가파르다. 문을 열고 닫을 때면 한바탕 열쇠와 씨름을 해야 한다. 그러나 유럽 여행에서는 이것도 필수 체험이다. 보너스도 있다. 친절한 주인, 전망 좋은 방, 직접 요리해 줄 거라 예상되는 아침식사, 그리고 50미터 거리에 있다는 바다. 더 기다릴 것도 없다. 우리는 한 블록 앞에 정말 해변이 있는지 눈으로 확인해야 했다. 그리고 골목 뒤쪽에서 한참 헤매고 들어오다가 짐작도 하지 못한 광경을 보게 되었다.

    바다는 다 같은 바다가 아니다. 해안선의 모양에 따라, 해변의 넓이와 땅의 색깔에 따라, 주변을 감싼 자연 요소에 따라 급수가 나뉜다. 나는 노르망디에서 만나는 네 번째 바다를 충격적으로 바라보았다. 초승달처럼 움푹한 해변에 은빛 자갈들이 깔렸다. 해변의 양쪽 꼭짓점에는 두 개의 거대한 절벽이 난공불락

Normandie, France

에트르타의 해변 풍경. 멀리 보이는 절벽이 일명 '코끼리 절벽'이라 불리는 포르트 다발이다.

의 요새처럼 우뚝 서 있다. 그들은 하늘과 바다가 합쳐지는 푸르스름한 공간에 제3의 색을 입혔다. 수면을 거스르듯 우람차게 튀어나온 앞머리가 수평선을 자극하고 있다. 그렇게 물과 절벽은 기묘한 자세로 동거하고 있었다.

에트르타의 바다는 아름다움을 넘어선다. 낭만이나 경쾌함을 일찌감치 터득한 후의 성숙함이다. 미혹을 물리치고 인생을 알아 가는 인간의 40대와도 같다. 방랑과 안락의 중간쯤에서 삶의 다른 면을 받아들이는 나이. 그래서일까. 모네가 이곳에 온 것도 그 시절이었다. 질풍노도의 시간들을 보낸 후 작정하고 자연 속에 파묻히기로 한 40대 중반. 그는 지베르니에 정착할 무렵 에트르타로의 여행을 거듭했다. 아내 카미유를 병으로 떠나보낸 지 서너 해가 흐른 후, 남겨진 두 아이를 데리고 상실감에 아파하던 그에게 다시 사랑이 찾아오던 때였다.

그의 마음속 연인은 몇 년 전 자신에게 그림을 의뢰하면서 가깝게 지내 온 부유한 상인 에르네스트 오슈데Ernest Hoschedé의 부인 알리스Alice였다. 카미유가 살아 있을 때 두 가족은 파리 근교 베퇴유Vétheuil 마을에서 함께 생활했다. 그러나 각자의 가정에서 충실한 남편과 아내로 지내던 모네와 알리스에게 연달아 배우자의 불운이 닥쳤으니, 카미유의 사망과 오슈데의 파산이었다. 가족을 놔두고 홀로 떠나 버린 오슈데, 아빠 없는 아이들과 엄마 없는 모네의 아이들까지 돌보게 된 알리스, 갑자기 여덟 명의 자녀를 부양하게 된 모네. 이들은 모두 함께 살기로 했다. 1883년 모네는 드디어 지베르니에 보금자리를 마련했고, 여전히 형식적으로는 남남이었지만 에트르타에 머물 때면 말로 다 못한 연정을 편지에 담아 알리스에게 보내곤 했다.

나는 강렬한 태양 빛에 눈을 찡그렸다. 해변은 원색의 보트들과 피서객들로 부산하지만 땅과 바다에는 충분히 여백이 있다. 우리는 무작정 해변 아래쪽으로 걸어갔다. 절벽의 기괴한 풍채가 조금씩 선명해졌다. 허연 돌산의 한가운데를 갈라 놓은 듯 넓고 편편한 언덕이 옆구리를 훤히 드러냈다. 그 끄트머리에 뚫린 둥근 구멍 하나가 물속에 몸을 담그고 있다. 들라크루아, 쿠르베, 부댕과 모네 등이 수십 년에 걸쳐 캔버스에 담았던 경이로운 대상이다. 에트르타에서 유년기를 보냈던 모파상이 30대에 다시 찾아와 자신의 소설 속 배경에 등장시키기도 했던 곳. 바로 '포르트 다발Porte d'Aval, 하류 쪽 문'이라 불리는 절벽이다.

"뭍 쪽에는 깎아지른 듯 높은 절벽이 그 발치에 큰 그림자를 던지고 있었고, … 저편 멀리 야릇한 모양의 창문처럼 구멍이 뚫린 동그스름한 아치형 바위는 파도 속에 코를 처박은 큰 코끼리와 비슷했다. 이것이 에트르타의 작은 문 바위였다." 소설 『여자의 일생』에서 주인공 일행이 배를 타고 에트르타로 다가갈 때 모파상은 저 바위의 형상을 동물에 비유했다. 그의 예리한 관찰력 덕분에 이제 사람들은 어려운 표현을 버리고 '코끼리 절벽'이라는 단어로 쉽게 소통할 수 있게 되었다.

나는 에트르타에서 맞는 첫 감동을 '아!' 하는 짧은 소리로 끝냈다. 때로는 침묵이 더 강렬한 표현이 되기도 한다. 옹플뢰르와 트루빌의 아기자기한 해변에서 2퍼센트 부족함을 토로하던 T는 비로소 놀라운 표정을 짓는다. "나온 김에 저 위로 올라가자고. 가까워 보이는데." 그의 마음이 급해 보인다. T의 말에 세 여자가 산책을 가듯 따라나섰다. 모자 없이 나선 게 후회됐지만 코끼리 절벽은 낮고 만만해 보였다.

일단 나무계단 위로 한걸음을 옮겼다. 위로 오를수록 해안과 바다의 각도가 달라진다. 눈높이에 따라 보이는 면적이 넓어지고 줄어든다. 숨어 있던 형상들이 곳곳에서 튀어나온다. 해변이 아련해질 즈음에는 대평원이 나타났다. 야생화와 풀들이 들판에 너부러져 있다. 코끼리의 널찍한 등 위에 골프장까지 가세한다. 전망대에서 아래를 내려다보니 지금 이 자리가 정상적인 땅의 위치로 느껴진다. 에트르타 마을이 웅덩이 속으로 푹 가라앉은 듯 한없이 왜소해 보인다.

코끼리 코가 각도에 따라 자취를 감추더니 내 이동에 맞춰 다시 출현했다. 해변에서 바라볼 때는 콧등과 겹쳐져 형체가 분명치 않던 날카로운 바위가 새로이 등장했다. 추리작가 르블랑 Maurice Leblanc의 소설 『구멍 난 바늘 L'Aiguille Creuse, 영어 제목 『Hollow Needle』, 국내에서는 『기암성』으로 출간되었다』에서 괴도 뤼팽과 소년 탐정이 프랑스 왕조의 비밀 장소를 두고 추격전을 벌이던 그곳이다. '족히 80미터가 넘는, 오벨리스크처럼 수직으로 서 있는 거대한 바위'가 발견된 순간, 스릴러와 액션이 가미된 한 편의 정통 추리소설은 클라이맥스로 치달았다.

절벽 꼭대기에서 내려다본 에트르타 마을의 전경.

모리스 르블랑의 소설 『구멍 난 바늘』의 배경이 된 뾰족 바위.

모네, 〈바늘 바위와 포르트 다발〉, 1885년,
미국 매사추세츠 스터링 앤 프랜신 클라크 아트 인스티튜트 소장.

바위들의 기하학적인 구도, 햇빛이 갈라놓은 양지와 음지의 대비,
절벽과 바다가 이루는 수평과 수직선의 조화는 모네의 감각과
치밀한 접근이 만들어 낸 결과다.

Normandie, France

바늘 바위가 멀어지자 이번에는 좀 더 통통하고 굵은 코끼리 코가 해를 가로막았다. 그 거대한 몸집이 수면에 짙은 그림자를 만든다. '만포르트Manneporte, 커다란 문'라고 불리는, 에트르타 절벽에 존재하는 돌구멍들 중 가장 큰 녀석이다. 모파상은 이를 두고 '여객선도 통과할 수 있는 거대한 둥근 천장'이라고 했다 단편「바다까마귀 바위」중에서. 1885년 '흥미롭고 호감 가는 젊은이' 모파상과 처음 만난 모네는 그의 문학적 정취에서 많은 영감을 받았다. 그리고 용감하게도 중년의 모네는 2년째 격렬히 맞서고 있는 만포르트와 위험한 실랑이를 벌였다.

"비 온 다음날, 나는 살짝 갠 날씨를 보며 아주 좋아했다오. 바람은 높고 바다는 거칠지만 잘하면 만포르트에서 풍족한 결과물을 만들 수 있겠다 싶었거든. 그런데 사건이 생기고 말았소. 아, 너무 놀라지 말구려. 당신에게 편지를 쓸 만큼 괜찮으니까. 나는 절벽 아래에서 열심히 작업하고 있었다오. 그런데 물이 다 빠져나갔다고 확신했던 내게 갑자기 커다란 물살이 몰려들었소. 그놈이 내 몸뚱이를 절벽에 힘껏 내동댕이쳤지. 나는 물속으로 질질 끌려들어 가며 생각했다오. 아, 이렇게 죽는구나. 결국 간신히 기어올랐지만 신발이며 코트까지 흠뻑 젖었다오. 손에 꽉 쥐고 있던 팔레트가 뒤집어지면서 내 얼굴은 온갖 색으로 덮이지 않았겠소. 어쨌든 난 무사하다오. 다만 최악의 사태는 그림들을 다 잃어버렸다는 거라오. 그래도 정말 운이 좋았소. 두 번 다시 당신을 못 볼 수도 있었다는 사실을 생각하면…. 내 모든 사랑과 포옹을 당신과 아이들에게 보내리다."

모네, 알리스에게 보낸 편지 중에서, 1885년 11월 27일.

모네는 여러 해에 걸쳐 에트르타를 드나들며 만포르트를 아주 가까이에서

왼쪽 모네, 〈에트르타의 만포르트〉, 1883년, 미국 뉴욕 메트로폴리탄 박물관 소장.
오른쪽 절벽 위에서 내려다본 만포르트의 현재 모습.

그랬다. 뻥 뚫린 돌구멍 양쪽에서 파도가 거세게 몰아치는 장면은 그간의 온화했던 풍경화들과 대비되었다. 붓놀림은 걸쭉해졌고 형체는 굵어졌으며 색감은 더 뭉개졌다. 어쩌면 50대 이후 모네의 그림에 불어올 변화의 바람이 전초전을 알린 건지도 모르겠다. 나는 까마득한 절벽 아래로 고개를 내밀었다. 물살에 흔들리는 파도가 허연 거품을 쏟으며 바위에 부딪치고 있다. 그런데 두 바위 사이로 작고 비밀스런 해변이 보인다. 썰물 때를 기다리면 저곳에 다다를 수 있을까. 모네처럼 아주 가까이에서 만포르트를 볼 수도 있을 텐데. 그 순간 숙소에서 쿠퍼 씨가 해준 얘기가 떠올랐다. "물이 쫙 빠져나가면 걸어서 구멍을 통과해 숨어 있는 해변에 갈 수 있답니다. 재미있는 경험이죠. 아, 그런데 날씨 좋을 때 하셔야죠. 돌아올 시간을 놓쳐도 안 되고요. 그 안에 영영 갇히는 수가 있거든요. 물론 헬기가 구조하러 갈 수도 있겠지만."

나는 고개를 힘껏 들어올렸다. 아찔한 상상을 접고 다시 절벽을 올랐다. 산봉우리 등반에 비하면 한참이나 가벼운 트레일 코스지만 절정을 맞은 태양 아

Normandie, France

포르트 다발 절벽으로 오르는 동안 펼쳐지는
바위와 들판의 모습들.
그 위에서 내려다본 에트르타 가옥들의 독특한 풍경.

래에서는 얘기가 달라진다. 땀이 비처럼 쏟아지고 피부는 활활 타오른다. 여기 저기에서 헉헉 하는 숨소리가 들린다. 드디어 절벽 꼭대기에 다다랐을 때는 머리카락이 제멋대로 휘날릴 만큼 매몰찬 바람이 불어왔다. 바다 위의 배들이 아련해진다. 갈매기 떼가 힘차게 날갯짓을 하며 절벽 주위를 맴돈다. 하늘은 가까이 있고 바다는 한가득 품에 들어온다. 나는 풀밭 위에 두 다리를 쭉 뻗고 앉았다. 올라온 보람이 온몸을 휘감았다.

숙소에서 두어 시간 쉬었다가 늦은 저녁식사를 끝낸 후에도 나는 자꾸만 해변이 신경 쓰였다. 시간마다의 빛이 궁금했다. 저녁 8시에도, 9시에도, 또 10시에도. 달리 할 일이 없는데다가 걸어서 1분이면 나갈 수 있으니 마다할 이유가 없었다. 태양이 무대 뒤로 사라져 가고 하늘은 옅은 주황색을 거쳐 불그스름한 옷으로 갈아입고, 허옇던 절벽에 잿빛 기운이 내려앉을 때까지 T와 나는 바닷가를 기웃거렸다. 바람은 차고 햇빛은 숨었다. 해변에는 일광욕 인파 대신 겉옷을 껴입은 가족들이 두런두런 모여 앉았다. 바다에 떠 있는 다이빙보드에서는 추위를 모르는 아이들이 수시로 물속 점프를 시도한다.

다시 시곗바늘이 한 바퀴 돌아간다. 수면 위로 석양의 마지막 광채가 감돈다. 모네의 그림 〈에트르타의 석양〉 장면이다. 해변의 주인공들도 교체되었다. 미끼통과 긴 작대기를 든 낚시꾼들이 은밀하게 나타났다. 아이들의 외침이 줄어들고 갈매기들의 울음소리가 억세졌다. 밤 11시를 넘겼다.

"어쩌면 에트르타가 이번 여행에서 가장 멋진 곳일지도 몰라." 나는 절벽에서 눈을 떼지 못한 채 이렇게 말했다.

"겨울에는 어떻게 변할까. 비나 눈이 와도 멋있을 거야. 나중에 꼭 다시 오자

Normandie, France

고. 그땐 좀 더 오래 있어도 좋겠지."

T의 말이 끝나고 나서도 우리는 여전히 바다 곁에 있었다. 암전이 된 하늘 아래 새로운 빛들이 등장했다. 해변 산책로에는 노란 가로등이, 절벽 밑에는 황금색 조명이, 교회 탑에는 붉은 등이 켜졌다. 깜깜한 바다에서는 배 한 척이 불을 깜빡이고 있다. 산책자들의 발걸음은 끊어지고 낚시꾼들의 긴 낚싯줄은 더 깊게 드리워졌다. 연인들은 서로에게 더 다가가고 갈매기는 더 구성지게 울어댔다. 바위들은 더 음산해지고 파도는 더 거세졌다. 그리고 칠흑 같은 하늘에 단 하나의 영롱한 빛이 생겼다. 절벽 위를 밝히는 노란 초승달이었다.

"오늘 나는 아주 근사한 작업들을 해냈소. 그래서
너무나 행복하구려. 기온은 좀 쌀쌀하지만 날은 놀랍도록
맑았다오. 에트르타의 절벽을 주제로 뭔가 중요한
작업을 하고 싶구려. 물론 나보다 앞서 이곳을 그렸던
쿠르베를 생각하면 과감한 용기가 필요하겠지만,
그와는 다른 방식으로 해보려고 한다오."

모네, 지베르니에 있는 연인 알리스에게 보낸 편지 중에서, 1883년 2월 1일.

모네, 〈에트르타의 석양〉, 1883년, 미국 노스캐롤라이나 미술관 소장.

Normandie, France

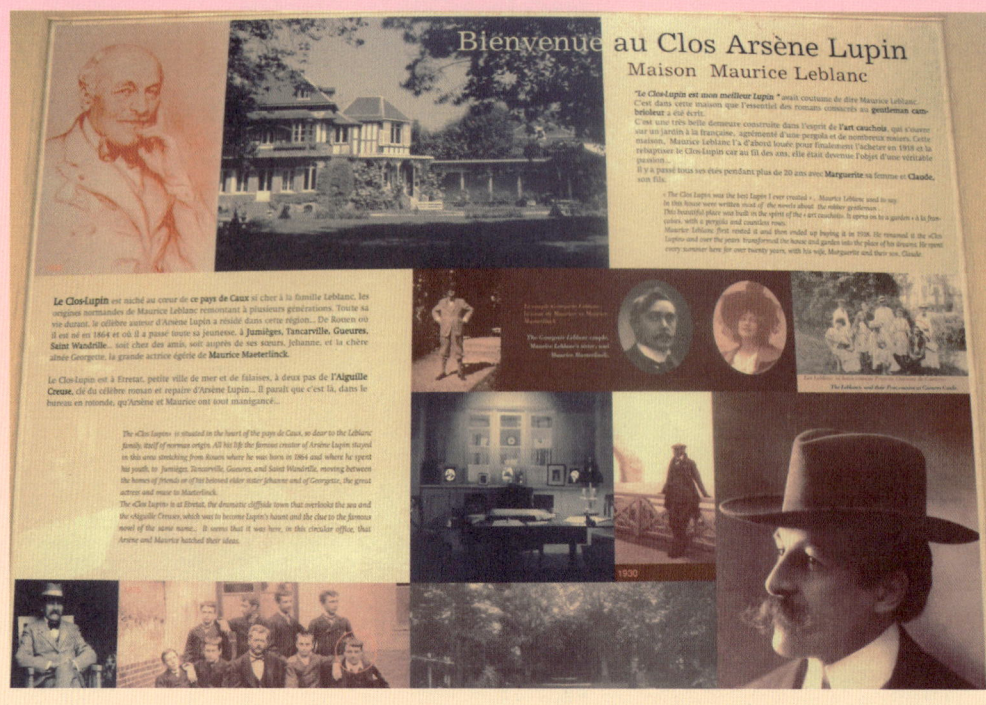

29

마당 식탁 위에 노란 꽃무늬 테이블보가 깔렸다. 앞치마를 두른 쿠퍼 씨가 주방을 오가며 분주히 식사 준비를 한다. 집 안에 아침 뷔페가 차려지고 우리는 따끈한 크루아상과 온갖 잼들을 덜어 와 바깥 공기를 마시며 식사를 했다.

"오늘은 저쪽 절벽에 가는 건가?" T가 커피 잔을 내려놓기가 무섭게 일정부터 체크한다. 당장이라도 뛰쳐나갈 기세다. P와 W씨의 얼굴에도 기대감이 어린다. 모두의 에너지가 최상의 상태로 보인다. 변변한 상점이나 걸출한 유적지 하나 없는 외딴 마을에서 이틀을 묵기로 했을 때 나는 은근히 염려가 되었다. 그러나 때로는 인간이 재력을 과시하며 야단스럽게 만든 시설보다 한자리에 오랫동안 버티고 선 자연물 하나가 더 효과를 발휘하기도 한다. 바라만 보아도 시간은 광속같이 지나가 버리니까.

Normandie, France

해변 오른쪽을 늠름하게 지키는 하얀 석회암 절벽 '포르트 다몽Porte d'Amont, 상류쪽문'은 마치 거인국의 병풍처럼 바다를 굳세게 가로막고 있다. 포르트 다발에 비해 몸뚱이는 더 우람하지만 바위들은 기교를 버리고 힘으로 호소한다. 모네보다 30여 년 먼저 에트르타의 절벽을 그렸던 들라크루아는 두 절벽을 각각 10년 간격으로 완성했다. 그중에서도 〈포르트 다몽〉은 〈민중을 이끄는 자유의 여신〉을 그렸던 화가인지 의심이 들 만큼 간결하고 단순하다. 노르스름한 색조로 뒤덮인 절벽은 커다란 공룡이 바닥에 배를 대고 편안히 잠들어 있는 모습과 비슷하다. 과연 들라크루아를 설레게 한 저 절벽 위에는 무엇이 기다리고 있을까.

　포르트 다몽으로 가기 위해서는 계단과 언덕 중 하나를 택해야 한다. 우리는 대번에 의견 일치를 보았다. 오를 때는 에둘러 가는 완만한 언덕길을, 내려올 때는 가파른 계단의 지름길을 택하기로 했다. 벽돌담을 따라 마을 골목길을 걷기 시작한 지 얼마 되지 않아 길가는 무성한 나무들로 채워졌다. 아래에서 보던 민둥한 절벽이 전혀 연상되지 않는 싱그러움이다. 그러나 숲은 위장전술이라도 펼치려는지 길 끝을 돌자마자 확 트인 광장을 내보였다. 에트르타에 도착했을 때부터 지금까지 내 눈을 높게 고정시켰던 벽돌 건물의 정체도 드러났다. 1856년 뱃사람들이 무거운 건축자재를 등에 지고 언덕 위로 나르며 완성시킨 땅의 결실, 노트르담 드 라 가르드 예배당Chapelle Notre-Dame de la Garde이다. 제2차 세계대전 때 폭격으로 파괴되었다가 1950년에 복구되어 다시 이 자리에 돌아온 마을의 수호신은 언덕을 평정하고도 남았다.

　예배당 뒤편에는 활주로를 닮은 콘크리트 마당이 있다. 그 한가운데에 창공을 찌를 듯 힘차게 뻗은 날카로운 구조물이 있다. 세계 최초로 파리-뉴욕 간 논스톱 대서양 횡단을 시도하던 조종사 늉기세르Nungesser와 콜리Coli를 위한 기념비다. 1927년 5월 8일, 2만 5천 달러의 상금이 걸린 '오르테이그 상Orteig Prize' 경기에 참가한 이들은 두 날개가 달린 복엽기 '하얀 새L'Oiseau Blanc'를 타고 파리를 출발했다. 그들은 영국해협과 북대서양을 가로질러 미국으로 갈 예정이었다. 뉴욕에서는 두 영웅의 도착을 보기 위해 군중들이 몰려들었고, 파리 기자들은 성공담을 작성하기 위해 대기 중이었다. 그러나 출발 42시간이 지나도록 비행기는 나타나지 않았고, 에트르타에서 마지막으로 목격되었다는 증언만 있을 뿐 흔적이나 시신은 발견되지 않았다. 이 사건은 항공 역사상 가장 풀리지 않는 미스터리로 남아 있다. 그리고 2주 후 미국인 린드버그Charles Lindbergh는 단독으로 이 횡단을 성공시켰다.

포르트 다몽 언덕 위에 있는 노트르담 드 라 가르드 예배당.

절벽 위로 올라온 사람들의 첫 시선은 일단 고고한 예배당과 비범한 기념비로 향한다. 그 다음 벼랑 끝으로 발걸음을 옮기면 걸출한 풍경에 동공이 커지고 할 말을 잃는다. 나 역시 그들과 흡사한 표정으로 언덕 가장자리에 섰다. 맞은편의 코끼리 절벽이 팔을 쭉 뻗으면 닿을 만큼 가깝게 느껴진다. 하늘과 바다가 수평선을 무너뜨리고, 해변의 사람들과 물 위의 배들은 점이 되어 떠돈다.

절벽 뒤쪽의 산책로에는 넓은 들판이 펼쳐졌다. 말과 소들이 한가로이 풀을 뜯는 목장이 있는가 하면 낭떠러지 밑에서는 허연 암석이 파도에 맞서고 있다. 깊게 골이 패인 바위 밑으로 웅덩이가 만들어지고, 검푸른 바닷물이 주변을 맴돌고, 갈매기들은 그 사이를 수직으로 오르내리며 울어 댄다. 화가의 능력을 지녔다면, 음악적 재질이 탁월하다면, 필력이 뛰어나다면 무엇이든 표현할 방법이 있으련만, 나는 그저 바라만 보았다. 대부분의 사람들도(주인을 따라온 개들마저) 그렇게 앞을 보며 앉아 있다. '에트르타는 너무나 경이롭고 대단해서 그 모습을 제대로 표현할 수 없는 무능함에 화가 날 지경'이라고 했던 모네. 우리 같은 범인들은 화를 낼 필요가 없다. 조용히 가슴에 담는 것만으로도 행복해진다. 아무것도 하지 않아도 자책감은 생기지 않는다.

늦은 오후, 나는 에트르타에서의 남은 일정을 '신사 도둑' 뤼팽Arsène Lupin에게 할애하기로 했다. 중학교 때 아가사 크리스티를 처음 접한 이후 수십 년간 추리소설의 열광적 마니아로 살아온 내게는 '성지 순례'와도 같은 일이다. 셜록 홈스와 아르센 뤼팽을 놓고 혼자 비교분석까지 끝냈던 어린 시절, 나는 작가보다 그들이 창조한 캐릭터에 더 열중했다. '뤼팽 시리즈'의 저자 모리스 르블랑의 이름을 외우기까지 많은 시간이 걸리기도 했다. 어쩌면 르블랑 자신도 대중들의

포르트 다몽 절벽 위에는 드넓은 벌판이 이어지고 벼랑 끝에는 기암괴석들이 포진해 있다. 성당 뒤편 광장에 우뚝 솟은 흰색 구조물은 두 비행사 눙기세르와 콜리를 위한 기념비.

모리스 르블랑의 집. 제2차 세계대전 때 나치에게 징발되었다가 이후 다른 주인에게 넘어갔지만 르블랑의 손녀가 매입하면서 박물관으로 복원되었다.

이런 습성 때문에 꽤나 난처했을 것이다. 말년에는 밤마다 뤼팽이 자신의 침실에까지 들어와 괴롭힌다는 망상에 빠졌었다고 하니 그 스스로도 소설과 현실의 문을 수없이 들락거린 셈이다.

담쟁이로 둘러싸인 '모리스 르블랑과 뤼팽의 집Le Clos Lupin, Maison Maurice Leblanc'으로 들어서자 고즈넉한 정원부터 발길을 잡았다. 1864년 노르망디 루앙에서 태어나 21세에 무작정 파리로 상경했던 꿈 많은 문학도 르블랑. 고군분투하며 소설 몇 편을 썼으나 큰 주목을 받지 못했던 그가 마흔을 넘기고서야 시작한 '뤼팽 시리즈'는 무명작가에게 빛나는 성공의 열매를 안겨 주었다. 덕분에 '점잖고 멋지며 관대하고 지적인 도둑 뤼팽'의 그림자로 살아가야 했지만 그에게는 행복한 고민이었을 것이다. 탐정이 모든 주인공 자리를 독차지하던 추리소설에서 당당히 독자들을 매료시킨 도둑을 저자인들 마다할 수 있었겠는가. 자, 이제부터 뤼팽의 비밀스런 세상에 빠져 보기로 한다.

T와 나는 아담한 이층집의 첫 문을 열었다. 촬영은 금지, 그러나 입구에서 나눠 준 헤드폰이 기대감을 상승시킨다. 루앙 출신의 세 작가 플로베르Gustave Flaubert, 르블랑, 모파상의 사진이 나란히 걸려 있다. 플로베르는 르블랑의 멘토이자 스

승이요, 모파상은 존경하는 선배 작가다. 세 사람이 뚫어져라 나를 쳐다본다. 그때 헤드폰에서 굵직한 목소리들이 오간다. "누구세요? 나는 당신 친구들 중 하나랍니다, 바로 아르센 뤼팽이오!" 책상 위에는 휘갈겨 쓴 편지와 원고들이 어지럽게 놓여 있다.

여기는 평화와 집필의 방이다. 걸음을 옮기자 누군가 문 뒤에서 말한다. "어서 들어오시오. 집처럼 편하게 머물다 가시구려!" 으스스한 방 안에 핑크와 흰색 스트라이프 소파가 있다. 일단 그 위에 앉아서 방을 탐색한다. 앞에는 벽난로가, 모서리에는 검은 망토와 모자가 걸려 있다. 붉은 커튼의 방에서는 핏빛 벽 앞에 놓인 피아노가 연주를 한다. 쇼팽의 〈이별의 곡〉이다. 뤼팽의 슬픔일까? 사나이가 말을 건넨다. "이제 내 화랑을 소개하겠소. 내가 좋아하는 그림들이라오." 틴토레토와 렘브란트의 그림들이 벽을 채운다.

소설 『구멍 난 바늘』의 방에는 보물 장소를 알리는 암호가 적혀 있다. 뤼팽과 에트르타의 절벽이 서로 마주본다. 사랑하는 여인 레이몽드를 위해 천하의 재물을 포기한 남자. 갑자기 호탕하게 웃는다. "으하하하, 내 살림들이 궁금하지 않소?" 검은색 연미복과 중절모자, 오래된 축음기, 화장대와 거울, 변장용 수염과 가발, 낡은 여행 가방들. 신출귀몰한 뤼팽의 세상이 여행으로 막을 내린다. 모로코의 흐릿한 영상들이 펼쳐진다. 비밀의 방들이 닫히고 목소리가 잠잠해진다. 밖으로 나온 우리 앞에 창창한 햇살이 비춘다. 잠시 꿈을 꾼 것일까. 그런데 어느 쪽이 진짜 현실일까.

현실은 이글거리는 태양 빛이다. 모네는 험한 날씨를 보며 침울해했지만 르블랑은 음침한 에트르타를 더 좋아하지 않았을까. 우리는 숙소로 돌아가기 전 저녁 햇살을 따라 마을 구경에 나섰다. 그런데 저 너머 수평선이 아른거리는 어

Normandie, France

걸출한 절벽과 해변을 앞에 두고 있는 에트르타 마을의 작은 중심가에는 오래전 가옥들이 그대로 남아 있다. 이곳에서 유년시절을 보냈던 모파상의 이름을 딴 상점, 모네와 르블랑이 산책했을 소박한 길들, 화가들의 발길을 잡았을 골목 풍취가 이제는 관광객들의 마음을 사로잡는다.
아래 19세기 초의 주택을 개조해서 만든 게스트하우스 '자르뎅 고르보Jardin Gorbeau'의 아름다운 정원과 친절한 주인장 쿠퍼 씨.

느 길목에서 나도 모르게 멈칫했다. 어떤 이미지 하나가 불현듯 떠올랐다. 모네의 풍경화에 빠져 흥미로운 인물화 한 점을 잊고 있었던 것이다. 모네가 그린 게 아닌 모네를 그린 작품 〈에트르타에서의 모네〉를 우연히 발견한 날, 나는 한동안 갸우뚱했었다.

머리에는 봉긋한 모자를 쓰고 물감이 더덕더덕 묻은 허름한 작업복을 입은 채 구부정하게 걸어오는 남자. 모네를 만나기 위해 에트르타를 찾았던 카유보트는 바닷가 마을의 변화무쌍한 기후와 싸워 가며 작업하던 선배 화가를 이렇게 그려 냈다. 나는 덜 알려진 이 그림에서 오히려 모네의 인간미를 발견했다. 때로는 지베르니에 두고 온 알리스와 아이들을 염려하고, 때로는 물살에 휘둘려 팔레트의 물감을 뒤집어쓰고, 날씨가 좋으면 팔짝 뛸 듯 좋아하다가도 폭풍이 몰아치면 의기소침해지던 사람. 카유보트의 이젤 앞에서 모네는 자신의 일상에 어떤 포장도 하지 않았다.

쿠퍼 씨가 준비한 세 코스의 저녁 만찬을 끝내고 났을 때도 해는 기울지 않았다. 해변에 어마어마한 놀이동산이라도 있는 것처럼 T와 나는 디저트 접시를 비우자마자 다시 바닷가로 향했다. 절벽에서도, 어느 평범한 길에서도 모네의 아우라를 밀쳐 낼 수가 없다. 햇살을 받으면 파랗고 하얀색을, 바람이 불면 담갈색을, 노을이 지면 타오르는 진홍색을, 안개가 끼면 보유스름한 은색을, 파도가 몰아치면 짙은 초록색을, 땅거미가 내리면 신비로운 검은색을 떠올렸다. 모네의 캔버스를 색들로 아로새겨 준 '빛'은 에트르타 어디에서도 유랑을 했다. 우리는 코끼리 절벽을 바라보며 어제와 똑같은 대화를 나눴다. 언제가 될지도 모를 두 번째 에트르타 여행은 입에 담는 것만으로도 설렜다. 결코 지루해지지 않는 건 바다뿐이 아니었다.

Normandie, France

**들라크루아, 〈에트르타의 포르트 다몽〉, 1849년,
프랑스 몽펠리에 파브르 미술관 소장.**

프랑스 낭만파의 거장 들라크루아가 51세에 완성한
에트르타의 소박한 풍경화. 주로 장엄하고 진지한 역사화를
그려 냈던 그가 부드러운 파스텔로 채색한 이 그림의 크기는
가로 20.6, 세로 15.7센티미터에 불과하다.

Normandie, France

30

 "혹시 모네가 묵었던 블랑케Blanquet 호텔이 어디였는지 아세요?" 떠날 채비를 마치고 마당에 내려왔을 때 나는 쿠퍼 씨에게 물었다. 역사, 영화, 음악과 요리까지 다방면의 지식을 갖고 있는 그는 역시 기대를 저버리지 않았다. 방 안에서 금세 에트르타 역사책 한 권을 들고 나오더니 흑백 사진을 보여 준다. 블랑케 호텔의 1900년대 모습이다.

 "지금은 사라지고 없지만 그 자리가 어디였는지는 정확히 알려 줄 수 있지요. 아, 멀지 않아요. 바로 우리 집 앞이니까." 그는 밖으로 나가더니 골목 옆을 가리킨다. 하루에도 몇 번씩 드나들던 광장 주차장이다. 바로 저곳에 있던 호텔 위층에서 모네는 창밖으로 보이는 해변과 고기잡이배들을 그렸다. 이제 그의 40대가 저문다. 그리고 두 시간 후, 새로운 목적지 루앙에 도착할 즈음에는 모네의 50대로 들어가고 있었다. 세 들어 살던 지베르니의 집을 구입할 만큼 경제적 여유가 생기고, 비밀 사랑에 애태우던 알리스와 법적인 부부가 되었으며, 새로 시작한 〈건초더미〉와 〈포플러나무〉 연작이 성공을 거두면서 안정적인 화가의 문턱을 넘어선 바로 그 시기다.

루앙에는 바다가 없다. 파리와 르아브르 사이에 있는 내륙 도시에는 그 대신 센 강이 관통한다. 이곳은 마을이 아니다. 큰 길에서는 자동차들이 밀리고 번화가에는 현대적 건물이 들어서고 거리에는 온갖 교통 시스템이 구비된 노르망디의 수도다. 중세시대에는 백년전쟁을, 16세기에는 종교전쟁을, 19세기에는 보불전쟁을 전면에서 호되게 치러야 했던 뼈아픈 경험의 현장이다. 그러나 문화와 산업이 번창했던 르네상스 시대를 누렸고, 수많은 유적들을 간직해 온 역사의 도시이기도 하다. 나는 루앙에서 묵을 호텔의 위치를 정하는 데 아무런 갈등도 하지 않았다. 내게는 루앙이 지닌 어떤 특성보다도 단 한 가지가 중요했다. 아주 특별하고 독보적인 이 존재와 1미터라도 가까이 지내는 게 최고의 희망사항이었다. 바로 루앙 대성당Cathédrale Notre-Dame de Rouen이다.

나는 우선 오후 3시의 대성당을 처음 보았다. 크기에 놀라고 위압적인 자태에 놀라고 삐죽삐죽 솟아난 첨탑들에 놀랐다. 12세기 초에 첫 삽을 뜬 이후, 하나씩 세워지면 하나씩 불에 타고, 여러 차례에 걸쳐 탑들이 올라서면 부지기수로 번개를 맞고, 복구공사를 끝내면 폭탄 세례를 받았다. 그렇게 자연과 충돌하고 인간과 싸워 가며 천 년의 세월을 버텼다. 그러나 저 의연한 모습에서 우여곡절의 사연들을 짐작이나 할 수 있겠는가. 100미터가 넘는 장대한 건축물이 하늘을 향해 곧추서 있다. 정교하게 새겨진 조각과 장식들이 마치 산봉우리 속에 감춰진 화려한 꽃나무들처럼 외관을 메운다.

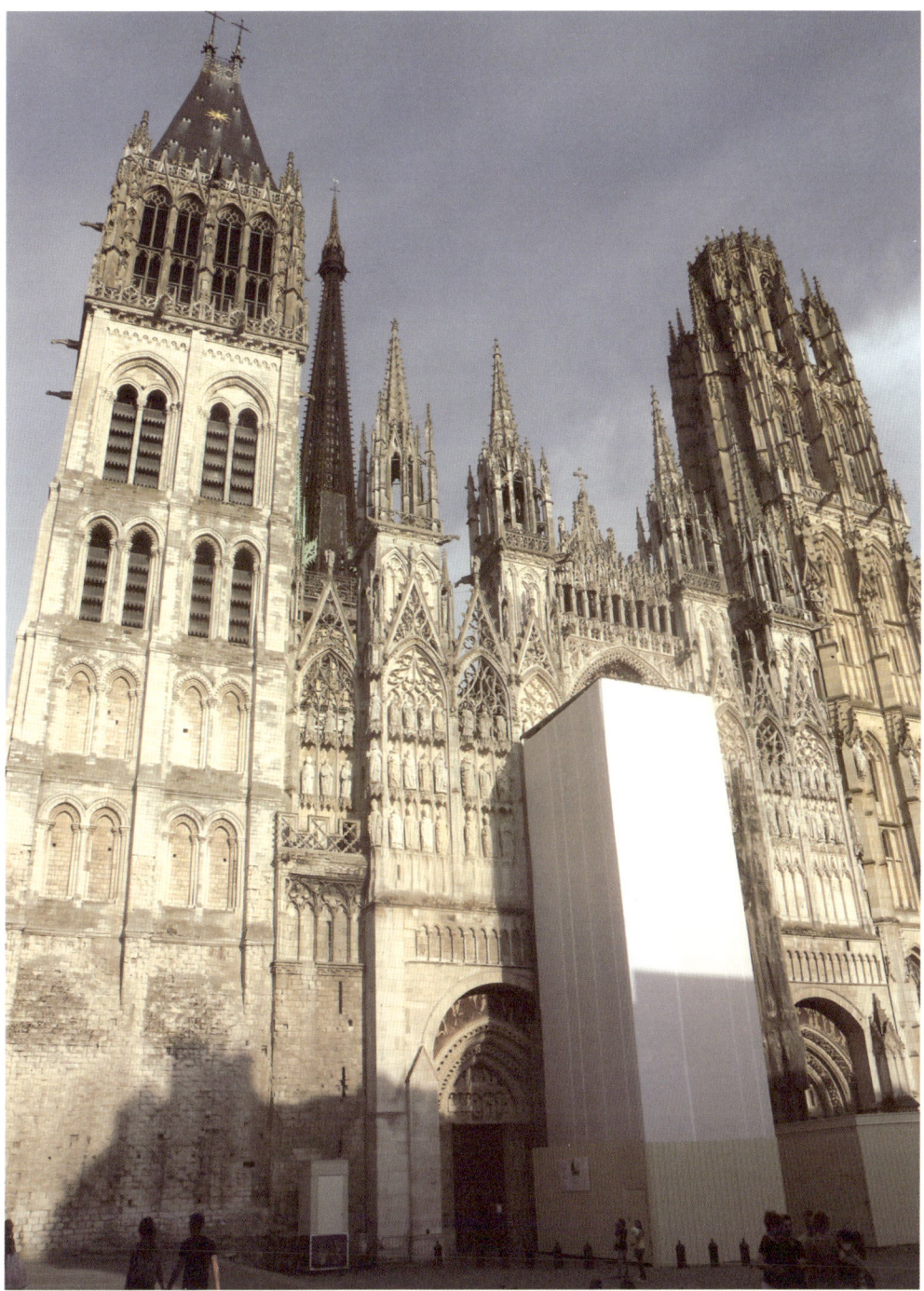

루앙 대성당의 오후 3시 모습.

　에트르타의 절벽이 대자연의 묘기라면, 루앙 대성당은 인간이 신의 힘을 빌려 만든 창조물이다. 같은 돌이라도 한쪽이 바람과 물살에 깎이고 뚫렸다면, 다른 쪽은 치밀하고 정교하게 다듬어졌다. 그러나 공통점도 있다. 자연물과 인공물 모두에 평등하게 내리는 하늘의 은총, 빛이다. 모네는 1892년 새해 벽두에 루앙에 도착했다. 이때부터 빛을 따라다니는 화가와 빛을 뿜어내는 건축물과의 은밀한 전쟁이 시작되었다. 둘은 서로에게 결코 녹록한 상대가 아니었다.

　"나는 아주 잘 지내고 있다오. 햇빛만 계속 있어 준다면 좋은 작업들이 이뤄질 텐데, 그렇지 않을까 봐 불안하구려. 방금 달 언저리를 겹겹이 둘러싼 거대한 테들을 봤거든. 그건 아주 나쁜 징조라오.… 당장이라도 돌아가고 싶지만 태양이 비추는 한 여기 머물러야 할 것 같소. 그놈이 숨어 버리면 난 몹시 두려울 게요.

루앙 대성당의 저녁 9시 모습.

죽어라 일하고 있소. 엄청난 고통을 감수하며 오로지 한 가지만 생각하고 있다오. 나의 대성당!"

모네, 알리스에게 보낸 편지 중에서, 1892년 3월 8일.

나는 회색의 대성당과 마주했다. 해가 가장 길다는 계절의 루앙. 태양은 중천에서 벗어나지 않는다. 하늘에는 허여멀건 구름들이 퍼져 있다. 햇살은 자신의 속살을 감질나게 보여 준다. 아직은 모르겠다. 어떤 일들이 벌어질지, 어떻게 변해 가고 무슨 빛깔로 둔갑할지 지금은 상상뿐이다. 그러나 모네를 지치게 만들었던 그 '골칫덩이' 대성당이 당분간은 화평한 날씨들을 주문할 것 같다. 파리의 어느 날 이후 나는 비를 보지 못했다. 가끔 굵은 빗줄기가 그리웠지만 여기서만큼은 그렇지 않다.

Normandie, France

저녁 8시. 하늘에는 구름이 사라지고 청명한 색이 들어앉았다. 서쪽으로 기운 태양이 성당 정면에 풍성한 빛을 발사한다. 호화로운 황금색이다. 주변 나무들도 제 키의 열 배가 넘는 친구에게 그늘을 드리우지 못한다. 새들도 첨탑의 높이를 경계하듯 중간쯤에서 푸덕인다. 9시를 넘길 즈음에는 보랏빛 하늘을 볼 수 있게 되었다. 대성당은 라벤더 꽃물을 뒤집어쓴 듯 은은하고 화려하게 변신했다. 밤 11시, 비로소 어둠의 담요가 도시를 덮었을 때 '빛의 축제'가 막을 올렸다. 태양이 떠난 틈을 타 인간이 탁월한 솜씨를 발휘하는 시간이다. 프로젝트로 투영되는 이미지들이 대성당 외벽을 타고 오른다. 루앙에서 화형당한 소녀 영웅 잔 다르크의 신화가 첫 장면을 열었다.

시커먼 화면에 붉은색이 요동친다. 중세시대의 궁전이 음산한 숲으로 변한다. 풀잎은 팔랑거리고 이파리들은 반딧불처럼 반짝인다. 폭포도 흘러내린다. 묵직한 장막이 내려지고 말발굽소리가 천지를 울린다. 스테인드글라스 조각들이 오르간 연주에 맞춰 산산조각난다. 검붉은 카드들이 마술사의 손에서 놀아나듯 재빨리 뒤집힌다. 바이올린 음이 빨라진다. 칼날이 부딪히고 말들이 울어 대고 마차가 달려가고 천둥번개가 친다. 붉은 휘장이 등장하고 적군과 아군이 격렬하게 붙는다. 대검이 거세게 내리꽂히면서 세상이 바뀐다. 흰 눈이 내리고 새들이 날개를 푸덕이며 하늘을 난다. 평화가 온 것일까.

    2부의 서막은 몇 세기를 뛰어넘는다. 인상파의 환영이다. 전쟁과 죽음을 벗어던진 화면에 푸른 기운이 감돈다. 돛단배가 한가롭게 떠다니고 밀짚모자를 쓴 남자와 하얀 드레스의 여자들이 뱃놀이를 즐긴다. 모네의 '파라솔을 든 여인'과 르누아르의 '그네 타는 소녀'가 주인공이 된다. 영롱한 빛들이 날벌레가 되

고, 꽃가루는 피아노 선율에 맞춰 휘날린다. 이제 대성당은 팔레트가 된다. 색연필들이 자유자재로 칠을 해간다. 그림책이 완성되고 아이들의 해맑은 웃음소리가 퍼진다. 점점 더 크게, 어둠 속의 광장을 울린다.

사람들이 열광한다. 커튼콜을 할 수 없는 공연에 박수를 보낸다. 무대 위에 나와 허리 굽혀 인사할 배우는 없지만 환호의 휘파람이 끊이지 않는다. 보답이라도 하듯이 공연은 처음부터 다시 시작된다. 광장을 메운 관객들은 기억의 되새김질을 하려는 듯 그대로 앉아 있다. 전광석화처럼 스쳐간 영상들을 5분도 안되어 다시 보고 싶은 마음은 나도 마찬가지다. 이번에는 옆 건물 담벼락에 편안히 등을 기댔다. 화면의 각도가 비스듬해졌지만 두 번쯤 더 봐도 될 만큼 정신과 자세가 편해졌다. 하늘에서는 진짜 별들이 쏟아진다. 옆에서 맥주를 마시는 사람들의 얼굴이 밤을 지새울 표정이다. 자, 암전이 되었다. 곧이어 북소리가 나고 붉은빛이 휘몰아쳤다. 숲속의 나무들이 이파리를 펄렁이며 사지를 흔든다. 루앙에서의 첫날, 나는 조물주와 인간이 만든 빛들로 혼비백산할 지경이다.

31

박물관 앞 공원 입구에서 나는 '마르셀 뒤샹 광장Esplanade Marcel Duchamp' 표지판을 발견하고 주춤했다. 남자 소변기에 〈샘〉이라는 타이틀을 얹어 마치 대단한 작품을 전시하듯 버젓이 대중에게 선보였던 다다이즘Dadaism의 기수. 피카소, 마티스와 함께 20세기 초 현대미술의 선봉이라 불리던 뒤샹은 (모네가 47세이던) 1887년 루앙 근교에서 태어나 이곳에서 학교를 다녔고 후에 루앙 공동묘지에 묻혔다. 입체파와 야수파가 태동할 무렵 활동을 시작했던 20대의 뒤샹. 그에게 인상파는 쾌쾌한 고전이었을까, 혹은 여전히 존경하고픈 혁신의 본보기였을까. 나는 뒤샹 광장에서 몸을 돌려 박물관 정면의 현수막을 바라봤다. 〈눈부신 반사들Dazzling Reflections〉이라는 부제 아래 열리고 있는 100점의 인상파 걸작 특별전. 새로운 현상은 늘 일어나고 일정 기간이 흐르고 나면 더 새로운 것들에 치여 뒷방으로 물러나지만 우리는 다행히 기억한다. 그 시대를 앞서갔던 이들의 용기 있는 시도들을. 어쩌면 이 긴 여정에서 마지막이 될 수도 있는 인상파 작품 감상을 위해 나는 루앙 현대미술관 Musée des Beaux-Arts de Rouen 으로 들어갔다. 19세기 중반 미술계의 실험은 바로 저 안에 전시된 작품들의 몫이었다.

전시회의 화두는 '물'이다. 수면에 비친 빛의 반사를 포착한 화가들의 붓놀림이 캔버스를 채웠다. 인상파 화가들에게 물은 새로운 화법을 위한 중요한 모티프이자 가장 순수한 모델이었다. 파리를 중심으로 활동했던 그들에게 776킬로미터의 센 강은 풍요로운 젖줄이었다. 이리저리 뒤틀리고 굴곡진 강줄기는 곳곳에 마을을 만들었고 화가들은 그 체취를 따라 강둑에 이젤을 폈다. 바다와 호수, 웅덩이에 고인 빗물과 작은 연못들마저 수면의 예술에 동승했다. 지구상에 빛이 존재하는 한 물은 빛의 동반자였다. 그리고 화가들은 계절의 길목에서, 일상의 스침에서, 수면을 떠도는 불확실하고 덧없는 시간들을 붙잡아 영원한 생명을 부여했다. 그 찬란한 결과물들이 전시장을 메웠다.

르누아르의 '뱃놀이'에서는 강물이 은빛처럼 반짝거린다. 모리조의 '니스 항구'를 에워싼 바다는 어린아이처럼 유순하다. '보트레이서'를 그린 카유보트는 짙은 초록색 물 위에 하얀 점들을 띄웠다. 시슬레의 '센 강변'에는 잔잔한 수면이, 세잔의 '우아즈 강가'에는 구름 같은 수면이 넘실거렸다. 모네의 물 잔치는 시대와 공간을 넘나들었다. 파리에서 노르망디 해변으로, 영국에서 네덜란드로, 그리고 자신의 연못 한가운데에서 각양각색의 빛과 반사들을 그렸다. 전시장에 걸린 100점의 작품들은 화가들만의 감성으로 살아났다. 하나의 주제로 묶인 인상파의 걸작들이 마치 이 여행의 마무리를 자청하듯 내게 일관된 목소리를 냈다. 그건 바로 '빛'이라고.

장시간에 걸친 관람의 대장정은 구석진 작은 방에서 끝이 났다. 대여섯 사

19세기 초에 개관해 19세기 말 현재의 자리로 이관된 유서 깊은 루앙 미술관은 특히 인상파와 야수파 컬렉션으로 정평이 나 있다.

람이 들어가면 꽉 찰 정도의 공간에서 나의 눈은 오래된 흑백 동영상 한 편에 쏠렸다. 흰색 재킷에 밀짚모자를 쓴 덥수룩한 수염의 노인이 연못 옆에서 그림을 그리고 있다. 입에는 담배를 문 채 왼손에는 팔레트를 오른손에는 붓을 쥐었다. 무성영화 시대의 필름이 그렇듯 그의 움직임이 채플린을 닮았다. 캔버스에 붓을 한 번 긋고 물을 한 번 쳐다보고, 그렇게 몇 차례 같은 동작을 되풀이하더니 잠시 후 물가를 떠나 정원을 거닌다. 그 뒤를 강아지 한 마리가 총총히 따라간다. 지베르니에 살던 일흔다섯 살의 모네다.

    나는 2분 남짓한 필름을 네 번이나 지켜봤다. 한 사람의 인생을 따라가는 것이 간혹 묘한 슬픔을 줄 때가 있다. 그 삶을 다이제스트로 경험하다 보면 나 또

한 그 흐름에 내맡겨진다. 언제부터인지 파리의 카페에서 열띤 토론을 벌이던 모네의 모습이 그리워지고 있다. 세상의 날 선 비난들을 받아 내고 경제적 어려움을 이겨 내며 동지들과 의기투합하던 시절은 우리 모두가 거쳐 온 (혹은 거치고 있는) 젊음의 특권 같은 것이었다. 모네의 노년과 마주칠 시간이 얼마 남지 않았다. 시행착오와 열정을 넘어서서, 개성을 다지고 깊이를 알아 가며, 결국 자신의 색깔에 마지막 승부수를 던지는 나이. 실은 모네의 삶에서 (어쩌면 내가 아직 살아 보지 못한 나이기에) 가장 궁금한 부분이기도 하다. 그러나 루앙에서의 일정이 하루 더 남았다. 그의 대성당을 아직은 분에 넘치도록 보지 못했다.

늦은 오후에는 피사로와 모네가 그렸던 루앙의 거리 풍경을 따라갔다. 성당 뒤편 골목에서는 그림 속 이미지와 흡사한 모습을, 센 강변의 선착장과 다리 부근에서는 세월의 무심한 변화를 받아들여야 했다. 작열하는 햇빛을 뚫고 도시의 서쪽으로 걸어갔다. 어느새 올드마켓 광장 Place du Vieux Marché까지 왔다. 1431년 프랑스 백년전쟁의 영웅인 잔 다르크가 말뚝에 매달려 화형을 당했던 장소는 보랏빛 꽃밭이 되었고, 옆으로는 북유럽 스타일의 미끈한 지붕으로 뒤덮인 건축물 생트잔다르크 교회 L'église Sainte-Jeanne-d'Arc가 들어섰다. 6시를 넘기면서 교회 문은 닫혔고 우리는 다시 도시 중앙을 통과해 동쪽의 대성당으로 향했다. 루앙에 온 지 하루를 넘기고서야 내부로 들어갈 마음이 생겼다.

고딕식 본당에는 공간 전체를 채우는 웅장한 울림이 있었다. 기골이 장대한 기둥들이 겹겹이 위를 향해 쭉쭉 뻗었다. 이들은 날카로운 수직선으로 시작해 까마득한 높이에서 둥근 천장으로 끝을 맺었다. 외관과 맞먹는 압도적 규모에 수려함이 더해졌다. 측면 통로에는 여러 성인들의 작은 예배당들이 들어섰고,

위 루앙에서 화형을 당했던 소녀 영웅 잔 다르크를 기리기 위해 세워진 생트잔다르크 교회와 올드마켓 광장.
중앙 왼쪽 루앙의 또 다른 상징인 14세기 때의 종탑.
중앙 오른쪽 모네 그림의 배경인 에피스리 거리 Rue de l'Epicerie와 대성당 첨탑.
아래 오른쪽 피사로 그림의 배경인 보엘디외 Boieldieu 다리와 센 강.

창문의 스테인드글라스에서는 오색의 빛이 났다. 중앙에 놓인 수백 개의 의자들마저 시각적인 충격을 주었다.

　세 시간 후, 느지막한 밤에 다시 찾은 성당에서는 음악회가 열렸다. 비어 있던 의자들이 관객들로 메워졌다. 중앙 무대에서는 피아노와 바이올린과 첼로의 협주가 이어졌다. 음악은 기둥을 타고 천장까지 울렸다. 휠체어를 타고 온 장애인들도 커다란 개와 함께 맨 앞자리에서 이 시간을 즐겼다. 곳곳에 켜진 노란색 등불들이 성당을 은은하게 밝혔다. 객석 뒤에서는 촛불이 아른거리고 제단 위 창문으로는 아직 저물지 않은 태양이 안간힘을 쓰며 빛을 쏟아냈다. 이 모두가 루앙 대성당이 베푸는 평화로운 밤의 주인공들이다.

32

"드디어 플로베르 이름이 등장했어요."

호텔에서 서북쪽으로 걸어간 지 30분, '플로베르의 길Avenue Gustave Flaubert' 표지판을 발견한 나는 일행들에게 이렇게 말했다. 휑한 4차선 도로를 건너 주택가 골목으로 들어서자 제대로 잘 찾아왔다는 인사를 건네는 듯 플로베르의 이름을 내건 카페도 나타났다. 루앙에 도착한 첫날, 호텔 프런트데스크 뒤에 놓인 플로베르의 두상을 보며 짐작했었다. 비록 객실 침대 위에 걸린 사진은 그의 수제자 모파상이었지만, 이 도시가 얼마나 플로베르를 자랑스럽게 여기는지, 루앙에서 태어나 19세기를 대표하는 위대한 작가의 반열에까지 오른 그의 이름을 얼마나 지키고 싶어 하는지 말이다.

르카Lecat 길 51번지에 있는 귀스타브 플로베르의 생가에 들어섰을 때 소담한 정원에서는 향기로운 꽃 냄새가 풍겨 왔다. 윤기 나는 나무와 꽃들, 정갈한 잔디와 조약돌들은 여전히 누군가 이 집에 살고 있다는 착각이 들 만큼 온기가 넘쳤다. 건물의 1층은 작가 플로베르의 흔적을 잠깐 느낄 수 있는 공간이다. 그의 대표작『보바리 부인』을 비롯해 여러 서적과 기념품들이 가지런히 진열되어 있다. 그러나 위층으로 오를수록 각 방들은 문학가의 정취에서 멀어졌다. 관람자의 이런 아쉬움을 달래기라도 하려는 듯 곳곳에 플로베르의 사진과 두상들이 놓여 있지만 건물의 전문성은 다른 분야에 있었다. 이곳은 바로 의사 집안인 플로베르家의 발자취와 물품들, 그 시대의 의학 자료들을 모아 놓은 '플로베르 의학 역사박물관 Musée Flaubert d'histoire de la Médecine'이기 때문이다.

　이미 짐작했던 바였지만 우리는 다양한 뇌 모형과 인체해부도, 박제가 된 새들, 적나라한 수술도구와 진료용 기구들을 보며 약간은 섬뜩한 기분에 빠졌다. 호기심 너머의 몰입이 불가능해진 우리는 일행 중 유일한 동종업계 종사자인 의대교수 P를 앞세워 감상의 완성도를 더해 보려 했으나 그녀의 발걸음도 빨라졌다. 루앙에서 태어나 자랐고, 소설 속 배경으로 루앙을 등장시켰으며, 이따금 떠난 파리 나들이를 제외하면 평생 루앙에서 칩거하다 생을 마감한 플로베르와의 감성 교류는 오히려 작은 마당에서 이뤄졌다.

　막연한 표현과 추상적인 생각, 주관적 판단과 어설픈 은유를 싫어했던 사실주의 소설의 선봉장. 단 한 쪽의 원고를 위해 일주일을 고민할 만큼 완벽을 추구했던 작가. 철저한 자료수집과 조사를 거친 후에야 제대로 된 묘사가 가능하다고 믿었던 그는 '문체의 순교자'라는 말을 들을 만큼 스스로에게 엄격했다. 삶의 대부분을 글쓰기에만 할애했던 그는 유아기 때는 부르주아 집안의 얼간이 둘째 아들이었고, 청소년기에는 '글의 세상'에서만 자유를 느꼈던 외톨박이였으며, 성인이 된 후에는 고질적인 간질병으로 자신의 울타리 안에서만 살았던 은둔자

1945년에 문을 연 플로베르 의학 역사박물관은 플로베르의 생가이자, 의사였던 아버지의 병원으로 사용되기도 했던 건물이다.

였다. 그리고 지금 이 집은 플로베르의 어릴 적 시간에 머물러 있는 곳이다.

우리는 화사한 꽃이 만발한 정원 벤치에 앉아 얘기를 나누고 잔디를 거닐며 기념사진을 찍었다. '부르주아에 대한 증오는 지혜의 시작과 같다'라고 말할 만큼 절친했던 작가 조르주 상드에게 보낸 편지 중에서, 1867년 5월 10일 자신의 유복한 태생과 작가로서의 소신 사이에서 복잡한 정신세계를 드나들었던 플로베르. 그러나 고운 정원을 간직한 명가名家 덕분에 우리는 루앙에서의 마지막 날 달콤한 정취에 빠질 수 있게 되었다. 의학박물관이라는 사실은 중요하지 않았다. 건물은 군데군데 흠이 가고 낡았지만 소박함이 더 편안했다. 꽃밭은 향기롭고, 나무들은 아담하고, 방문객은 뜸하다. 우리는 마당에서 늘어지게 시간을 보낸 뒤 온 길을 되돌아갔다.

이제부터는 각자의 자유시간이다. T와 나는 점심식사를 마친 후 곧바로 호텔로 돌아왔다. 오늘도 방 한쪽 벽에서는 콧수염이 난 모파상이 지그시 눈길을 준다.

Normandie, France

여행 전 나는 미리 분위기에 젖어보고 싶어 (내 과거의 독서목록에 들어 있든 아니든) 19세기 프랑스 문학작품들을 찾아내 닥치는 대로 읽었다. 산만한 여행 준비 탓에 긴 집중력을 요구하는 장편들보다는 호흡이 짧은 시집과 산문집에 더 손이 갔던 나는 떠나기 직전 모파상의 단편집을 펼쳤다. 그러나 보불전쟁 속에서 벌어지는 피난민들의 이기심을 그린 「비계 덩어리」 하나를 끝낸 후 표지를 덮어야만 했다.

나는 여행가방에서 오랜만에 모파상의 책을 꺼냈다. 얄팍한 두께 때문에 유일하게 내 여정에 간택된 비非인상파 관련 서적이다. 짧은 이야기들로 구성돼 있어 가끔 들춰 봐도 부담이 없다는 게 장점이지만 더 중요한 건 재미다. 궁금증을 유발시키는 추리적 구성과 반전의 묘수에 나는 다시 한 번 모파상에게 빠져들고 있었다. 2년 전 이탈리아의 어느 길목에서 그의 『시칠리아 여행기』가 위안이 되었듯이, 나는 저자의 고향인 루앙의 호텔 침대에 누워 편한 자세로 책장을 넘겼다. 그러다가 올곧은 영혼을 지닌 신부님 이야기인 「달빛」으로 넘어갔을 때 시선을 고정시켰다.

'아침은 잠에서 깨어난 사람들을 즐겁게 하려고, 낮은 곡식 수확물을 익게 하려고, 비는 그 위에 물을 뿌리기 위해, 저녁은 잠을 준비하기 위해, 어두운 밤은 잠들기 위해 만들어졌다. … 자연의 모든 요소들은 다 의도를 지니고 있다.' 갑자기 왜 이 문장에서 모네가 떠올랐는지는 나도 모르겠다. 언제부터인지 내 모든 신경세포들이 모네를 향해 곤두서 있었나 보다. 나는 모파상 책을 내려놓고 모네의 자료들을 뒤적인 뒤 가방을 둘러멨다.

"갑자기 어디 가려고?" T가 놀라서 묻는다. "한 시간만 나갔다 올게요." 나는 건성으로 대답하고는 급히 방을 나와 첫날 첫 방문지였던 대성당 앞 안내센터까지 단숨에 걸어갔다. 루앙에서 가장 오래된 건물 중의 하나인 이곳 1층에서 열심히 안내책자와 지도를 들여다보며 직원에게 질문을 하던 나는 정작 등잔 밑이 어두웠던 것이다. 2층으로 통하는 입구에 일반인이 쉽게 들어갈 수 없도록 형식적인 바리게이트가 처져 있다. 살그머니 밀치고 계단을 올라가니 사무실에서 여러 명이 모여 회의를 하고 있다. 나의 갑작스런 등장에 그들의 눈이 초대받지 않은 손님을 향했다. 무안해진 나는 돌아서려고 했지만 입에서는 이런 말이 튀어나왔다. "모네가 머물던 방이 여기 있다고 해서요. 혹시 볼 수 있는지요?"

한 여성이 웃으며 일어나더니 옆방으로 나를 안내했다. 그녀가 문을 열자 강

루앙 대성당 맞은편에 있는 이 건물 2층에서 모네는 〈루앙 대성당〉 연작을 완성했다.
건물 1층에는 관광 안내센터가 있다.

당처럼 휑한 공간이 나타났다. 대성당의 정면과 완전히 마주한 위치였다. 큰 창문으로 푸짐한 햇살이 들어 온다. 이렇다 할 가구 하나 없지만 큼지막한 사진 한 장이 분명한 메시지를 전하고 있다. 중년으로 보이는 모네의 모습이다.

"나는 몹시 지쳤다오. 내 평생 이렇게 몸과 마음이 탈진한 적이 없구려. 바보같이 침대에만 누워 있다니…. 그러나 단 며칠이라도 날씨가 좋아진다면 나는 행복하고 매우 행복하고 더 행복해질 것 같소. 아침 6시 전에 일어나서 꼭 나를 생각해 주기 바라오. 난 7시부터 작업을 시작하니까. 온종일 서서 저녁 6시 30분까지 쉬지 않고 일한다오. 아홉 개의 캔버스들을 앞에 두고. 이건 정말 잔인한 일이구려."

모네, 알리스에게 보낸 편지 중에서, 1892년 4월 2일.

1892년 2월말부터 4월 중순까지, 모네는 이곳에서 하루 종일 대성당을 바라보며 지냈다. 1년 후 다시 루앙을 방문했을 때는 대성당에서 50여 미터 떨어진 곳에 아파트를 빌렸지만, 루앙에서의 첫 작업들은 대부분 이 건물 2층에서 이뤄졌다. 나는 창가로 바싹 다가섰다. 그때 창틀 앞에 부착된 작은 안내문을 발견했다. 너무 흐릿해 형체조차 가물가물한 아홉 개의 그림 복사사진 밑에는 이런 제목들이 각각 붙어 있었다.

〈이른 아침 7시-8시, 아침 안개〉

〈이른 아침 8시-9시, 아침 안개〉

〈아침나절 9시-10시, 햇빛〉

⟨늦은 아침 11시 45분, 파란색의 조화⟩

⟨한낮 12시 30분-1시, 햇빛 효과⟩

⟨이른 오후 2시-3시⟩

⟨이른 오후 2시-3시, 태양 속에서⟩

⟨늦은 오후 5시 30분-6시, 태양 속에서⟩

⟨이른 저녁 6시, 태양 속에서⟩

모네는 알리스에게 편지를 쓸 때마다 '미친놈처럼 일하고 있다'는 표현을 했다. 예측할 수 없는 날씨에 애를 태우고, 해와 안개와 구름과 비 사이에서 수없이 행불행의 경계를 오고 갔다. 혼자 몸을 가누기 힘들 만큼 쇠약해진 모네는 도중에 지베르니로 돌아가 휴식을 취했지만 열흘 만에 다시 루앙 땅을 밟았다. 자신의 몸 위로 대성당이 무너져 내리는 악몽을 꾸어도, 그래서 파랑과 분홍과 노란색 물감을 뒤집어쓰다가 식은땀을 흘리며 깨어나도 그는 포기할 수가 없었다. 이 고약한 싸움에서 승자가 되려면 인내와 끈기 그리고 무서운 노력이 있어야 한다는 걸 깨달았다. 자연의 모든 요소들이 존재의 의도가 있듯이, 결국 모네의 대성당 연작은 변덕스런 날씨와 한나절의 격렬한 변화들 속에서 탄생했다. 경쾌함에서 음울함까지, 보라색에서 황금색까지, 가벼움에서 묵직함까지 모네가 포착한 30여 점의 대성당 표정은 카멜레온같이 둔갑을 거듭했다. 에트르타에서 모네의 작업을 지켜봤던 모파상은 그의 집요함에 놀라 '모네는 더 이상 화가가 아니다. 사냥꾼이다'라고 표현했다. 그렇게 2년에 걸쳐 빛을 '사냥'하고 또 2년 넘게 마무리 과정을 마친 후에야 모네는 ⟨루앙 대성당⟩ 연작을 대중에게 선보일 수 있었다. 결과는 대성공이었다.

Normandie, France

나는 창가에 어설프게 서서 허리를 굽혔다 펴며 시야를 조정했다. 반쯤 열린 창문 밖으로 대성당 정면의 첨탑 부분이 약간 가려져 보인다. 똑같은 각도에서 완성된 모네의 그림들을 감안한다면 그는 항상 같은 시선을 유지했을 것이다. 그리고 오래도록 한 장소에서 움직이지 않았을 것이다. 120년 전 이 공간에 있었을 모네의 시간 속으로 한창 빠져들고 있을 때 뒤에서 덜커덩 문 닫는 소리가 들렸다. 사람들이 회의를 끝내고 돌아가는 모양이다. 나는 부리나케 밖으로 나갔다. "조금 더 시간을 드릴게요." 좀 전에 나를 안내했던 여성이 뒷정리를 하며 말했다. 모네의 감성에 동화되기에는 턱도 없이 부족하지만 나는 끈질기게 20분을 더 버텼다.

저녁 해가 비스듬해질 무렵, T와 나는 파스타로 식사를 마친 후 루앙의 골목들을 헤집고 다녔다. 미처 가보지 못한 성당과 공원들도 기웃거렸다. 뒤죽박죽 걷다 보니 관광객들의 면모가 사라지고 거주자들의 일상이 다가왔다. 이발소는 늦게까지 성황 중이고, 주택가에서는 와자지껄한 말소리와 그릇 부딪치는 소리가 들려왔다. 뜨거웠던 태양을 잠재우려는 듯 제법 바람이 불어왔다. 밤 11시가 넘었을 때는 다시 대성당 앞으로 나갔다. 빛의 축제를 또 한 번 감동적으로 지켜본 후 스산한 밤공기 속에서 시계탑 근처를 배회했다. 호텔에 돌아와서도 쉽게 잠은 오지 않았다. 우리는 와인 한 잔을 마시며 노트북에 유튜브 동영상 하나를 찾아 띄웠다. 자그마한 화면 속에서 한 통통한 노인이 연못을 보며 그림을 그린다. 붓을 내려놓고 산책을 하는 그의 뒤로 역시 강아지 한 마리가 쏜살같이 쫓아간다. 아, 이러다간 오늘밤 꿈속에서 모네의 총천연색 그림들이 우박처럼 쏟아져 내릴 수도 있겠다.

Normandie, France

모네, 〈수련〉, 1919년, 미국 뉴욕 메트로폴리탄 박물관 소장.

33

루앙을 떠나면서 생트카트린 언덕 Côte Sainte-Catherine을 포기할 수는 없었다. 호텔을 출발한 지 20여 분 후, 루앙 시가 한눈에 내려다보이는 언덕 꼭대기 전망대에 도착했을때 모두의 입에서 탄성이 쏟아져 나왔다. 루앙이 주는 마지막 선물은 화끈했다. 센 강의 몸매가 선명하게 드러났다. 갈색과 회색 지붕의 건물들은 성냥갑처럼 포개지고 겹쳐지면서 최상품 건축 모형물처럼 보였다. 하늘과 땅이 맞닿는 곳에 숲이 포진해 있고, 그 앞에서 물줄기가 굽이쳤다. 그러나 모든 형체들이 하나가 된 수평적 구도 속에서 홀로 표류하듯 수직의 위엄을 자랑하는 존재가 있었으니, 이곳을 찾았던 모네도 분명 감탄했을 대성당과 첨탑이다. 전망대 앞에는 모네의 그림 〈생트카트린 언덕에서 바라본 루앙의 전경〉을 알리는 안내판이 세워져 있다. 본격적인 대성당 작업에 착수하기 전에 도시 전체를 관망하고 싶었던 화가의 눈에 비친 표표한 풍경이다.

Normandie, France

루앙의 생트카트린 언덕에서 바라본 루앙의 전경.

　언덕에서 내려오자 자동차가 속도를 높인다. 동쪽을 향해 고속도로와 시골 길을 내처 달렸다. 한 시간 후 창밖에 지베르니 표지판이 등장하면서 도로가 좁아지고 차량이 줄었다. 마을 어귀에 다다를 즈음에는 가로수 사이로 하얀 집들이 드문드문 나타났다. 길은 텅 비었고 나무 이파리들은 미동조차 하지 않는다. 클로드 모네 길Rue Claude Monet에 들어서고 나서야 인기척이 났다. 우리가 묵을 숙소 앞을 한 무리의 관광객이 지나갔다. 그럼에도 불구하고 마을은 고요함의 위험 수위를 넘어가지 않았다.

　모네가 지베르니에 살던 시절에 문을 연 이후 지금까지 건재한 라 뮈사르디에르La Musardière 호텔은 모네의 집에서 불과 150미터 떨어진, 마을 중심에 위치한 유일한 숙박업소다. 이런 이유로 지베르니의 숙소를 가장 서둘러 진행했던 나는 예약 과정에서 주인장과 수차례 이메일을 주고받아야 했다. 그리고 지금, 묵직한 구식 열쇠더미를 받아들고 까마득한 나선형 계단 밑에 섰다. 100여 년의 전통에 걸맞게 한층 한층의 높이가 위압적이다. 엎치락뒤치락하며 트렁크와 크고 작은 짐들을 운반한 우리는 땀과 허기에 지쳐 지베르니의 운치를 느낄 새

지베르니에 있는 '모네의 집과 정원' 입구.

도 없었다. 주변에 햇빛을 차단할 고층 장애물이 없는 이 마을에서 3층짜리 건물은 온몸으로 태양을 받아 내고 있었다. 객실은 호흡장애가 올 만큼 불타올랐고, 에어컨은 당연히 없었다. 찬물로 샤워를 끝낸 후 테라스 식당에 앉을 때까지도 우리는 반쯤 넋이 나가 있었다. 그렇게 기다리던 모네의 마을에 와 있다는 실감은 이마의 땀이 증발하고 뱃속으로 샐러드와 탄산음료가 들어가고 나서야 겨우 다가왔다. 모네의 정원으로 향할 때는 다행히도 그 체감이 높아 갔다.

    차도와 인도의 구분이 없는 좁은 외길 한쪽에는 나무들이, 맞은편에는 투박한 돌담이 이어졌다. 간신히 해를 가리는 차양 아래에서 사람들이 순례자들처럼 묵묵히 걷고 있다. 그들이 향하는 곳은 단 한 군데, '모네의 집과 정원 Maison et Jardins de Claude Monet'이다. 매표소를 통과해 안으로 들어서자 우리를 기다린 첫 공간은, 놀랍게도 지금까지 어디에서도 볼 수 없었던 모네 전용 초대형 기념품 숍이었다. 떨어지지 않는 발길을 겨우 돌려야 했을 만큼 독특한 물건들이 가득하지만 쇼핑은 나중이다. 나는 모자를 더 깊게 눌러 쓰고 건물 밖으로 발을 내디뎠다. 색깔로 뒤덮인 세상이 파란 하늘 아래에서 번쩍이고 있었다.

Normandie, France

모네 가족이 거주했던 건물.

Normandie, France

1883년 5월 1일 아침, 모네는 이상하게 구성된 아홉 명의 대식구를 끌고 지베르니의 한 주택으로 이사했다. 3층 높이에 옆으로 길쭉한 형태를 지닌 분홍색의 수수한 건물은 낮은 언덕에 둘러싸여 있었고, 아래편의 허름한 과수원과 정원은 인근 마을을 잇는 철도와 접해 있었다. 아이들 학교도 가깝고 동네 한복판에 위치하며 화실로 사용할 헛간과 여유로운 마당까지 있는, 어쩌면 모네 가족의 복잡한 조건들을 충족시킬 수 있는 이 동네의 유일한 전셋집이었다. 그러나 이 삿짐을 채 풀기도 전에 모네는 마네의 사망 소식을 들었다. 마네의 동생 외젠이 운구를 부탁한 상황이라 모네는 비통에 빠질 새도 없이 당장 파리로 가 검은 양복부터 맞춰야만 했다. 20년 전 회화의 새로운 물결에 앞장섰던 두 사람은 같은 날 극단의 반대편 세상으로 들어가고 있었다.

장례식을 끝내고 지베르니로 돌아온 모네는 알리스와 함께 본격적인 짐 정리에 들어갔다. 애매모호한 혈연관계로 엮인 열 명의 구성원과 자신의 까다로운 작업 환경을 고려했을 때 건물의 개조는 필수적이었다. 모네는 두 팔을 걷어붙이고 대대적인 보수에 들어갔다. 스튜디오와 거주공간을 분리시키기 위해 각 공간들을 재구성하고, 가족 숫자를 감안해 방을 더 만들었다. 그렇게 해서 총 길이가 40미터에 달하는 긴 건물이 탄생했다. 회색 덧문은 분홍색 외관과 대비되는 초록색으로 칠하고 문에는 광택을 내고, 베란다는 연장하고 창문들은 정원을 향해 열 수 있게 했다. 그러나 모든 형태는 단순하고 간결하게 보이도록 했다.

꽃은커녕 색깔이라고는 찾아볼 수도 없는 정원은 지베르니의 풍경과 한참 동떨어져 있었다. 센 강을 표류하는 푸르스름한 빛들에 비해 이곳은 너무나 삭막했다. 모네는 다양한 꽃과 나무들을 심었다. 소나무와 회양목, 가문비나무와 온갖 과일나무들이 조금씩 들어찼다. 보다 전문적인 조언을 위해 원예학에 일

가견이 있는 카유보트가 전용 보트를 타고 센 강을 따라 지베르니까지 왔다. 집은 점점 온기가 돌았고 다채로운 색들로 뒤덮여 갔다. 넓어진 새 환경에 당혹해하던 아이들도 시골생활에 적응하며 무럭무럭 자랐다. 언덕과 물가에서 야생을 즐기고, 정원에서 딴 자두와 버찌를 장에 내다 팔며 용돈을 벌었다. 모네와 알리스는 (비록 법적 부부는 아니지만) 이웃들과의 교류에도 신경을 썼다. 모네는 숫기가 없었지만 알리스는 누구에게나 친근했다. 그녀는 자신에게 박혀 있던 도시적 속물근성들을 버렸다. 그래야 시골에서의 삶이 편해진다고 믿었다.

이즈음 모네는 조심스럽게 미래를 낙관하게 되었다. 현대미술에 선견지명이 있었던 화상 뒤랑뤼엘Paul Durand-Ruel의 적극적인 후원이 시작되면서 경제적인 안정을 찾아 갔다. 드디어 7년간 전세살이 하던 집을 자신의 명의로 바꿀 때가 왔다. 1890년 11월, 지베르니에서 60킬로미터 떨어진 오베르 마을에서 반 고흐가 세상을 등지던 그 해, 쉰 살의 모네는 죽는 날까지 떠나지 않을 생애 마지막 집의 구매계약서에 서명을 했다. 경제적 고통과 삶의 참혹함으로 센 강에 뛰어들어 자살시도를 했던 20대의 모네는 30년 후 스스로에게 멋진 답례를 한 것이다.

나는 정원이 시작되는 동쪽 입구에서 잠시 주춤했다. 햇빛을 피하려는 사람들이 빈약한 그늘과 돌난간을 차지하며 정신없이 뒤섞여 있다. 여름 한낮의 이글거리는 태양은 인간에게는 고달픈 시련이지만 식물들은 몸을 불사르며 격정적으로 빛을 발사한다. 나는 인파를 헤치고 '클로 노르망Le Clos Normand'이라 불리는 모네의 정원, 색들의 흥겨운 잔치가 열리는 곳으로 들어갔다. 정원 오른편에 모네 가족이 거처하던 이층집이 보인다. 연분홍 벽에 가지런히 들어선 초록색 덧문들, 삼각뿔 형태로 솟아난 박공지붕. 그러나 야외의 향취에 사로잡힌 나는 집안 구경을 뒤로 미루고 일단 화단 사이의 샛길로 들어섰다.

평소 원예에 관심이 많았다면 이 산책에 깊이가 더해졌을까. 각양각색의 식물들 앞에서 얄팍한 지식을 동원해 이름들을 생각해 보려 했지만 곧 포기했다. 빨간 장미와 노란 해바라기, 보라색 나팔꽃과 진홍색 카네이션만 알아도 아름다움을 감상하는 데 전혀 지장이 없다. 미묘한 색들이 합쳐지고 뒤엉켰다. 정열적이고 따뜻하고 도발적이고 잔잔한 느낌, 훤칠하고 단정하고 예리하고 유연한 감성들이 홀로 혹은 더불어 드러났다. "내 모든 돈이 정원으로 나가는구나. 그러나 나는 황홀하다"라고 했을 만큼 원예에 빠져든 모네. 경작방식도 화풍만큼이나 실험적이었다. 데이지와 양귀비 같은 꽃들을 희귀종과 섞고, 이국적인 식물들을 새 식구로 받아들였다. 땅을 파고 씨를 뿌리고 잡초를 뽑고 괭이질을 하는 동안에는 그림마저 뒷전이었다. 그러나 모네는 식물들에게 강제적인 힘을 가하지 않았다. 자연스럽게, 자유롭게 그들이 뻗어나갈 수 있도록 했다.

그래서일까. 화단은 기하학적으로 조성되었지만 꽃들은 종류와 색깔, 크기와 높이가 들쑥날쑥하다. 덩굴장미는 둥근 기둥을 따라 힘닿는 데까지 뻗어 있고, 줄기가 긴 접시꽃은 옆 나무에 붙어 제멋대로 등반을 시도한다. 샛길에는 흐드러진 이파리들이 치렁거린다. 인공적으로 가꿔졌지만 이들은 야생의 습성대로 움직이고 있었다. 모네가 바라던 것이었다. 장미가 쏟아지고 수백 개의 풀잎들이 팔랑이고 수천 개의 씨앗들이 날아다니는 정원을 바라본 지 10여 년 후, 모네는 비로소 자신의 식물들을 제대로 캔버스에 담기 시작했다. 이들이 자연발생적으로 피고 지고 자라고 꺾이면서 자리를 잡을 때까지 기다린 것이다.

나는 정원을 떠나 길 건너편에 있는 '물 위의 정원Le Jardin d'Eau'으로 가기 위해 지하통로를 건넜다. 모네가 이 집을 사들인 후 추가로 구입한 땅은 예전에는 철로를, 지금은 차도를 사이에 두고 있다. 물은 모네와 알리스 모두에게 각별한 존재였다. 그들은 건너편 땅에서 제방 밑의 시내를 찾아냈고 그 속에서 피어난 야생의 수련들을 보게 되었다. 결정은 단숨에 이뤄졌다. 모네는 본격적으로 연못 파기에 돌입했다. 그렇게 공을 들여 조성된 연못 주변은 야생의 풀과 나무들로 가득했다. 지하통로를 지나 밖으로 나온 내가 충격을 받은 것도 이 때문이다.

이곳에는 그늘이 졌다. 정글처럼 어두운 곳도 있다. 울울창창한 나무들이 하늘을 가린다. 두 개의 연못은 구불구불 꺾이고 휘어졌다. 숲 저편 목초지에는 말 두 마리가 풀을 뜯고 있다. 오솔길 한쪽은 우거진 나무 이파리들이, 다른 쪽은 진달래와 모란과 장미꽃이, 중앙에는 꼿꼿한 대나무 덤불이 들어찼다. 울타리만 없다면 개방된 자연의 일부로 여겨진다. 흙길을 따라 나무와 꽃들의 호위를 받으며 연못가를 절반쯤 돌자 흐드러진 버드나무 사이로 '일본식 다리Le Pont Japonais'가 보였다. 그 주변은 수련들의 바다다.

"물과 반사가 만들어 내는 풍경은 나를 대번에 사로잡고 말았지. 내 나이에 너무 벅찬 대상을 만난 것 같네. 캔버스 몇 개는 벌써 무참히 찢겨 나갔지. 그리고 다시 시작하고…. 많은 노력 끝에 무언가 나오지 않겠나. 내 절실한 희망일세."
모네, 귀스타브 제프로이(Gustave Geffroy, 예술 비평가로 인상파 미술 운동 정착에 큰 역할을 했다)에게 보낸 편지 중에서, 1908년 8월 11일.

나는 파리 오랑주리 박물관에서 봤던 그림들을 떠올렸다. 저토록 사실적인 꽃과 물의 형상에서 모네는 어떻게 아스라한 빛과, 꿈틀대는 색과, 휘몰아치는 하늘과 물의 율동을 보게 되었을까. 아니, 느끼게 되었을까. 봄에는 연못을 가로지른 둥근 다리가 연보랏빛 등나무 그늘 뒤로 숨고, 가을 해돋이 때는 진달래나무가 아지랑이를 품으며 황금색으로 변하고, 여름에는 활짝 핀 수련들이 물빛을 받으며 떠다니는 이곳. 새벽 첫 빛을 바라보며 하루를 열고 해 질 녘이 되어서야 손에서 붓을 내려놓았던 모네에게 연못가는 창조의 샘이었다. 도전은 나이와 무관하다는 것을 보여 준 빛나는 증명서였다. 70세를 넘기면서 사랑하는 이들을 떠나보내야 했던 그를 다시 일으켜 세운 치유의 손이었다.

그에 대한 보답이었을까. 백내장으로 거의 시력을 잃은 후 빛의 파장만을 볼 수 있었던 시기에도 〈수련〉 연작은 모네의 손을 떠나지 않았다. "나는 점점 조금씩밖에 보지 못한다네. 그럼에도 불구하고, 내 물감과 붓들이 제멋대로 뒤섞이지 않는 한, 나는 이 아름다운 순간들을 그려 낼 걸세. 귀머거리 베토벤이 작곡을 했듯이 장님이 된다 해도 나는 멈추지 않을 걸세"1921년 1월 지베르니를 방문한 저널리스트 마르셀 페이(Marcel Pays)와 나눈 대화, 『20세기의 모네(Monet in the 20th Century)』 중에서." 클로드 모네에게 노년은 덤으로 남겨진 인생이 아니었다.

Normandie, France

모네의 〈수련〉 연작이 탄생된 장소이자, '물 위의 정원'이라 불리는 연못.
울창한 나무들로 뒤덮여 야생의 자연을 느끼게 해준다.

Normandie, France

모네, 〈수련〉, 1920년, 미국 뉴욕 현대미술관 소장.

나는 연못가 그늘에서 땀을 식힌 후 다시 지하통로를 거치고 정원을 가로질러 모네가 43년간 거처했던 집으로 발길을 옮겼다. 알리스의 남편이 사망하면서 마침내 그녀와 결혼하게 된 모네는 지베르니로 이사 온 지 9년 만에 희로애락의 한 배를 타온 열 명을 법적인 가족으로 묶었다. 그리고 이 공간에서 그는 든든한 가장이 되어 아내와 여덟 아이를 진두지휘하며 집을 꾸몄다.

흰색과 파란색이 경쾌하게 조화를 이루는 일명 '파란 응접실The Blue Sitting Room'부터 투어가 시작되었다. 모네 가족이 수시로 모여 일상을 보내던 곳. 두 색깔의 단순한 조화는 현대적 시각으로도 단연 독창적이다. 식품저장실 옆에는 그 당시 손님들이 가장 많이 드나들었을 모네의 스튜디오가 있다. '루앙 대성당, 건초더미, 양산을 든 여인, 에트르타의 절벽' 등이 (비록 진품은 아니지만) 화랑을 통째로 들여다 놓은 듯 벽에 한가득 걸려 있다. 모네의 집에 있는 모네의 그림들. 박물관 관람의 즐거움을 능가한다.

모네의 집 입구와, 정원에서 창문을 통해 들여다본 스튜디오와 부엌 공간.

위층에는 이 집에서 최고의 전망을 누릴 수 있는 모네의 침실이 있다. 옅은 노란색과 라벤더 색이 놀라울 만큼 세련되게 어우러진다. 방 한편에 간결한 침대 하나가 덩그러니 놓여 있다. 책상과 옷장 위에는 세잔, 카유보트, 르누아르, 피사로와 부댕의 그림들이 걸려 있다. 남쪽으로 뚫린 세 개의 창문에서는 넉넉한 햇살이 스며든다. 아침에 일어나 가장 먼저 창문을 열고 태양과 하늘의 색깔을 보며 그날의 날씨를 예측했다는 모네. 담을 타고 2층까지 올라온 노란 덩굴장미가 진한 향내를 풍기며 첫 아침인사를 했을 것이다.

일본 목판화들이 걸려 있는 1층 식당에서는 극적인 보색들이 얼마나 잘 조화를 이루는지 확인할 수 있다. 전체가 노란색으로 칠해진 공간. 그러나 찬장 속에는 선명한 파란색 접시들이 진열되어 있다. 열 명의 가족이 충분히 앉았을 법한 긴 식탁과 여러 의자들도 연한 노란색이다. 그러나 바닥은 적갈색과 흰색 타일로 마감되었다. 색깔들의 대조는 옆방으로도 이어진다. 노란색 식당에서 훔쳐보는 푸른색 부엌의 일부. 옅은 꽃무늬 타일 벽에 가지런히 매달린 구릿빛 냄비와 프라이팬들이 색 조합의 절정을 이룬다.

화사하고 따뜻한 실내, 가족의 웃음소리와 손님들의 발길이 끊이지 않았을 공간들. 그러나 이 집에도 분명 겨울은 있었을 것이다. 정원의 꽃들이 지고 땅이 얼어붙고 집 안에 한기가 도는 계절이 어김없이 찾아왔을 것이다. 모네가 그림 여행을 떠났던 시간들이다. 젊은 날에는 '사회적 제약과 편견으로부터의 해방구'였고, 중년에는 '창작의 자극제'였던 여행. 그런 그가 60대를 끝낼 무렵, 돌연 떠남을 멈췄다. 그리고는 홀로 힘겨운 날들을 보내야 했던 알리스에게 이렇게 말했다. "내가 찾는 모든 것들은 바로 이 집에 있소. 당신과 내 정원 안에…."

그러나 모네 부부는 오래도록 사계절을 함께하지는 못했다. 1911년 5월, 알리스는 남편 곁을 영원히 떠났다. 모네는 71세, 알리스는 67세. 서로 알게 된 지 35년, 한 지붕에서 산 지 31년, 부부가 된 지 19년이 되던 해였다.

나는 집 밖으로 나와 초록색 벤치에 앉았다. 오색창연한 색들이 내 곁을 부유한다. 이대로 바라보고 있으면 모네가 말년에 누렸을 부와 성공의 풍요만을 떠올릴 수도 있겠다. 그러나 집은 주인이 겪어 온 인생의 높낮이를 다 품는다. 모네는 이 집에서 알리스의 임종을 지켜본 후 첫 아들까지 저세상으로 보냈다. 그의 그림 값은 치솟았지만 몸은 쇠약해졌다. 곳곳에서는 오랜 벗들의 사망 소식이 들려왔다. 20세기를 눈앞에 두고 가버린 카유보트와 모리조를 시작으로 에밀 졸라, 피사로, 세잔, 드가, 그리고 르누아르까지 과거 속에 묻혔다. 숱한 죽음들을 보며 상처로 얼룩진 모네는 자신의 정원과 연못에서 고독과의 전쟁을 치러야 했다. 그에게 남은 불멸의 친구는 그림뿐이었다.

> "르누아르의 죽음이 내게 얼마나 고통스러운지 자네는 상상할 수 있을 걸세. 그와 함께한 날들은 내 인생의 소중한 시간들이었지. 지난 사흘간 내가 할 수 있는 거라곤 투쟁과 희망으로 점철된 나의 젊은 시절을 떠올리는 것뿐이었네. 내 인생도 곧 끝나겠지만, 홀로 남겨진다는 것은 너무나 슬픈 일이야. 사람들은 뭐라 하든, 나는 매일매일 늙어 가는 걸 느낀다네."
>
> 모네, 펠릭스 페네옹 Félix Fénéon, '신인상파'라는 용어를 만든 19세기 후반 미술 평론가에게 보낸 편지 중에서, 1919년 12월 중순.

에필로그

모네의 집에서 나오자 길은 순식간에 휑해졌다. 버스를 타고 썰물처럼 빠져나간 관광객들의 빈자리를 눈부신 하늘이 채웠다. 하얀 벽돌집과 푸른 담쟁이들이 빈 마을의 주인이 되고, 나무 이파리를 타고 내려온 긴 그림자가 다소곳이 땅을 물들였다. 그리고 꽃들이 길가를 수놓았다. 베란다와 담벼락에는 모네를 연상시키는 빨간 장미와 분홍색 제라늄이, 야외 카페의 정원에는 항아리에 담긴 작은 연꽃들이 활짝 폈다. 화원에서는 온갖 씨앗들을, 기념품가게에서는 꽃향기를 담은 알록달록한 비누들을 팔았다. 마치 이 마을에서는 어두운 색, 무채색, 우울한 색들이 금기사항이라도 된 것처럼 모든 요소들이 모네 정원의 연장선에 있다. 43년을 지베르니의 주민으로 살고 간 인상파의 거장에게 이 길은 통째로 헌정되고 있었다.

 나는 인상파 박물관Musée des Impressionnismes에 들러 잠시 관람을 한 후에도, 그리고 모네를 만나기 위해 세계 각지에서 몰려들었던 예술가들의 사랑방 보디

Normandie, France

Baudy 호텔을 지난 후에도 계속 길을 따라갔다. 아주 오래전 그의 발길이 스쳤을 그때로 향하고 있었다. 모네가 산책을 하고 이웃에게 말을 건네고 골목 풍경을 바라봤을 그 길. 그리고 흰색의 로마네스크 건물인 생트라드공드 교회Église Sainte-Radegonde가 보였을 때 비로소 발걸음을 멈췄다.

햇빛이 너무도 휘황찬란해 건물을 제대로 올려다볼 수가 없다. 비스듬한 언덕 위에 세워진 작은 교회 주변에는 적막이 감돌았다. 바람 한 점 없는 날, 만물이 숨을 죽이고 자세를 낮추는 시간. 새들만이 홀홀 나무 사이를 날아다닌다. 나는 미색 돌담 옆으로 다가갔다. 위쪽에 하얀색 십자가의 일부가 어른거린다. 그 형체가 선명하게 드러날 때까지 돌계단을 오르자 언덕 한구석에 색색의 식물들로 둘러싸인 소박한 공간이 나왔다. 모네의 무덤이었다.

모네와 알리스는 자신들이 묻힐 묘지 자리로 교회 끄트머리 땅에 걸쳐 있고 마을을 내려다볼 수 있는 언덕 중턱의 아늑한 곳을 점찍어 놨다. 모네는 죽음이 임박했을 때 가족들에게 자신의 장례 절차에 관한 지침을 단호하게 내렸다. 거창한 묘지나 제단을 만들지 말 것. 정부 차원의 격식 차린 의식을 치르지 말 것. 조문객은 극소수로 제한할 것. 어떤 애도의 글이나 낭송도 생략할 것.

이 유언은 철저히 지켜졌다. 1926년 12월 8일, 86세로 세상을 떠난 모네의 장례식에는 가족과 마을 주민들을 포함한 50여 명의 지인들만이 장례행렬을 따랐다. 모든 과정은 조용하고 단출했으며, 모네가 원했던 딱 두 가지의 희망사항도 이뤄졌다. 그가 사랑했던 지베르니의 다른 이웃들처럼 시신은 동네 손수레에 실려 옮겨졌으며, 그 여정에는 편지들이 동승했다. 수수한 묘지에 도착했을 때는 계절별 꽃들로 꾸며진 아담한 꽃밭만이 있었다. 그리고 그 옆에는 거동이

불편한 노인이 오랜 벗과의 작별인사를 위해 기다리고 있었다. 백내장과 싸우던 모네 곁에서 끝까지 힘이 되어 주었던 조르주 클레망소Georges Clemenceau, 정치가이자 언론인. 모네와는 한 살 차이로 동시대를 살며 긴 우정을 나눴다였다. 그는 마지막 장례 절차가 진행되기 직전 기다렸다는 듯이 관에 다가가더니 그 위를 덮은 검은색 휘장을 벗겨냈다. 그리고 갖고 있던 화려한 꽃무늬 천을 대신 감싸며 사람들에게 이렇게 말했다. "모네에게 검은색은 안 되지!"

나는 언덕 중턱의 나무 그늘 아래 걸터앉았다. 마주보이는 모네의 무덤가에는 들풀과 꽃들이 자유롭게 뒤섞여 있다. 달랑 십자가 하나와 망자들의 이름이 적힌 허연 대리석 묘비. 이곳이 모네의 가족묘다.

19세기 중반 고전과 사실주의의 그림자에서 시작해, 빛과 색으로 캔버스를 채우며 격동의 시대를 살아갔던 한 남자. 인상파를 열고 꽃피우고, 또 홀로 남아 그 마지막 끈을 잡으며 20세기의 새로운 물결을 멀리서 지켜봤던 자연의 화가. 자신이 본 것을 믿고 자신이 느낀 것을 존중하며 자신이 누리는 삼라만상에 영혼을 내맡겼던 예술가. 그리고 아직도 진정 좋아하는 일이 무엇이며 어떻게 살아야 할지 답을 찾지 못해 허덕이는 내게 따뜻한 충고의 눈빛을 보내고 있는 한 사람. 나는 언덕 위에 불어오는 솔솔바람에 더위를 식히며 하늘을 올려다봤다. 그는 지금도 저 어디선가, 친구가 선물한 꽃무늬 이불을 펄럭이며 천상의 빛을 사냥하고 있을지 모르겠다.

지베르니 서쪽 언덕에 자리한 생트라드공드 교회에는 27년간 이 마을 주민으로 살다 간 모네의 가족묘가 있다. 돌풀과 꽃들로 둘러싸인 소박한 무덤가에는 함께 묻힌 아내 알리스를 비롯한 자녀들의 이름이 적혀 있다.

"나는 희망을 버리지 않을 걸세.
그리고 내 아틀리에에서
계속 작업을 할 것이네.
정원도 완벽하게 가꾸면서 말일세."

친구인 조르주 클레망소에게 보낸 편지 중에서.
1926년 9월 18일.
모네는 이로부터 석 달 후 세상을 떠났다.

Normandie, France

1927년
파리

★

르네 마그리트René Magritte는 브뤼셀에서 가진 첫 전시회가 야유 속에서 막을 내리자 파리행을 결심했다. 호안 미로Joan Miro는 스페인을 떠나 파리에 정착한 이후 꿈과 시와 그림이 만나는 공간에 흠뻑 빠져들었다. 파리 미술계에 갓 입성한 살바도르 달리Salvador Dalí는 스스로를 수수께끼와 환각의 세계로 이끌었다. 파리 생활 6년차인 미국 사진작가 만 레이는 예술의 여러 장르들을 부지기수로 넘나들었다. 이미 파리에서 성공가도를 달리고 있던 피카소는 표현의 자유를 죽어라 증명해 갔다. 시인 앙드레 브르통André Breton은 이제 예술은 이성의 통제에서 완전히 해방되어야 한다고 역설했다.

보편성을 깨려는 이들, 새로움에 목마른 이들, 무의식과 상상의 힘을 믿는 이들, 모든 선입관에서 자유롭고 싶은 이들이 파리로 몰려들었다. 형태는 부서지고 시선은 흩어졌다. 현실과 비현실이 오락가락했다. 꿈속 같은 장면도 놓쳐서는 안 될 시대가 왔다. 자연의 빛은 더 이상 화두가 되지 않았고, 풍경화는 이들의 캔버스 밖으로 점점 밀려났다.

한편 센 강변에 있는 오랑주리 박물관에는 지베르니를 떠난 모네의 〈수련〉 연작 마지막 패널들이 도착하고 있었다. 1927년 5월 16일, 꽃과 나무와 빛과 물로 채색된 여덟 점의 그림들은 천창으로 햇빛이 쏟아지는 특별전시관 안에서 대중에게 처음 공개되었다. 클로드 모네의 전설은 새로 시작되고 있었다.

모네, 〈양귀비 들판〉, 1873년, 오르세 박물관 소장.

본문에 언급된 그림 목록

고갱
브르타뉴의 풍경Landscape in Brittany, 1894

다빈치
모나리자Mona Lisa, 1503-1506

드가
뤽상부르 정원의 유모Nanny in The Luxembourg Gardens, 1875
마네 부부Mr. & Mrs. Manet, 1868
발레 수업The Ballet Class, 1871-1874
아라베스크의 끝남The End of an Arabesque, 1877
압생트L'Absinthe, 1873

들라크루아
민중을 이끄는 자유의 여신Liberty Leading The People, 1830
에트르타의 절벽Cliff at Étretat, 1859
에트르타의 포르트 다몽Porte d'Amont at Étretat, 1849
천사와 싸우는 야곱Jacob Wrestling with The Angel, 1854-1861
키오스 섬의 학살The Massacre at Chios, 1824

라파엘로
파리스의 심판The Judgment of Paris, 1636

렘브란트
야경The Night Watch, 1642

르누아르
그네The Swing, 1876
도시의 무도회City Dance, 1883
라 그르누이에르의 물놀이Bathers at La Grenouillère, 1869
물랭 드 라 갈레트의 무도회Dance at Le Moulin de la Galette, 1876

바지유의 초상화Portrait of Frederic Bazille, 1867

보트 파티에서의 오찬Luncheon of The Boating Party, 1881

시골의 무도회Country Dance, 1883

클리시 광장Place de Clichy, 1880

햇빛 속 누드Nude In The Sun, 1875

마네

게르부아 카페에서At The Cafe Guerbois, 1874

나나Nana, 1877

스페인 가수The Spanish Singer, 1860

압생트를 마시는 사람The Absinthe Drinker, 1859

에밀 졸라의 초상Portrait of Emile Zola, 1868

올랭피아Olympia, 1863

제비꽃 장식을 한 베르트 모리조Berthe Morisot with a Bouquet of Violets, 1872

철도The Railway, 1873

카페 게르부아At the Cafe Guerbois, 1869

클리시 광장Place de Clichy, 1878

튈르리에서의 음악회Music in The Tuileries, 1862

폴리베르제르의 술집Bar at The Folies-Bergère, 1881-1882

풀밭 위의 점심식사Luncheon on The Grass, 1863

모네

건초더미 연작Haystacks Series, 1890-1891

노트르담드그라스 예배당Chapel of Notre-Dame-De-Grâce, 1864

녹색 드레스를 입은 여인Woman in The Green Dress, 1866

늘어진 버드나무Weeping Willow, 1918-1919

라 그르누이에르La Grenouillère, 1869

루앙 대성당 연작Rouen Cathedral Series, 1892-1894

몬텔반스 탑과 피퍼 다리Montelbaanstoren and Peperbrug, 1874

바늘 바위와 포르트 다발The Rock Needle and The Porte D'Aval, 1885

생라자르 역Saint-Lazare Station, 1877

생타드레스의 보트 경주Regatta at Sainte-Adresse, 1867

생타드레스의 정원Garden at Sainte-Adresse, 1867

생트카트린 언덕에서 바라본 루앙의 전경View of Rouen from Côte Sainte-Catherine, 1892

수련 연작 The Water Lilies Series, 1897-1926
아르장퇴유의 연못 The Pond of Argenteuil, 1873
암스테르담 남 교회 Zuiderkerk in Amsterdam, 1874
암스테르담의 항구 Port of Amsterdam, 1874
양귀비 들판 The Poppy Field, 1873
에트르타의 만포르트 Manneporte at Étretat, 1883
에트르타의 석양 Sunset at Étretat, 1883
인상, 해돋이 Impression, Sunrise, 1872
지베르니의 예술가의 정원 The Artist's Garden at Giverny, 1900
지베르니의 일본 다리 Japanese Bridge at Giverny, 1897-1899
지베르니의 화원 Garden in Flower at Giverny, 1900
트루빌의 로슈 누아르 호텔 Hotel des Roches Noires at Trouville, 1870
트루빌 해변의 카미유 Camille on The Beach at Trouville, 1870
포르트 다발 절벽 Cliff of Porte d'Aval, 1885
포플러나무 연작 Poplar Series, 1890-1891
풀밭 위의 점심식사 Luncheon on the Grass, 1866
항구를 떠나는 고기잡이배 Fishing Boats Leaving The Harbour, 1885

모리조
외젠 마네와 그의 딸 Eugene Manet with His Daughter, 1881
트로카데로에서 본 파리 풍경 View of Paris from Trocadero, 1872

바지유
가족 모임 Family Reunion, 1867
르누아르의 초상화 Portrait of Auguste Renoir, 1867
바지유의 아틀리에 Bazille's Studio, 1870
임시 야전병원 The Improvised Field Hospital, 1865

반 고흐
가셰 박사의 정원 Doctor Gachet's Garden at Auvers, 1890
까마귀가 있는 밀밭 Wheatfield with Crows, 1890
감자 먹는 사람들 The Potato Eaters, 1885
개신교 교회를 떠나는 신도들 Congregation Leaving The Reformed Church, 1884
뤽상부르 정원의 길 Lane at The Luxembourg Gardens, 1886

뤽상부르 정원Luxembourg Gardens, 1887
몽마르트르에서 본 파리 풍경View of Paris from Montmartre, 1886
몽마르트르의 테라스 카페Terrace of a Cafe on Montmartre, 1886
물랭 드 라 갈레트Moulin de la Galette, 1886
밀밭 연작Wheatfield Series, 1890
쇠약한 노인Worn Out, 1882
신발The Shoes, 1886
오베르쉬르우아즈의 교회The Church in Auvers-sur-Oise, 1890
오베르의 계단Stairway at Auvers, 1890
클리시 대로Boulevard de Clichy, 1887
페르 탕기의 초상화Portrait of Père Tanguy, 1887-1888

베르메르
우유 따르는 하녀The Milkmaid, 1657-1658
진주 귀걸이를 한 소녀Girl with a Pearl Earring, 1665

부댕
트루빌 빌레르빌의 해변The Beach at Villerville, Trouville, 1864
트루빌 해변The Beach at Trouville, 1868

세잔
몽마르트르 솔르 길Rue des Saules at Montmartre, 1867
사과와 오렌지Apples and Oranges, 1899
오베르쉬르우아즈의 목매단 사람The Hanged Man's House, Auvers-sur-Oise, 1873
카드놀이 하는 사람들The Card Players, 1894-1895

시냐크
클리시 광장Place de Clichy, 1886

용킨트
노트르담드그라스 예배당Chapel of Notre-Dame-De-Grâce, 1864
생트카트린 교회Church of Sainte-Catherine, 1864

카바넬
비너스의 탄생 The Birth of Venus, 1863

카유보트
6층에서 바라본 알레비 길 Rue Halevy, Seen from The 6th Floor, 1878
눈 덮인 지붕 Rooftops in The Snow, 1878
마루를 깎는 사람들 The Floor Scrapers, 1875
에트르타에서의 모네 Monet in Étretat, 1884
유럽 다리 The Europe Bridge, 1876
창가의 젊은 남자 Young Man at His Window, 1875
트래픽 아일랜드, 오스만 대로 Traffic Island, Boulevard Haussmann, 1880
파리 거리, 비 오는 날 Paris Street, The Rainy Day, 1877

터너
비, 증기, 속도 Rain, Steam and Speed, 1844

티치아노
전원 음악회 The Pastoral Concert, 1509

팡탱라투르
바티뇰의 아틀리에 Studio at Les Batignolles, 1870

피카소
게르니카 Guernica, 1937

참고 문헌 및 웹사이트

『Claude Monet at Giverny』, Claire Joyes, Editions Claude Monet Giverny
『Dawn of the Belle Epoque』, Mary McAuliffe, Rowman & Littlefield Publishers
『Degas Dance Drawing』, Paul Valéry, Lear
『Degas et Son Modèle』, Alice Michel, Echoppe
『Gustave Caillebotte: Urban Impressionist』, Anne Distel, Abbeville Press
『Impressionists & Post-Impressionists』, Museyon Guides
『Manet and the French Impressionists』, Théodore Duret, London Grant Richards
『Monet』, Robert Gordon & Andrew Forge, Harry N. Abrams
『Monet by Himself』, Richard Kendall, Knickerbocker Press
『Monet in Normandy』, Richard Brettell & Heather Lemonedes, Rizzoli
『Monet in the 20th Century』, Paul Hayes Tucker, Yale University Press
『Normandy』, Rick Steves, Avalon Travel
『Out and About with Vincent』, Van Gogh Village Nuenen Vincentre
『Paris』, Rick Steves, Avalon Travel
『Portrait of Manet by Himself and His Contemporaries』, Pierre Courthion & Pierre Cailler, Cassell London
『Renoir, My Father』, Jean Renoir, New York Review Books Classics
『Satie the Composer』, Robert Orledge, Cambridge University Press
『Shakespeare and Company: a Brief History of a Parisian Bookstore』, Krista Halverson & Jemma Birrell, Shakespeare and Company
『The Impressionists by Themselves』, Michael Howard, Conran Octopus
『The Private Lives of the Impressionists』, Sue Roe, Harper Perennial
『The Works of Guy de Maupassant: Paul's Mistress』, Guy de Maupassant, The Project Gutenberg eBook
『Van Gogh, The Life』, Steven Naifeh & Gregory White Smith, Random House

『군중 속의 예술가: 보들레르와 19세기 프랑스회화』, 아베 요시오, 정명희 옮김, 고려대학교 출판부
『기암성』, 모리스 르블랑, 붉은여우 옮김, 지식의숲
『모던 유럽 아트』, 앨런 보네스, 이주은 옮김, 시공아트
『보들레르의 수첩』, 샤를 보들레르, 이건수 옮김, 문학과지성사
『비곗덩어리 외』, 기 드 모파상, 정성국 옮김, 홍신문화사
『서양미술사』, H.W.잰슨 & A.F.잰슨, 최기득 옮김, 정점식 감수, 미진사
『악의 꽃』, 샤를 보들레르, 윤영애 옮김, 문학과지성사
『암스테르담』, 이안 맥완, 서창렬 옮김, 현대문학
『예술에 대한 글쓰기』, 에밀 졸라, 조병준 옮김, 지식을만드는지식
『인상주의』, 제임스 H 루빈, 김석희 옮김, 한길아트
『초현실주의』, 카트린 클링죄어 르루아, 김영선 옮김, 마로니에북스·TASCHEN
『파리의 우울』, 샤를 보들레르, 윤영애 옮김, 민음사

고대역사 전문 웹사이트 www.livius.org
귀스타브 카유보트 전문 웹사이트 www.gustavcaillebotte.org
글로벌 백과사전 위키피디아 www.wikipedia.org
누에넨 반 고흐 빌리지 www.vangoghvillagenuenen.nl
렘브란트 집과 박물관 www.rembrandthuis.nl
루앙 미술관 www.rouen-musees.com
마르모탕 모네 박물관 www.marmottan.fr
몽마르트르 박물관 www.museedemontmartre.fr
반 고흐 편지 www.vangoghletters.org
빈센트 반 고흐 갤러리 www.vggallery.com
샤투 메종 푸르네즈 www.restaurant-fournaise.fr
샤투 푸르네즈 박물관 www.musee-fournaise.com
셰익스피어 앤 컴퍼니 www.shakespeareandcompany.com
암스테르담 국립미술관 www.rijksmuseum.nl
암스테르담 반 고흐 박물관 www.vangoghmuseum.nl
에트르타 관광청 www.etretat.net
예술기록 전문 웹사이트 www.artchive.com
오랑주리 박물관 www.musee-orangerie.fr
오르세 박물관 www.musee-orsay.fr
오베르쉬르우아즈 관광청 www.auvers-sur-oise.com
오베르쉬르우아즈 라부 여인숙 www.maisondevangogh.fr

오페라 가르니에 www.operadeparis.fr
외젠 부댕 전문 웹사이트 www.eugeneboudin.org
인상파 미술 전문 웹사이트 www.impressionniste.net
일간지 《가디언》 www.theguardian.com
일간지 《뉴욕타임스》 www.nytimes.com
일간지 《르피가로》 www.lefigaro.fr
준데르트 반 고흐 집 www.vangoghhuis.com
지베르니 관광청 www.giverny.org
지베르니 모네의 집과 정원 www.fondation-monet.com
파리 공동묘지 www.pariscemeteries.com

인상파 로드, 빛이 그린 풍경 속을 걷다

개정판 1쇄 발행 2023년 1월 26일

지은이 | 김영주
펴낸이 | 서정원
총괄 | 노영근
편집 | 박현주
디자인 | 이정민
펴낸곳 | (주) 더쿱디스트리뷰션
출판등록 | 2022 년 5 월 31 일 제25100-2022-000041 호
주소 | 서울 구로구 디지털로 288, 2 층208-R239 호
전화 | 02-6216-6000
팩스 | 02-3442-5295
전자우편 | rhocoup@gmail.com
ISBN 979-11-979519-1-6 03980

ⓒ 김영주 2023
이 책의 저작권은 저자에게 있으며 무단 전재나 복제는 법으로 금지되어 있습니다.
정가는 뒤표지에 있습니다. 잘못된 책은 구입하신 곳에서 교환해 드립니다.